*Language and Mind*
*(Third Edition)*

当 代 世 界 学 术 名 著

# 语言与心智

## （第三版）

[美] 诺姆·乔姆斯基（Noam Chomsky）／著
熊仲儒　张孝荣／译

中国人民大学出版社
·北京·

# “当代世界学术名著”
# 出版说明

中华民族历来有海纳百川的宽阔胸怀，她在创造灿烂文明的同时，不断吸纳整个人类文明的精华，滋养、壮大和发展自己。当前，全球化使得人类文明之间的相互交流和影响进一步加强，互动效应更为明显。以世界眼光和开放的视野，引介世界各国的优秀哲学社会科学的前沿成果，服务于我国的社会主义现代化建设，服务于我国的科教兴国战略，是新中国出版工作的优良传统，也是中国当代出版工作者的重要使命。

中国人民大学出版社历来注重对国外哲学社会科学成果的译介工作，所出版的“经济科学译丛”、“工商管理经典译丛”等系列译丛受到社会广泛欢迎。这些译丛侧重于西方经典性教材；同时，我们又推出了这套“当代世界学术名著”系列，旨在迻译国外当代学术名著。所谓“当代”，一般指近几十年发表的著作；所谓“名著”，是指这些著作在该领域产生巨大影响并被各类文献反复引用，成为研究者的必读著作。我们希望经过不断的筛选和积累，使这套丛书成为当代的“汉译世界学术名著丛书”，成为读书人的精神殿堂。

由于本套丛书所选著作距今时日较短，未经历史的充分淘洗，加之判断标准见仁见智，以及选择视野的局限，这项工作肯定难以尽如人意。我们期待着海内外学界积极参与推荐，并对我们的工作提出宝贵的意见和建议。我们深信，经过学界同仁和出版者的共同努力，这套丛书必将日臻完善。

**中国人民大学出版社**

# 第三版序言

接下来的前六章发表于 20 世纪 60 年代后期，主要是基于为普通的大学听众所做的演讲，所以相对不正式。最后一章发表于 2004 年，也是基于对普通听众的演讲。最近的一篇回顾的是“生物语言学的方法”，它自半个世纪前生成语法创立之初就开始指导这项工作，展示了它近几十年的发展及目前的状态，至少对我来说是这样的。 vii

20 世纪 50 年代研究语言与心智问题的主要方法是行为主义科学的方法。正如该术语所示，行为被当作它探究的对象，或者说，对语言学而言，它探究的对象就是行为的成品，可能就是一堆语料。这堆语料是用“田野调查法”这门课程所教授的诱导术（elicitation technique）从被调查者那里获得的。语言理论主要是由切分、分类等分析程序构成，用来组织语言材料，受诸如结构属性与结构安排等有限的假设指导。著名语言学家马丁·裘斯（Martin Joos）在其 1955 年的阐述中，认定当代结构主义语言学的决定性方向（decisive direction）是，语言可以在“不需要任何先在的关于语言必须是什么的方案的情况下得到描写”，他并没有夸大其辞[1]。各种流行的行为科学的方法基本上差异不大。当然，没有人接受那不合逻辑的“白板”（blank slate）说。但通常假定除了一些在环境［就具有巨大影响的哲学家奎因（Quine）的框架而言，这里的环境（environment）即为“质量空间”（quality space）］中发现的属性的初始边界之外，一般的学习机制应该足以解释有机体包括人类的所知与所为。在这些领域中，基因遗传的贡献无望超过学习机制。

新兴的生物学方法采取不同的立场，它所探究的对象既不是行为也
viii 不是行为的成品，而是内部的参与活动与解释的认知系统，以及这些内部系统生成与发展的固有生物本质的基础。从这个角度看，它关注的核心话题是 16 世纪瓦尔特（Juan Huarte）所当作人类智力的本质东西：人类心智的能力“在内部并由自身能力形成，是知识所依赖的原则”[2]。这些观念的一些重要方面在其晚年的哲学—科学传统中得到了发展。对语言而言，“知识所依赖的原则”是人们所习得的内部语言（I-language）的原则。琼斯习得了这些原则，就有了广泛的知识，比如说，她会知道“glink”是英语中可能的词而“glnik”不是；她还会知道“John is too angry to talk to (Mary)”在“Mary”不出现的时候表示“John is to be talked to”（有人要跟约翰谈话），而在“Mary”出现的时候表示“John is to do the talking”（约翰会去谈话）；她会知道句子“I wonder who John expects to see him”（我想知道约翰希望谁来见他）中的“him”（他）用来指“John”（约翰），但在“I wonder who”省略掉后，“him”不能用来指“John”；也知道“John painted the house brown”（约翰把屋子涂成棕色）表示约翰将涂料涂在屋子外面，尽管也可以表示约翰把屋子里面涂成棕色；也知道“John climbed the mountain”（约翰爬山）表示约翰上山，尽管也可以表示下山；也知道“book”在句子“John memorized and then burned the book”（约翰熟记

① 裘斯清楚地提到美国结构主义的“鲍阿斯传统”（Boasian tradition），对欧洲结构主义只有少量的评述，甚至态度有些轻蔑。这种态度仍然存在，几乎没有太大的变化（见 68 页的注释）。（指英文原书页码，即本书边码，后不一一注明。——译者注）

② 请参见第一章中的 8～9 页。

然后烧毁了这本书）中既有抽象义又有具体义；这样的例子不胜枚举。诸如此类的语言知识倚赖于I语言的原则，产生I语言原则的能力被理解为遗传性禀赋的一部分，遗传性禀赋解释语言知识的生成与发展。

这种理念的语言学，它寻求发现特定的I语言（语法）的真正理论，从更深层面说，就是发现以遗传为基础的语言习得的理论（如普遍语法 UG，我们赋予这一传统术语新的用法）。其他的认知系统，也被假定按同样的方式设计，每个认知系统都有自己的原则与产生这样的原则的能力。

在这样的框架里，认知系统实际上被理解为身体，主要是大脑的器官，其探究方式在很大程度上跟其他有着不同属性的子部分的探究相同，这些子部分包括视觉系统、运动规划系统、血液循环系统等。这些“认知器官”连同其在行为上的角色，进入传统上被当作心智的活动，如思维、规划、解释、评价等。这里的“心智”是非正式的、描写性的术语，跟“化学”、“电子”、“光学”等随意性描写性术语差不多，和那些常用来聚焦于世界的特定领域的术语也差不多，这些领域都有完整的特征，也值得分离出来进行专门的研究，但不要抱有任何界线分明的幻想，它们在连接处对自然界的切分不会泾渭分明。行为及其产品如语篇提供可能有用的语料，这可作为决定认知系统的本质与来源的证据，但 ix
对这种探究而言并没有优越的地位，正如对身体其他器官的探究一样。

研究视角的总转移有时被称为 20 世纪 50 年代的“认知革命”（cognitive revolution）。然而根据早先论文所讨论的理由，我认为把它理解为 17 世纪认知革命的复兴与进一步发展更为合适。从 20 世纪 50 年代起，许多传统的问题重新被提起，遗憾的是人们对传统不熟悉。传统在很大程度上被遗忘或被误解。被重新提起的还有这样一种观点，即“被称为心智”的属性是“器官结构如大脑”的结果（化学家和哲学家约瑟夫·普利斯特里的说法），这种观点的成形贯穿于 18 世纪。很多文献中所说的“洛克建议”（Locke's suggestion），它的发展是牛顿革命的自然的而又不可避免的结果，它实际上取消了“身体”或“物理”（physical）这样唯一有重大意义的概念。洛克的基本结论在 19 世纪得到了很好的理解。达尔文委婉地问道“思维这一大脑的分泌物”为什么应被认为“比重力这一物质的属性更精彩”。弗里德里希·朗格（Friedrich Lange）在他经典的 19 世纪唯物主义史中，观察到科学家“使我们习惯于力这一抽象概念或习惯于一种游移于抽象理解与具体理解间的神秘晦涩的概念”，出现了唯物主义史的“转折点”（turning-point），它从 17 世纪“真正唯物主义者”的信念和关注中剔除教条中的残余思想，并剥夺其重要价值。在研究“被称为心智”的领域时，不需要特别关注这些①。

传统的理解仍被视作是极富争议的，用完全相同的字眼复述一遍，就是被视作“大胆的假设”（bold hypothesis）或“激进的新理念”（radical new idea），这可能值得注意。

最初认知革命的另一重要特征就是认识到被称为心智的世界的属性，这一属性可能包含有限器官的无界性（unbounded）能力，用洪堡特的话说就是“有限手段的无限使用”。这一信念是笛卡尔主义者关于心智概念的核心内容。它提供了处理“其他心智”问题的标准，即确定其他生物是否也有类似于我们人类的心智。笛卡尔及其继承者特别强调语言的使用并把它当作最清晰的证据。与此相同，休谟后来也认为我们的道德判断在范围上也是无界的，它也一定建立在属于我们本质的一部
X 分的一般原则之上，用现在的话说，就是遗传决定的。那个观察提出不同领域的瓦尔特问题，如今它是激发经验研究和概念分析的论题。

到了 20 世纪中叶，可以比早先更能实质性地面对诸如此类的问题了。到那时，对无限范围的有限生成系统有了清晰的综合理解，该生成系统对那些晦涩的传统问题的重构与探讨能很容易地适应。在认知革命的复兴中，另一个有影响力的因素是动物行为学家与比较心理学家的研究，其关注点是“出现在类人类生物体研究中的天赋论工作假设”与有几乎一样特征的“人类先验论”，这些观点那时就已经比较容易接受了②。

---

① 关于例证和讨论，请参见我的《语言和心智研究新视野》（*New Horizons in the Study of Language and Mind*），该书于 2000 年由剑桥大学出版社出版。

② 康拉德·洛伦茨（Konrad Lorenz）；请参见本书第三章的 83～84 页。

该方案也适应于人类认知器官及其由遗传所决定的本质的研究，由遗传所决定的本质构建经验——用动物行为学的术语说，就是生物体的环境（Umwelt）——并且引导发展的总体路径，这跟生物体成长的所有其他方面相同。

同时，锐化和改善程序路径的努力也会面临众多严重问题，暴露了其固有的不足之处。一个基本问题是，即使是话语的最基本成分也不能通过切分和分类这样的程序发现。这些成分并没有操作这个程序所必需的“念珠模型”属性，在物理事件的可识别部分也常常不能定位，物理事件对应于心智内部的表达式，而在心智表达式中起作用的是语言成分。即使是最简单的单位，如语素这样最基本的词项，就最简单的单位而论，即使是语音中的音段，也能仅通过它们在生成程序中的作用进行识别，这越来越清晰了。生成程序形成语言表达式，反过来，语言表达式可被当作心智/身体的其他系统的“指令”。这些指令被用来进行心智操作，同样，也用来产生话语和对外部信号的解释。更一般地说，对行为主义科学中行为控制与学习所假定的机制进行研究，发现它根本不充分，甚至在学科的核心部分也引发了严重的质疑，如整个事业是否可靠，但这些质疑不包括对其他目的而言可能有用的用于实验设计的功用。

对语言的研究而言，自然的结论似乎是所获得的 I 语言大致具有科学理论的特征：一套完整的能推导出语言表达式的规则与原则系统，每一个规则和原则都是思维与行动的指令总和。儿童必须以某种方式从不断变化的经验中选择 I 语言。这个问题类似于查尔斯·桑德斯·皮尔士（Charles Sanders Peirce）在考虑科学发现问题时所说的“不明推论式”（abduction）①。正如在科学研究中，如果没有皮尔士所称的“可接受假设的限制”，该任务是不可能的。即只准许某些理论被考虑，而不是无限制地考虑很多其他理论，虽然这些理论也跟相关材料相印证。对语言研究而言，语言机能的遗传性禀赋似乎为规则系统强加格式，该格式相当严格，以致候选的 I 语言“被分散”，甚至只有少量的 I 语言在语言 xi

① 请参见本书第三章 79～81 页。

习得过程中能被考虑。在认知科学的近期研究中，这种方法常被称作“理论的理论”的设想①。就成长与发展的每个方面而论，语言习得像不明推论式一样面临着刺激缺乏的问题。总的观察如此透明，以至于认知科学外部的普遍存在的现象没有被重视，甚至连个名字都没有：没有人为这样的胚胎提到刺激缺乏问题，这种胚胎在给定的营养环境下或在出生后发育的任何时期，比如说经历青春期以某种方式变成虫或猫。

在后边重印的20世纪60年代的文章里，所提及与讨论的语言的本质与习得采用了最新勾勒的一般框架。“语言学中最具有挑战性的理论问题”则应当是“发现普遍语法原则的问题”，普遍语法原则“决定着假设的选择”，也就是说，限制着可获得的I语言。然而，它也认识到对语言，同样对其他的生物体而言，一个更加具有挑战性的问题即将出现：除了研究特定的认知器官或其他器官系统，还要发现“决定可能成功的突变与复杂生物体的本质的法则”②。多年前也得出了相同的观点：“以下看法当前没有理由认真对待：即把复杂的人类成就［像在行为科学中那样］归结为数月（或最多数年）的经验，而不是［像在特殊的生物禀赋，即语言中的普遍语法的研究中那样］归结为数百万年的进化，或归结为深植于物理定律的神经组织的原则。”③ 这种物理定律是成长与发展的“第三因素”，依存于器官或生物体。第三因素的研究似乎离探究很远，以致让人觉得不值得过多注意，所以也很少被人提及，然而事实上就是早先的研究（如对规则系统中冗余信息的消除）也潜在地受此关注的导引。

总的来说，在随后几年，所研究的论题不仅在语言相关的领域得到了实质性的扩展，也在认知科学领域得到了实质性的扩展。到20世纪80年代早期，研究视角在语言学内部有了实质性转变，这在相当大的

① 这种方法的支持者不同意这种说法，但我相信理解有误。请参见安托尼与霍恩斯坦的《乔姆斯基及其批评者》第十章及其回应，该书于2003年由布莱克威尔出版社出版（L. Antony & N. Hornstein，*Chomsky and His Critics*，Blackwell，2003）。

② 请参见85页的脚注。

③ 请参见我的《句法理论的若干问题》（N. Chomsky，*Aspects of the Theory of Syntax*，Cambridge，Mass.：MIT Press，1965）。

程度上重构了基本问题，并且为了支持一种方法而完全放弃了语言学理论中的格式概念（format conception），这种方法试图将可得到的I语言限制成一个有限的子集，这种限制不针对词项的选择（这些有很高的限制性）。除了词项的选择（这些有很高限制性），原则参数的方法也试图将可得到的I语言限制成有限的集合。这种原则参数的方法，其结果可能合理，也可能不合理，我们永远不知道。但作为一个研究方案，它已非常成功，引发了对类型学上的广泛的各不相同的语言进行经验探究的爆发，提出了以前根本提不出的新的理论问题，同样也经常给出至少部分是正确的答案，同时也复兴了语言习得与语言处理的相关领域。另一后果是它为严肃地探究更深层的“第三因素”问题而移除了基本概念上的一些障碍。这些论题在最后一章做了回顾。至少就我个人的观点来说，它们引出了一种可能性，这种可能性表明个体语言研究与更一般的心智问题的研究将面临新奇而又令人激动的挑战。 xii

# 第二版序言

后边的六章内容可以分为两组。第一组的三篇构成了专著《语言与心智》的内容，出版于 1968 年。这三篇是关于语言学（过去、现在、未来）对心智研究的贡献的论文，后边所重印的第一版《语言与心智》序言对它们的来源做了说明，它们是在贝克曼讲座的基础上进行完善的，于 1967 年元月在加利福尼亚大学伯克利分校发表，是对全校听众的演讲。这些论文构成一个有别于后三章的单元。 xiii

第四章“自然语言的形式和意义”跟另一非正式演讲的文本非常接近。这个演讲是 1969 年元月在明尼苏达州的古斯塔夫斯·阿道弗斯学院所作，听众主要是中学与学院的师生。这篇文章回顾了出现于语言、心智和其他研究中的基本观念，另外也谈了句法结构的语义解释的近期研究。我相信，这些材料揭示了早先理论的局限与不足，也为这种理论的修订指明了方向。更多的相关技术探讨将发表于我的新作《生成语法中的语义学与规则的限制条件》，该书将于 1972 年由海牙的穆顿公司出版。

第五章详细地探讨了预设的或只在《语言和心智》中非正式形成的材料，有很强的技术性。这一讲预期的听众主要是心理学家和心理语言学家。这一章最初是作为莱尼伯格的《语言的生物基础》的附录发表的，它试图简明而又系统地介绍转换生成语法理论，并探讨它对人类心理学的潜在价值。《语言的生物基础》在某种程度上沿着这章简单提及的技术研究方向做了进一步的探讨。这章实际写作于 1965 年，是这里所收录文章中最早的一篇。

第六章是讲给完全不同的听众听的，如专业哲学家，它是投给 1968 年 4 月在纽约大学举行的语言学与哲学论坛的。这一讲的目的是
xiv 探讨当代语言学与哲学特别是认识论与心智哲学的关联，这表明语言学的当前研究能对人类知识的本质、习得基础及其使用的典型方式等问题给出有趣的见解，文章也部分地关注了由这些问题所引发的争议。

这些文章有一定程度上的信息冗余。四、五、六这三章各自或多或少有着独立性。这几章都只做较少的预设，这使得一些说明部分会重复，甚至会跟《语言与心智》的那三章出现重复。基本观点在各章以不同程度的变化方式进行表述，我希望有助于读者的理解。事实上，即使是这些篇目中最简单、最基本的观点也被广泛地误解。比如说，在一些大众化的讨论中，就有一种误解“深层结构”与“生成语法”或“普遍语法”的倾向。一些职业的语言学家也反复误解我所说的“语言使用的创造性”与生成语法的递归性，这是完全不同的问题。希望诸如此类的问题能够被澄清，所以我在编这本集子的时候没有消除冗余的信息。

第四章到第六章进一步扩展和详述了贝克曼讲座中讨论的思想和材料，这些文章主要关注的都是语言学、哲学与心理学的交叉领域。其主要目的是说明语言结构的技术性研究对人类智力的理解有何贡献。在这些文章中，我相信并且也在努力说明语言结构的研究可以揭示心智的属性，其中的心智属性是普通行为中人类心智能力的训练的基础，而普通行为则包括语言以非常一般的方式自由而创造性地使用。

最后以信息的冗余性为代价，我在这里还想强调一下《语言与心智》序言中关于所谓的“行为科学”的观察。目前有很多关于行为科学对人类事件的影响的讨论，这种讨论不是太少而是过多。记住下面的话很重要：我们缺少的是，跟人类如何做出某种行为与他们为什么做他们

在通常环境下所做的行为相关的重要假设。我相信，有过文献搜索这一有用训练的读者不仅会发现这个领域重要的科学知识很少，而且会发现行为科学通常坚持某些有限制的方法，这种限制导致它实际上不可能获得重要的科学知识。

我们可以从人类知识与信念系统在某些领域是如何获得的这一问题开始看起。语言方面特别有趣，因为语言在思维与人群互动方面起着重要作用，也因为我们可以着手描述所获得的知识系统并阐述一些关于人类内在能力的貌似合理的假设，这些内在能力使知识系统的获得成为可 XV
能。对理解的这些朦胧认识本身很有趣，它对其他研究同样也有启示性。我们有理由肯定，探讨经验与行为之间的直接关系和刺激与反应之间的直接关系，总的来说是徒劳的。在差不多最基本的情况下，人的行为很大程度上依赖于他的所知、所信与所预测。人类行为的研究如果不是基于尝试构建的知识和信念的相关系统，那它无论如何都注定是无足轻重的且无关紧要的。只有当知识和信念的系统尝试性地建立起来，才能以严肃的方式开始人类学习的研究。我们才可以根据经验材料探讨这些系统是通过什么方式习得的。类似的是，除非我们能够探讨人的所为如何关联人的所知、所信与所盼这样的问题，否则很难以严肃的方式从事人类行为的研究。只有当我们尝试性地建构了所学的假设，我们才能严肃地从事人类学习的研究；只有当我们尝试性地建构了已学（包括所知与所信）的假设，我们才能严肃地转向行为的研究。就语言来说，我们可以对正常的说话者—听话者的所知与所学进行一些尝试性的但相当详尽而又复杂的描述。正因为如此，语言研究让我对人类学习和行为的研究特别感兴趣。

但必须强调的是语言可能更特殊。语言知识通常是通过简短的接触获得的，所获得的知识的特征可能很大程度上是预先决定的。人们希望人类语言可以直接反映人类智力的特征，而且语言可以用其他的知识和信念系统所不能的方式直接“反映心智”。更进一步说，即使我们能够按照这些论文所讨论的方式解释语言的习得，我们仍旧需要解释所习得知识的正常使用。但就目前而言，这是个难题。它已经超出了科学探究的范围。当然，仅仅因为它们超出了科学探究的范围，就主张某些现象与某些问题的不存在也是完全不合理的——就目前而言，可能本质上是囿于人类智力的范围，毕竟我们对人类智力自身的结构与界限的方式所知甚少。鉴于人类与社会研究水平较低的特征与对智力实体研究的总体缺乏，我们只能对参与人类行为的本质的与基本的因素进行猜测，否则就会不负责任地下结论。对这些问题进行猜测是合理的，甚至是本质的。如果有可能，猜测应受这种有限的、零散的知识的指导。但猜测应
xvi 清晰地做这样的标记，并清晰地同科学探究的成就区分开来。对倾向于信任专家和依赖专业判断的社会来说，这是个非常重要的问题。在这一点上，科学家尤其要对公众负责。

# 第一版序言

我 1967 年元月在加利福尼亚大学伯克利分校做了三场贝克曼讲座(Beckman lectures)。这本书的三章内容就是对这三场演讲内容的完善。第一章尝试评价语言学过去对心智研究的贡献，主要基于对语言本质的研究和猜测。第二章着重谈跟心智相关的语言学的当代发展。第三章讨论语言和心智在未来的研究方向，这一章的讨论猜测性很强。简言之，这三章关注的是过去、现在与未来。 xvii

对研究语言学史的既定状态而言，即使是尝试评价过去的贡献也必定被认为是非常不确定的。现代语言学存在一种幻觉，不仅认为现代“行为科学”在一些重要方面已由“猜测”转向了“科学”阶段，也认为早期的工作可以安全地交付给古文物学家。幻觉，我相信是最准确的说法。很显然，任何理性的人都会赞成精密分析与谨慎的实验。但在很大程度上，我觉得行为科学只是模仿自然科学的表面特征，其科学特征在很大程度上是通过限制研究主题或关注特别边缘的问题获得的。如此收缩关注点如果能有真正的学术意义，则是合理的，但在这种情况下，我认为很难证明收缩范围能得到深刻的且有意义的结果。更进一步说，存在一种自然的但又不幸的趋势，即由通过谨慎的实验和严格的语料处理所获得的极少量的知识“外推”到有更广泛意义与极大社会关注的问题上去。这是个严重的问题。专家有责任将理解的真实界限和所获结果的真实界限弄清楚，我相信，对这些界限的仔细分析将会证明，在社会科学和行为科学的各种领域，迄今所获得的成果事实上都不会支持这种“外推”。我相信，这样的分析也将会表明，早先的想法和猜测的贡献不能被心安理得地忽略，在很大程度上，它们为当今的重要研究提供了不
xviii 可或缺的基础。我不想对这种观点进行总体评价，只想说这些演讲都是对这种观点的继承。

在第二场演讲中，我没有试图系统地表述语言学研究所取得的成果，而只是集中于一些问题，它们或关涉研究边界或尚无答案。这一讲的大部分材料发表于《心理学解释》一书的“语言学中解释的问题”这一章，这本书由博格（R. Borger）与乔菲（F. Cioffi）编辑，1967 年由纽约的剑桥大学出版社出版，书中还有布莱克（Max Black）的精彩的重要评论。第一讲与第三讲使用了我另一个讲座的材料，这个讲座是 1966 年 4 月在芝加哥大学举行的，后发表于罗斯布莱特（B. Rothblatt）编辑的《对人类研究的变化视角》中，该书于 1968 年由芝加哥大学出版社出版于芝加哥。第一讲的一部分 1968 年春季发表于哥伦比亚大学论坛（第 11 卷，第 1 期），第三讲的一部分 1968 年秋季发表于该论坛（第 11 卷，第 3 期）。

我想对伯克利分校的师生表达我的谢意，感谢他们有益的评价和反馈，更重要的是，感谢这里浓厚的而又激动人心的学术氛围，在演讲之前我就特许在这里享受了数月之久。我还要感谢罗斯（John Ross）与哈勒（Morris Halle），感谢他们有益的评价和建议。

# 目　录

# 第一章　语言学对心智研究的贡献：过去

在这几讲中，我关注的问题是语言研究对理解人类本质的贡献。这 1
一问题曾以不同的表达方式贯穿于现代西方思想史的各个时期。语言的本质、语言反映人类心智的过程以及语言决定思想特征和发展的具体方面，在自我意识不甚强烈、学术观点较少分化的过去，都曾是重要的研究课题，这些问题吸引着具有不同学术背景的学者和富有才华的业余爱好者，他们从不同的视角对此进行了饶有兴趣的探讨。在 19 世纪和 20 世纪，语言学、哲学与心理学开始艰难地分化，成为独立的学科，语言和心智的经典问题再次出现，并起到连接这些不同学科的作用，同时也为这些学科中的研究指明方向并证明这些研究的价值。在过去的十年里，有迹象表明这些学科之间的主观划分即将终结。证明学科间的独立性不再是一件攸关荣誉的大事。学界出现了新的研究兴趣，即以全新的而又富有启发性的方式重新表述那些经典问题，比如说以比较生理心理学（comparative and physiological psychology）的发展为背景，采用了控制论和通信科学等全新的视角。人们长期浸淫在过去的学术传统中，对一些束缚习焉不察，新兴的研究挑战了传统的信念，也解放了科学的想象力。这些变化让人欢欣鼓舞。我认为在认知心理学领域，特别是在被称为语言学的这个认知心理学领域中出现了一个健康的酵素。其中一个最振奋人心的预兆就是对早先时期正统观点的质疑。人们认识到过早出现正统说教的诱惑和危险。这种认识如果能够坚持下去，可能会阻止新的乏味的教条式观念的出现。

对目前情况的评估很容易让我们误入歧途。但是教条主义的衰落，以及采用新方法解决传统的难以解决的问题的做法是完全正确的。这一做法不仅存在于语言学领域，也同样存在于关注心智研究的其他学科
2 中。我仍然记得我作为学生时的那种不安的感觉，好像语言学中的基本问题已经解决，需要完成的剩余工作只是细化和改善语言分析的技术性操作，从而使之更好理解，并涵盖更为广泛的语料范围。在二战后的一段时期，这一观点是大多数活跃的研究中心所持有的主流态度。我还记得在 1953 年，一位知名的人类语言学家对我说过，他无心处理他所收集的大规模语料，因为几年之后，人们可以使用较为程序化的技术手段对电脑进行编程，从而可以在大规模语料的基础上建立语法系统。在当时，这是一个可以接受的态度，但是对于那些感到或者希望人类智能的资源要比这些程序和技术所展示的内容更为深刻的人而言，这一前景会让人感到悲哀。与之对应的是，在 20 世纪 50 年代上半时期，语言学的方法论研究出现了较大幅度的衰落，当时活跃的理论研究者转而关注如何将一套数量有限的技术操作应用到新的领域中去——比如分析连续性的话语与分析其他非语言的文化现象。在我来哈佛大学读研究生前不久，斯金纳（B. F. Skinner）做了威廉·詹姆士讲座（William James Lectures），这一讲座的内容后来收入了他的《言语行为》（*Verbal Behavior*）一书当中。当时语言哲学和语言心理学领域的主要研究者都明确指出，虽然细节缺乏，虽然事实并非如此简单，但是斯金纳所勾画的行为主义框架是行之有效的，并将被证明可以容纳语言使用的全部内容。伯纳德·布龙菲尔德（Leonard Bloomfield）、伯特兰·罗素（Bertrand Russell）、逻辑实证语言学家、心理学家、哲学家等一般都认为刺激—反应心理学（stimulus-response psychology）的框架可以进行扩展，并能为人类的各种未知能力提供满意的解释。在当时，人们几乎不

去质疑这一信念。但是一些激进的学者仍然感到为了公平对待这些能力，除了假定存在一些可直接观察的刺激和反应之外，可能还要假定人脑中存在其他一些刺激和反应。但是，这一扩展性的内容与当时主流的思想仍然保持了一致。

批评的声音，即使是来自极为权威的学者，都被置若罔闻。比如，卡尔·拉什利（Karl Lashley）在 1948 年就对当时流行的观念框架提出过引人注目的批判，他认为语言使用以及所有组织性行为的基础中必然存在某种类型的抽象机制。这些机制无法通过联系（association）加以分析，也不会通过简单的方式得以发展。尽管他的论证和提议较为明智且富有洞察力，但是对语言学的发展却没有任何影响。他当时所在的哈佛大学是心理语言学研究的重要研究中心，但他的研究甚至没有得到自
己学校的注意。10 年之后，人们开始认识到拉什利的贡献，但这也只 3
是在他的见解在其他的场合获得成功之后才出现的。

在 20 世纪 40 年代，技术上的进步进一步加强了这种自我陶醉的氛围。计算机即将出现，它的出现坚定了人们从最为简单和最为表层的现象中获得理论性理解的信念。其他都将被证明是差不多相同的内容，其复杂性可以通过电子设备加以解决。在二战中开发的声谱仪，为语音的物理分析提供了类似的保证。50 年代关于语音分析的跨学科学术会议中的论文至今仍然值得一读。只有少数人质疑通过现有的工程技术将语音转换成文字的可能性，或者是质疑这种转换的迫切性。几年后，人们高兴地发现机器翻译和自动化编制文摘系统呼之欲出。对于那些追寻通过数学方式表述基本过程的人来说，当时新出现的通信的数学理论满足了他们的需要。在 50 年代早期，这一理论提供了基本的概念，即信息的概念，从而可以将社会科学和行为科学统一起来，并使得构建一个人类行为的数学理论成为可能。这一理论建立在概率论的基础之上，既可靠又让人满意。作为一个独立的研究领域，自动机控制理论使用了相关的紧密关联的数学概念，几乎是在相同的时期内获得了发展。这一研究同早期神经网络理论的探索适当地联系起来。有些学者，如约翰·冯·诺依曼（John von Neumann），预感到整个研究过程很可能存在问题和

不足，甚至会存在误解。但是这些顾虑并没能改变当时的观念，即数学、科技、行为语言学以及心理学可以在一个简单、清晰的点上进行汇集，并为传统所无法解释的未解之谜提供恰当的基本知识。

在二战之后出现的这种假象如今至少在美国已经不复存在了。如果考虑结构主义语言学的研究方法、刺激—反应心理语言学［不论能否扩展到中介理论（mediation theory）］、语言使用的概率论模式或者自动机理论模式，我们会发现在每一种情况下都会出现一种并行的发展态势，即细致的研究证明概念和原则系统可以不断地进行精细化操作，但是从根本上来说它们仍然存在不足。如果考虑到实证充分性条件，会发现通过这些理论而实现的结构类型并不能构成语言使用的基础。除此之外，这种缺陷和不足所具有的特点很可能说明研究方法出了问题。也就
4 是说，在每一种情况下，都有学者充分地论证现有的研究方法在某些重要的和基础性的方面存在缺陷或者说是误入歧途，我认为他们的论证较为可信。我认为，如果要真正解决语言使用和语言习得的问题，我们必须采用抽象化的研究方法，提出一个独立的认知系统，以及早期儿童所建立的知识和信念系统。后一个系统可以与许多其他因素相互作用，共同决定我们所观察到的行为类型。同时我们还需要引入一个专门的术语，即我们需要单独考虑并研究语言能力（linguistic competence）的系统。语言能力奠定行为的基础，但是并不通过简单而直接的方式实现为具体的行为。这种语言能力的系统与结构主义语言学的分类法、刺激—反应心理学的概念、通信的数学理论下的概念，以及简单自动机控制理论所描绘的内容具有显著差别。通过描写简单而直接的现有现象而发展起来的理论和分析模式并不能包含真正的语言能力系统。通过外推法（extrapolation）而实现的简单描写并不是真正研究语言能力的有效途径。心理结构并非人们早期所宣称的“无太大区别”，实际上心理结构与几年前通过细化概念而得到的复杂网络和结构存在显著差别。在那时，对于很多科学家来说，这种做法具有较好的前景。现在来看，所涉及的问题并不是复杂性程度上的不同，而是存在质的区别。相对应的结果是，我们可以认为现有的技术操作并不能带来具有重要意义的见解和

理解，也不会带来任何研究成果。事实已经证明，以上的论述是正确的。实际上，人们还通过计算机的使用来进行语言研究，这种研究耗费了相当可观的时间、精力以及经费。这种消耗对于语言学这个弱小的领域来说是相当可观的，但是这种研究并没有得出关于语言使用和语言特征方面的突破性成果。这一评论也许过于苛刻，但基本上还是合理的。再者，一些主要的语言学家和心理语言学家几乎都没有对我以上的观点做出过反驳。

与此同时，我们对于语言能力的性质以及语言能力使用方式的理解取得了长足的进步。但是这些进步所包含的假设与之前我讨论的那个时期人们所热烈拥护的假设完全不同。另外，这些进步并没有缩小已知内容与目前的理解和技术操作范围之外内容的差距。每一个进步都清楚地说明了研究的前景要远远超出之前的设想。最后，对我而言，这些进步也较为清晰地说明如今采用的这些富有成效的研究假设和研究方法具有明显的传统继承性。总的来说，这种继承来自过去被轻视的研究传统，而近些年这些内容获得了新生，如今人们开始认真地关注这一传统的贡献。在认可这些事实后，就出现了我之前提到的对现有观念的普遍而又明智的怀疑态度。

简而言之，我认为在语言学和心理学发展的这一时刻，再次关注那 5
些经典问题的做法是合理的。同时，我们也需要关注人们对这些问题已经获得的研究成果，并考虑这些问题如何能为当今的研究提供新的方向。

当我们转向心智特点，具体来说，就是转向人类语言特点的研究史时，我们的注意力自然地聚焦到了 17 世纪。在这个“天才们的世纪”中，现代科学奠定了坚实的基础，那些曾经困扰过人们的问题得到了极为清晰而明确的表述。当今的学术氛围和 17 世纪西欧的学术氛围存在深层次的相似性。从我们的视角来看，其中一个重要的相似性就是对自动机的潜力和能力的极大兴趣。这个问题不仅吸引了 17 世纪的学者，同样也吸引了我们。之前我已经提过，人们开始慢慢意识到我们能够把握的概念系统和人类智能的属性之间存在较为显著的差别，或者说存在较大的鸿沟。对于笛卡尔哲学而言，这种相同的认识也同样深植其中。笛卡尔（Descartes）通过他的研究很早就得出了这样的结论：对心智的研究使我们面对的问题不仅具有复杂程度，也具有复杂性质。笛卡尔感到他已经证明：人类心智的两个重要特征，即理解力（understanding）和意志（will）所涉及的能力和原则根本无法通过自动机实现，无论这些自动机有多么的复杂。

有趣的是，我们可以通过一些笛卡尔派哲学家的著作来追溯这一论点的发展。这些哲学家名气不是很大，现在几乎已经被学界所完全忽视。比如说科尔德穆瓦（Cordemoy），他曾经撰写了一篇专论，扩充了笛卡尔对于语言的一些评论。再比如说拉·佛吉（La Forge），他的长篇著作《论人的精神》（*Traité de l'esprit de l'homme*）详细而又充分地表达了关于这一话题的观点。如果笛卡尔能够将他的理论扩展到生理限制之外，那他本人可能也会阐述这样的观点。人们也许会质疑拉·佛吉在书中论证的具体过程，或者证明他的观点受到经院哲学残余思想的阻碍和扭曲，比如经院哲学所采用的物质与模式框架（the framework of substance and mode），但是他整个论证的结构是合理的。实际上，他阐述观点的方式与我先前提到的反对二战后早期观念框架的论证较为相似。笛卡尔主义者尝试去证明：无论如何强化以及阐明关于肉体的理论，即使这一理论发挥到极致，它仍然无法解释通过内省法（introspection）得到的明显事实，同时也与我们观察到的他人行为不相符合。特别需要指出的是，它无法解释人类语言的正常使用，也无法解释思想的基本特征。最终的结果是，人们必须借助于一个全新的原则。用笛卡尔哲学的术语来说，此时需要假定第二种物质（a second substance）的
*6* 存在。这种物质的本质是与身体并存的思想，其核心特征为扩展和运动（extension and motion）。这一全新的原则具有创新性的特点，这一特点通过语言使用的创新性特点获得证明。人类语言的这一特点是人类特殊能力的体现，从而可以表述新的思想，并能够理解他人思想的全新表述。这种理解通过规约化的语言（instituted language）加以实现，而规约化的语言属于文化性的产物，需要受到具有自身独特性的以及反映

人类心智普遍性特征的原则和规则的制约。这些原则和规则应该无法通过适用于行为分析以及物质实体交互的概念加以表述，无论这些概念能够细化到何种程度。同样，这些原则和规则也无法通过即使是最为复杂的自动机加以实现。事实上，笛卡尔认为其他个体同样拥有人类心智，而不是一个简单的自动机，而对于这一事实最为明确的证明来自人类正常使用语言的能力。笛卡尔认为也许动物和自动机在其他方面展示出远超人类的智能，但是动物和自动机并不具备语言的能力。即使这些生物体和机器被赋予发声所必需的人类生理器官，它们也同样无法使用语言。

之后我将再次论述这一观点以及这一观点的发展过程。我认为需要强调的是，尽管这一观点存在缺陷和不足，但是我们仍然需要采取严肃的态度来看待它，其结论也并不存在荒谬之处。我感觉在西方思想发展史的那个特定时刻很有可能会诞生一种前所未有的心理科学，这种心理科学首先针对的问题是描述人类知识和信念的各种体系的特征，以及这些体系得以构建的概念和它们的基础性原则。在回答这些问题之后，学者们再转而研究这些系统是如何通过内在结构的组构以及生物体—环境之间的互动获得发展的。研究人类智能的一种方法是在先验的基础上，假设存在知识和信念习得的某些特定机制。这种可能出现的心理科学与这种研究模式完全不同，在之后的讲座中我还将继续予以讨论。现在我只想强调被人们放弃的这一研究范式具有合理性，同时它也与 17 世纪已经被证实属于成功案例的物理学革命具有一致性。

笛卡尔哲学提出存在第二种物质，而这一物质的本质内容是思想。在后牛顿（post-Newtonian）时期，人们普遍接受了以下两种观点：引力定律是物质终极微粒（ultimate corpuscles of matter）的内在属性，并且它可以支配物体的运动。这两种观点在方法论上具有可比性，而这一点人们却很少意识到。笛卡尔哲学对于西方思想最为深远的贡献可能
在于摒弃了实质性外形和真实性特征的经院式观念。笛卡尔讽刺地称之 7
为“在空气中拍打着翅膀的微小意向”。在消除了这些超自然的特征之后，研究物体运动的物理学和探索心智特征的心理学就具备了发展的条件。牛顿认为笛卡尔的机械物理学并不能奏效，他的《哲学原理》第二

卷大部分的内容阐述了这一观点，并同时说明了若要解释物体的运动，我们必须假设存在一种新的力量，这种吸引力量在不通过接触的情况下也可以产生作用。这种假设与常识所要求的清晰而明确的观点相背，因而无法为正统的笛卡尔主义者所接受，他们认为这种引力只是另外一种超自然的解释。牛顿赞同这种常识性的要求，他也多次尝试寻找地心引力的机械解释。他并不认为地心引力是“物体本质的和内在的特点”。他指出，“如果告诉我们不同种属的物体都被赋予这种特定的超自然的特征（如地心引力），并通过这种特征表现并产生外显性的效果，这实际上等于没有告诉我们任何内容”。一些研究科学发展史的学者曾经谈到，牛顿想仿效笛卡尔去写一本《哲学原理》（*Principles of Philosophy*）。但是他无法从机械的视角解释地心引力出现的原因，这使他只能撰写《自然哲学的数学原理》（*Mathematical Principles of Natural Philosophy*）一书。牛顿像笛卡尔主义者一样都从常识的角度认为物理学并不具有坚实的基础，因为物理学假设存在一种不通过接触即可产生作用的神秘力量。相应地，笛卡尔所提出的具有解释功能的心智理论也不能为经验主义者所接受。尽管人们基于这些常识观点不断提出反对意见，然而当时的数学物理学却取得了惊人的成功。这一新兴物理学的权威是如此之高，以至于启蒙运动时期的思辨心理学（speculative psychology）理所当然地认为牛顿的研究框架具有必要性，即使是采用与牛顿相仿的研究框架也不可接受。当然，这已经是完全不同的内容了。人们认为地心引力这种超自然的力量是物理世界普遍存在的元素，它无需人们予以解释。如果在这种很快被认为是常识的框架之外提出新的功能和组织性原则，人们都会认为这是无法想象的。正是这一原因的作用，人们并没有采用类似的研究模式去从事科学心理学的研究，从而去探索心智的组织原则。无论这些原则可能是什么，当时人们并没有进行全面性的研究。但是现在，这种研究已经成为可能。

我们不能忽视地心引力和思想体（res cogitans）这两种假设之间所存在的根本性区别，即两种理论在解释力上的显著差距。牛顿、莱布尼茨（Leibnitz）以及正统笛卡尔主义者对于新兴物理学的不满，与后来人们放弃二元理性心理学（dualistic rationalist psychology）的做法有相同的原因。我认为对心智特点及其组织原则的研究放弃得太早，而且放弃研究的部分原因是荒谬的。具有讽刺意味的则是，普遍认为放弃研究的原因是更为普遍的“科学”态度的逐渐传播。

以上的论述可以让大家注意到17世纪的学术环境和当今存在一些 8
相似的特点。在心智研究和行为研究的背景下，追溯语言学在现代的具体发展过程也会具有启发性。[①]

我们可以从西班牙的内科医生胡安·瓦尔特（Juan Huarte）的著作谈起。在16世纪后期，他出版了关于人类智能（human intelligence）特点的研究成果，这一成果后来被翻译成多国文字。在研究过程中，瓦尔特考虑到这样的事实：从词源上来看，“智能”（ingenio）与具有“产生”（engender）和“生成”（generate）意义的多个词汇具有相同的拉丁语词根，他认为这一事实可以为心智特征的研究提供线索。因此，“我们应该分辨人所具有的两种生成能力。一种与动物和植物相似，而另外一种则涉及心灵物质（spiritual substance）。智能属于一种生成能力（generative power），而理解（understanding）则是一种生成机能（generative faculty）”。实际上瓦尔特的词源研究并不充分，但是他的见解具有重要的意义。

瓦尔特接着区分了智能（intelligence）的三个层面。最低层面的是“驯化智能”（docile wit），这种智能满足的准则是：心智中的所有内容都来源于感知传递。莱布尼茨和其他许多学者也赞同这一准则，但是他们错误地将这一准则归功于亚里士多德（Aristotle）。下一个高级的层面为人类的正常智能（normal human intelligence），这种智能远远超过经验的限制，它可以“通过自己的力量在自身内部产生出知识所依赖的原则”。正常人类的心智“在主体（subject）的辅助下，无需通过他人的帮助，就可以产生他人从未阐述的构想。……说出的这些内容是他们

① 更多的细节内容和讨论，可以参阅我的《笛卡尔语言学》与该书中所引用的参考文献，该书于1996年由哈珀与若尔出版社出版（*Cartesian Linguistics*，New York：Harper & Row，1966）。

从未从老师们，或者其他任何人口中所得知的”。因此，正常人类的智能可以通过人类自己的能力获得知识。也许这种智能使用了感知的材料，但是人们可以使用独立基础上发展起来的概念和原则来建构一个认知系统。这种智能具有生成新思想的能力，也可以找到得体而全新的方式表述自我，从而可以超越任何个体的训练以及个人的经验。

瓦尔特还假设存在第三种智能。“通过这种智能，一些人可以在缺乏艺术训练和学习的情况下，说出巧妙而让人叹服的言语。虽然这些话是真实的，但是别人都没有看到过，听到过，也没有被人记录在案，甚至别人想都没有想到过。”他所指的这种智能属于真正的创造性能力，是以一般智能所无法具备的方式运用创造性的想象力。瓦尔特认为这种能力可能涉及“疯狂的混合体”（a mixture of madness）。

瓦尔特坚持认为满足经验准则的驯化智能和具有完整生成能力的正常智能存在区别，而这种区别正是人和动物之间的不同。作为一个内科
9 医生，瓦尔特对病理学有着浓厚的兴趣。他特别指出，能够伤害人类的最为严重的智能缺陷主要局限于智能的三个层面中的最低一层，即满足经验原则的驯化智能。瓦尔特认为这种缺陷“与缺乏生育能力的宦官相同”。在这种糟糕的情况下，智能只能接受感官所感知的刺激并且将它们联系起来，但是真正意义上的教育是无法出现的，究其原因，就是因为缺乏知识增长和理解加深所需的观念和原则。在这种情况下，“无论是对之进行鞭笞或者吼叫，或者使用任何方法以及采取示范操作等途径，无论投入多少时间或者经历多长的过程，自然界中任何事物都无法激发他产生出任何新的内容”。

在之后的一个时期，瓦尔特的研究框架对讨论心理学理论（psychological theory）具有一定的帮助。其中一个代表性的观念就是把语言使用作为衡量人类智能的标志，并以此区分人类和动物，此外他还特别强调正常智能的创新性。这些关注的焦点主导了当时的理性心理学和语言学研究。随着浪漫主义的崛起，人们开始将注意力转移到第三种智能类型上来，即真正的创造能力。尽管如此，理性主义者仍然认为人类的正常智能具有独特的自主性和创新性，且这种智能不受机械原理解释

的限制。这一假设始终没有被放弃，在浪漫主义时期的心理学中，甚至是在浪漫主义时期的其他社会哲学中，理性主义的这一假设仍然起着重要的作用。

正如我之前所提到的，语言的理性主义理论从研究其他类型心智的问题中获得发展，取得了极为丰硕的学术成果，提出了诸多具有启发性的学术见解。很多人致力于动物能力的研究，如服从人类说出的命令、表达它们的情感状态、相互之间进行交流乃至为了共同的目标而进行合作。学者们认为所有这些能力都可以通过机械性原理加以解释，在当时，这种机械性原理被认为主要通过生理机制得以实现。通过这些生理机制可以制定出反应能力（reflexes）、适应和加强（conditioning and reinforcement）、关联（association）等特点。动物并不缺少用于交流的合适器官，它们在普遍智能的等级上也并非处于劣势。

事实上，正如笛卡尔本人所观察到的，语言是人类这个种属所独有的能力，即使是智能较低的和患病的人群也依然具有这种能力。掌控语言的能力是猿类永远无法实现的，即使猿类可能比某些低能的人类具有更好的解决问题的能力或者体现其他适应性的行为。在之后的内容中，我会根据对动物交际的现有了解，再次讨论上述观点的特殊地位。笛卡尔认为尽管精密的自动机可以通过适应和关联建立智力结构（intellectual structures），但是动物和自动机缺少一种基本的元素。这种基本的元素就是瓦尔特所提到的第二种智能，即通过语言的正常使用来自由表达思想的生成能力。假设我们能够通过实验发现其他生物体也可以正常 10
地使用创新性的语言，一旦发现这些证据，我们就需要假设这些生物体也具有与我们相同的心智。同时，他们使用语言的行为超出了机械原理解释的范围，也超出了当时的刺激—反应心理学框架的内容。即使是在当代，刺激—反应心理学也无法解释这一现象。虽然现在技术和研究范围获得了细化，信息也更为可靠，但是这两个时期的刺激—反应心理学在核心内容方面并无明显不同。

动物并不具有使用语言的创新性特点，这一明显事实不仅让笛卡尔主义者提出动物—机器假说（beast-machine hypothesis），还引出了其他众多的假设。比如，如果假定每一个昆虫都有理性，那么在灵魂领域中人们势必会担心生物体数量的急剧增长。曼希沃·德·波利涅克主教（Cardinal Melchior de Polignac）认为动物—机器假说来源于上帝是仁慈的这一假设。正如他所指出的，我们都知道“动物无法感知痛苦的教义是多么的人道”[①]。戏剧家之子路易·拉辛（Louis Racine）也曾持有这样的观点，他被以下的评论所打动：“如果动物有心灵和感情，它们会因为笛卡尔对它们的冒犯和不公正待遇而表达无所谓的态度吗？难道它们不会因为愤怒而站起来反抗那些贬低它们的教派和教派领袖？”我感到需要补充的是，同时代的人将路易·拉辛看作优秀的父亲不一定会有优秀的儿子的活生生的例子。事实上，关于存在其他类型心智的讨论以及相比之下动物的机械性特点都频繁地提到了语言使用的创新性特点。同样提到的还有 17 世纪另外一位不太出名的学者所表述的观点：“如果动物有理性，它们就能够使用语言并体现出无限的多样性。”

知道语言的哪种特征对笛卡尔及其追随者最具吸引力，这非常重要。以上关于语言使用创新性的讨论引发了三个重要的观点。第一个观点是语言的正常使用具有创新性，其意义在于我们在正常使用语言的过程中所说的大部分话语都是全新的。我们不会去重复以前听到过的话。无论我们如何去定义“相同”和“结构”，甚至是在句子和话语的结构上这些说出的话也不尽相同。这是一个事实，但是却常常被忽视。先前我也提到过，在语言学发展的行为主义时期，这一事实常常被否认。在那时，一个人的语言知识一般被描述为已有语言结构的资源库。通过不断地重复和细致地训练达到超量学习的目标，语言使用的创新性至多体
11 现在语言结构的类比上。但实际的情况是，一个人母语中句子的数量尽管是巨大的，但人们可以立刻理解这些句子的内容，而且不会感觉有任何难度，也不会产生奇怪的感觉。句子有意义，且容易为人们所理解，

① 这些例子来源于罗森菲尔德所著的《从动物—机器到人类—机器》，该书 1941 年由牛津大学出版社出版，这里引用的话是她对原著的阐释（Leonora Cohen Rosenfield，*From Beast-Machine to Man-Machine*，New York：Oxford University Press，1941）。

而我们正常使用语言以及与之对应的句子的基础是结构。这些结构的总和在数量级上甚至超过人一生中度过的秒数的总和。从这个意义来看，语言的正常使用具有创新性。

但是，笛卡尔主义者认为即使是动物行为，在多样性上也存在无限的可能。从这种特殊意义来说，在理想的状态下，速度计上的读数有无限可能的多样性，动物行为的无限性说的正是这种特殊的类型。换句话说，如果动物的行为受到外在刺激或者内在状态的控制（内在状态包括通过适应方式建立起来的内容），当外在的刺激在范围上存在无限的变化可能，动物的行为也就具有无限的可能。但是语言的正常使用不仅具有创新性，在范围上也具有无限的可能性，同时不受到任何内在或者外在可感知的刺激的控制。这种独立于刺激控制之外的特点使得语言可以作为思想和自我表达的工具。无论是才华横溢或者天赋异秉之人，还是普通大众，大家都可以自由地使用语言。

但是，语言的自由性和不受刺激控制的特点本身并不能超越机械原理的解释。笛卡尔关于机械原理解释性限制的讨论让我们注意到语言日常使用的第三个特点，即它的连贯性（coherence）和特定情境下的得体性（appropriateness），当然这些特点完全不同于外在刺激的控制。我们无法以明确以及肯定的方式阐明得体性和连贯性的组成内容，但是它们肯定是具有意义的概念。这样，我们就可以将语言的正常使用同疯子的胡言乱语以及电脑随意性的生成结果区别开来。

需要如实承认的是，当今时代与三个世纪前的笛卡尔时代相同，我们也没有理解是什么因素让人类的语言使用既不受刺激的控制，又具有创新性，同时还具有得体性和连贯性。这是心理学家和生物学家最终都要面对的严肃问题。这一问题也不会因为使用习惯、适应或者自然选择的解释而消失。

笛卡尔从语言使用的创新性与机械解释的不足等视角对其他类型心智所做的分析，在当代学者看来，并不能令人满意。比如，拜尔（Bayle）在其所著的《词典》（*Dictionary*）中认为，笛卡尔哲学中最缺乏说服力的环节是笛卡尔无法有效地证明其他类型心智的存在。人们还对笛卡尔所提出的问题进行了长期而颇有意思的讨论和争辩。纵观这几个世纪的发展，我们占据了有利的位置，因而可以看到这一争论还没有结果。正如笛卡尔主义者所强调的，人类思想和语言的特点具有真实性。无论是过去，还是现在，这些特点都超越了我们所能够理解的物理学解
12 释的范畴。无论是物理学、生物学还是心理学都无法为我们提供解决这些问题的线索。

与其他难以解决的问题相同，我们也许会尝试采用另外的解决方法。比如我们可以认为这个问题被误读了，是混淆概念造成的结果。现代哲学采用了这样的分析模式，但是我认为这种分析模式并不成功。很明显，笛卡尔主义者与吉尔伯特·赖尔（Gilbert Ryle）和其他当代的批评家相同，都知道为智力性行为提供标准与解释这样的行为可能性之间存在着明显的区别。但与赖尔不同的是，笛卡尔主义者对这两个方面的问题都有兴趣。作为科学家，他们不满足于制定实验性的测试方法来测定其他有机体也具有创造性的行为，这一点我刚刚已经提到过。但是通过测试所显示出的能力以及观察到的标准超过了他们能够理解的肉体的能力，这让他们大为困惑。如今，这些现象也超出了我们能够理解的物理学解释的范畴。这一点我们都能接受。无可厚非的是，我们可以不去细化观察的手段和收集语料的方法，而是去构建某种理论来解释我们所观察到的现象。而这正是笛卡尔研究心智问题最为关键的要素。正如拉·佛吉等人所坚称的，牛顿在理解行星运动的性质方面取得了成功，如果我们要像牛顿一样去成功了解人类精神的性质，那么就有必要超越我们能够感知或者想象的内容（这里的想象指的是它经典的术语性意义）。从另外一个方面来看，笛卡尔哲学对于心智问题的分析并没有实质性的内容。他们通过活跃原则（active principle），即心智来解释观察到的现象。心智的特征没有得到条理清晰而明白易懂的说明，因而这样的分析并不能让人满意。

我认为当今最有希望的研究方式是尽可能准确地描写语言和心智活动的现象，同时尝试建构一个抽象的理论工具来解释这些现象并解释其中包含的组织性和作用性原则。在当前的情况下，我们不要尝试将假设

的心理结构和过程同生理机制联系起来，也不要通过物理原因去解释心智的功能。这些抽象的结构和过程是如何实现的，又是如何通过具体的方式加以解释的，这样的问题最好留到将来去解决。可以相信的是，这样的解释肯定超出了目前我们所能理解的物理过程的范畴。这样的结论，如果是正确的，应该可以为大家所接受。

在 17 世纪，理性主义语言哲学与其他独立的学术思潮相融合，第一个关于语言结构的重要普遍理论也就随之出现，即我们现在所知道的 *13*
哲学语法或者普遍语法的一般视角。不幸的是，现在我们对于哲学语法知之甚少。关于哲学语法的技术性的研究或者学术性的探讨非常少见，能够见到的也都是辩护性或者诽谤性的内容。现在关于语言研究的论著中，提到哲学语法的分析都扭曲了事实，因而没有任何价值。即使是莱纳德·布龙菲尔德（Leonard Bloomfield）这样高水平的学者，他在其主要学术著作《语言论》（*Language*）中谈到哲学语法时，他的论述也与原著完全背离，并且将与之毫不相关的学术观点归结于哲学语法的研究传统，因而并不具有典型性。比如，布龙菲尔德以及其他一些学者认为哲学语法以拉丁语为基础、具有规定性（prescriptive）、缺少对于语音的研究、导致了口头语和书面语的混淆等。这些指摘都是错误的，因此消除这些误解显得极为重要。只有这样，我们才有可能公正地评价哲学语法所获得的成就。

具有讽刺意味的是，有人指责哲学语法具有拉丁语的偏向。事实上，保尔·罗瓦雅尔（Port-Royal）学派的著作《语法》（*Grammar*）以及《逻辑》（*Logic*）是用法语写成的。这一点具有重要意义，因为这一学派的学者们参与了使用本土语替代拉丁语的运动。他们认为拉丁语是一种人为的、扭曲的语言，这种语言会对笛卡尔主义者所看重的朴素思维和常识性论述产生负面作用。语言哲学的实践者使用了他们可以获取的语言材料。值得注意的是，他们进行详细分析的某些课题持续了一个世纪之久，而这些课题在拉丁语中甚至找不到对应的结构。伏日拉（Vaugelas）的规则就是一个典型的例子，它涉及法语中不定冠词和从句之间的关系。在 150 年的时间里，人们在争论是否能够建立超越描写并可以理性解释语言现象的理性语法（rational grammar），而其中争论的核心问题就是伏日拉的规则。

毫无疑问的是，对理性解释完全的误解导致人们错误地指责哲学语法具有规定主义的特点。事实上，哲学语法并不属于规定语法。哲学语法多次重复了这样的共识：语言使用的事实是客观存在的，语法学家没有权力去制定语言使用的规则。关键的内容不是语言事实，而是提出解释性的假设来说明语言使用的事实，从而把握语言的性质以及最终把握人类思想的性质。哲学语法学家对于语料的收集没有太大的兴趣，除非这些语料能够用来证明深层次上心智过程的存在，从而体现更好的概括性。因此，需要比较的不是描写语法和规定语法，而是描写和解释，以及作为自然史（natural history）的语法和作为自然哲学（natural philosophy）的语法。在现代，后者也称为自然科学的语法。非理性地反对解释性理论将会导致现代语言学无法认识到这些发展时期中的关键内
14 容，还会导致将哲学语法与教授新兴中产阶级更好礼仪的行为混为一谈。

哲学语法会让我们产生兴趣。之前我提过，17 世纪时学术观念的氛围与当今的认知心理学和语言学领域具有惊人的相似性。其中的一个相同点在于解释性的理论。哲学语法与当代生成语法相同，也明确地反对描写主义的研究传统，因为描写主义认为语法学家的任务就是记录和整理语言使用的材料，从而将语言学当作自然史来研究。哲学语法坚持认为这样毫无必要的限制会让人感到心灰意冷。无论如何辩解，描写主义所采用的方法都不是科学的研究方法。典型的科学方法是关注语料，但其目的却不是语料本身，而是用它来证明深层次隐藏的组织性原则的存在。这些原则人们无法通过语料的现象或者从语料的分类处理中发现。与此相同，若要满足这些限制，天体力学也无法获得发展。

当代的学术界没有资格对哲学语法的成就做出决定性的评估，因为进行这一评估的基础性工作尚未完成。我们还不熟悉哲学语法的原著，因为大部分的研究内容还难以获得。举个例子，至今我在美国还找不到一百年前保尔·罗瓦雅尔学派的《语法》的评述版。我们现在可以拿到

该书的法语原著①，但这一重要著作的英语翻译版只能在大英博物馆里找到。即使是通过目前已知的小部分内容，我们也已经发现它引人入胜以及富于启发性的特点。但是这一著作却被人们完全忽视，因此这是一件非常遗憾的事情。

鉴于目前有限的了解，我们无法对这一著作进行初步的评估，甚至无法描述这些成果的基本内容。但是我想简要说明学者们持续讨论的一些课题。1660 年，保尔·罗瓦雅尔学派的《语法》出版，从而开创了哲学语法的传统。该书的创新性内容之一是承认短语（phrase）作为语法单位的重要性，而先前的语法关注的基本上都是词类和屈折现象。在保尔·罗瓦雅尔学派的笛卡尔式理论中，一个短语对应一个复杂的概念，一个句子可以被切分为连续的短语，这些短语可以被再次切分为短语。这一切分过程可以持续进行，直至最后达到词汇的层面。通过这一方式可以生成我们现在所说的句子的表层结构（surface structure）。举一个典型的例子，“无形的上帝创造了有形的世界”一句包含了主语“无形的上帝”以及谓语“创造了有形的世界”。该句的谓语由动词“创 15
造”和复杂的概念“无形的世界”构成。当然，这一切分过程还可以继续进行。有意思的是，保尔·罗瓦雅尔学派的《语法》首次通过系统的方法来分析表层结构，但是它也认识到了这一分析法的不足。按照保尔·罗瓦雅尔学派的理论，表层结构只能对应语音，即语言的外在内容。但是当人们造出语言符号，随着表层结构出现的还有心智分析的过程。这一过程我们称之为深层结构（deep structure），它具有形式化的特征，涉及的内容不是语音，而是意义。在刚才提到的例子“无形的上帝创造了有形的世界”中，其深层结构是由三个命题构成的系统，即“上帝是无形的”、“上帝创造了世界”以及“世界是有形的”。这三个命题相互关联，形成深层结构。但是当我们使用这个句子进行陈述时，我们并没有断言这三个命题。根据保尔·罗瓦雅尔学派的理论，命题“男人是聪明的”和“男人是诚实的”可以进入深层结构，但是当我说“有

① Menston，England：Scolar Press Limited，1967.

一个聪明的男人很诚实”时，我不会断言“男人是聪明的或者诚实的”。实际情况是，当人们使用这一句子时，这些命题并没有通过语言符号加以陈述，但是这些命题却可以进入到心智的复杂概念当中。

深层结构和表层结构通过特定的心智操作加以实现，用现代的术语来说，就是通过语法转换（grammatical transformations）的操作加以实现。每个语言都可以被看作语音和意义的特殊关系体。保尔·罗瓦雅尔学派的理论必然会存在这样的逻辑性结果，即一种语言的语法必然包含一套规则系统，从而体现深层结构、表层结构以及两者之间转换关系的特征。另外，如果要阐述语言使用的创新性特点，就需要在一个无限性的范畴内使用这些规则，而底层结构和表层结构的配对体就出现在这个范畴当中。这种情况可以通过威廉·冯·洪堡特（Wilhelm von Humboldt）的术语加以说明，即语言使用者可以无限地使用有限的手段（make infinite use of finite means）。他的语法必然会包含一套有限的规则系统，从而生成无限的具有合理关联的底层结构和表层结构。他的语法还必然会包含将这些抽象的结构和特定语音表达式及意义表达式进行联系的规则，而这些表达式应该由分别属于普遍语音学和普遍语义学的内容构成。从本质上来看，这种语法结构的概念正是现在我们所发展和细化的内容，其来源可以从我们所讨论的经典文献中找到。在当时，关于这些基本概念的研究也获得了一定程度的成功。

关于深层结构和表层结构理论已经说得较为明确，我们至少已经了解了这一理论的大致框架。当然，这一理论与先前的理论大为不同。让人感到惊讶的是，在现代语言学得以发展的 19 世纪后期，这一理论竟然消失得无影无踪。我想谈一下深层结构和表层结构理论与先前以及之后语言思想之间的关系。

16 深层结构和表层结构理论与先前的一种研究具有相似性，而这种相似性极有可能会产生误导。在构建理论的详细过程中，哲学语法的实践者们一直都很小心地强调这一相似性。他们明确地表达了对经典语法学家以及文艺复兴时期主要的语法学家，如西班牙学者桑克底乌斯（Sanctius）等人的敬意。圣齐奥提出的省略理论（theory of ellipsis）

对哲学语法产生了重大的影响。我之前已经谈到，我们对于哲学语法知之甚少，而像圣齐奥这样的先驱者则几乎不为人所知。另外，与所有类似著作的情况相同，我们不仅要搞清楚他说了什么，更为重要的是，还要搞清楚他要表达什么。

圣齐奥认为省略是语言的一个根本性特征。在发展省略的概念时，毫无疑问的是圣齐奥也使用了很多语言中的实例。从表面上来看，这些例子与深层结构和表层结构理论所使用的语料具有较大的相似性，无论是在经典的哲学语法时期还是在现代更为明晰的语法系统中都是如此。但是对圣齐奥而言，省略的概念只是阐释文本的工具。根据圣齐奥的论述，要了解一个文学文本的真正意义，我们必须把这个文本当成一个更为详尽的释义性文字的省略变体。但是保尔·罗瓦雅尔学派的理论以及之后理论的发展，特别是百科全书的编撰者杜·马赛（Du Marsais），对于省略却有着完全不同的理解。哲学语法的目标是建立一套心理理论，而不是提供一个文本阐释的工具。这一理论认为内在的深层结构在语言形式上具有抽象的结构，当说话人通过人体器官说出或者听到包含表层结构的语言符号时，深层结构就会在心智中出现。将深层结构和表层结构联系起来的转换操作属于实在的心理操作，当人们说出或者听到一个句子时，心智就会执行转换操作。这种区分极为重要。按照后者的理解，在心智中必然会存在一个包含生成原则的固定系统，从而通过某种确定的方式，即语法的方式，明确深层结构和表层结构的特点并将两者结合起来。换句话说，当人们使用或者阐释话语时，这一语法系统就会被使用。该语法表征的正是我先前提到的天赋的语言能力。如何才能确定这些语法的性质以及支配这些语法的原则？这是一个典型的科学问题，也许较难解决，但是根据是否符合心智事实而存在正确的或者错误的回答。但是作为文本阐释的工具，省略理论无需通过存在于心智中的原则系统构成，也无须作为语言能力和人类智能的特定方面。省略理论可以具有临时性的特征，并可能在文本分析的过程中涉及许多文化的以及个人的相关因素。

保尔·罗瓦雅尔学派的深层结构和表层结构理论属于心理学的范 17

畴，是对瓦尔特提出的第二种智能的细化，也是对人类正常智力特征的探索。而圣齐奥提出的省略概念，如果我理解正确的话，是在条件允许的情况下人们使用的一种技术性工具，因而无需体现正常智能的心理表征。尽管他们使用了相同的语料，但是两种理论提出的背景以及使用的框架具有根本性的不同。尤其需要指出的是，笛卡尔革命可以将它们区分开来。提出这样的观点时我还有些犹豫，因为我们对于相关文献以及这些学者的学术背景缺少了解，但是上述评论应该是正确的。

相比而言，保尔·罗瓦雅尔学派的理论与现代结构主义和描写主义语言学之间的关系更为清晰。后者将它们的研究限制在以下分析上：表层结构、语言符号明晰性的形式化特征，以及通过切分和分类手段从语言符号中确定的短语和其他语言单位。这种限制是他们明确提出的，并且被认为是一种进步，但是我完全不同意。伟大的瑞士语言学家弗迪南·德·索绪尔（Ferdinand de Saussure）在世纪之交奠定了现代结构主义语言学的基础，他提出语言分析的正当手段只能是切分和分类。通过这些方法的使用，语言学家可以确定分析出来的语言单位可以呈现的类型。这些类型要么是组合性的（syntagmatic），要么是聚合性的（paradigmatic）。组合性指的是言语流中语言单位线性排列的模式，而聚合性指的是言语流中占据相同句法位置的语言单位之间的关系。他认为这样的分析一旦完成，语言的结构则必然会得以完全呈现，作为科学的语言学也就彻底地完成了任务。显而易见的是，这一分类性的分析无法容纳哲学语法所提出的深层结构。比如，句子“无形的上帝创造了有形的世界”具有三个命题，而这一命题系统是无法从对语言单位的切分和分类操作中得到的，同样无法得到的还有联系深层结构和表层结构的转换操作。在结构主义语言学中，能够得到的只是聚合和组合型结构。现代结构主义语言学忠于这样的限制，而且认为这样的限制具有必要性。

事实上，索绪尔在某些方面走得更远，从而体现出与逻辑语法研究传统的区别。他有几次提到构建句子的过程根本不属于语言系统。语言系统只局限于语音和词汇这样的语言单位，也许还包含一些数量较少的固定短语和普遍性语言模式，构建句子的机制则不受语言结构的制约。

按照他的术语来说，句子的构建并不属于语言（langue）的范畴，而应 18
该归为言语（parole）。这样来看，句子的构建就超出了本体语言学的范围。它是一个自由创造的过程，不受语言规则的限制，除非这些规则支配词汇的形成和语音的模式。在这一观点下，句法几乎没有什么价值。事实上，在整个结构主义语言学时期，几乎很少出现关于句法的著作。

索绪尔的这种学术观点回应了美国著名语言学家威廉·德怀特·惠特尼（William Dwight Whitney）关于洪堡特语言理论的批评，索绪尔的学术观点在很大程度上受到惠特尼的影响。惠特尼认为洪堡特的语言理论在很多方面虽然扩展了我之前提到的笛卡尔的观点，但是它存在原则上的错误。惠特尼认为语言由“众多数量的项目（item）构成，每一个项目都有自己的时间、场合以及效果”。“具体意义上的语言是词汇和短语的总和，任何人都可以通过这些词汇和短语来表达思想。”语言学家的任务是列举这些语言形式，并研究它们各自的历史。与哲学语法形成对比的是，惠特尼认为语言在形式上并不存在普遍性。语言形式的任意性堆积构成语言，而研究这些内容无法让我们认识到人类智能的普遍性特征。正如他所说的，“人类话语具有无限的多样性，这一特征足够排除下述断言，即理解心灵的力量可能涉及言语的解释”。同样，德尔布鲁克（Delbrück）在关于印欧比较句法的知名著作中批评了传统语法，其原因在于传统语法建立理想化的句子类型来分析观察到的语言符号。除此之外，他还将圣齐奥称为“这一领域中主要的独断主义者”。

带着这样的情感诉求，我们来到了现代时期的语言研究。印欧语言的比较研究获得了巨大的成功，并成为19世纪科学发展的杰出成就之一，这一成就敲响了哲学语法的丧钟。惠特尼、索绪尔以及其他学者们所提出的对于语言的理解虽然不够深入，且存在缺陷，但是却完全契合了当时语言学研究的阶段。其结果是，人们认为这一理解是被证实的内容。这一结果是自然的，但是却是错误的。现代结构主义和描写主义语言学在这样的学术框架下获得了发展，并取得了长足的进步，这一点以后我还将继续讨论。相较而言，哲学语法无法为这种新兴的比较语法或者不为研究者所知的异国语言研究提供合适的概念。从某种程度上来说，哲学语法的研究走到了尽头，它已经达到了现有可能的观点框架和技术条件所允许的极限。一个世纪之前，人们并没有清晰地认识到如何才能构建生成语法系统从而“无限地使用有限的手段”，进而表达人类语言的“器官形式”（organic form）。通过这一“奇妙的发明”（mar-
19 vellous invention）（保尔·罗瓦雅尔学派《语法》中的说法），“我们从25个或者30个语音当中构建出无数的表达式。这一过程本身与我们心智当中的过程并不相似，但是它可以让别人了解我们内心构思的秘密和我们所进行的各式各样的心理活动”。

这样来看，语言研究达到了这样的一种境况：一方面，一些简单概念的组合提供了研究的基础，从而可以让学者们取得令人瞩目的成就。另一方面，一些深层次而又模糊的观点根本无法带来更为丰硕的成果。这种境况的结果是不可避免的，也是理所当然的。在语言学的领域中出现了专业化的发展趋势，人们将研究兴趣从吸引不同领域研究者的经典问题转移到阿尔诺（Arnauld）和洪堡特等学者身上。比如，人们更有兴趣研究通过专业性的技术手段所定义的新兴领域，而这些技术手段是语言学这个专业在解决特定问题的过程中所指定的。这样的发展趋势是自然的，也是非常合理的，但是也存在一定的危险。我并不想强化人们对有绅士风度的业余参与行为（gentlemanly amateurism）的膜拜，但是我们必须认识到那些经典的问题仍然具有活力和意义，而这些特点是结构主义语言学的研究领域所不具有的，因为这一领域由特定工具和方法的使用来决定，而不是由本身具有内在魅力的研究问题来决定。

结构主义语言学发展的教训并不是让我们放弃有用的工具。其教训首先是我们应该坚持包容性的视角，从而能够意识到什么时候使用这些工具进行的研究已经不再重要。其次，在特定的技术性时期，人们也许会认为某些观点和见解不太成熟、过于模糊，而且不会带来可观的科研成果，但是一旦这些观点和见解能够切中问题的要害，我们都应该对之予以重视。我们占据历史的优势，因此可以明白，从长远来看，批评或者忽视一个内容丰富的研究传统对于语言研究而言是相当有害的。另外，批评或者忽视的做法也是毫无必要的。也许在心理上存在困难，但是在原则上我们没有理由去怀疑采用结构主义的方法进行历史的或者描写的研究会带来成功，但是我们也需要认识到与它暂时所替代的研究传统相比，尽管这一替代合情合理，该研究仍然可能存在本质性的缺陷以及根本性的不足。对于将来的语言和心智研究而言，我认为这样的教训会具有重要的价值。

总而言之，我认为对当今任何关心语言研究的人来说，过去曾经出现过两个富有创造性的研究传统，它们与语言研究切实相关。其中一个研究传统是哲学语法，它的活跃时期始于 17 世纪，并历经浪漫主义时期。第二个研究传统我将之称为结构主义，这种说法也许会带来一定的误导。在过去的一个世纪直至 20 世纪 50 年代早期，这一传统占据了语言研究的主流。前面的内容主要关注的是第一个研究传统，因为我们对
它并不熟悉，同时也因为它与现代语言研究具有相关性。结构主义语言 20
学极大地扩充了我们能够获取的信息视野，同时也较大程度地提升了语料的可信度。它说明语言中存在可以进行抽象研究的结构关系，同时将关于语言论述的精准性提高到了新的层面。但是我认为结构主义语言学主要的贡献在于它受到的严厉批评，也许这一说法有点自相矛盾。我所指的是以构建发现程序（discovery procedures）为目标的细致而严肃的尝试，发现程序是索绪尔谈到的切分和分类的技术手段。这样的尝试失败了，相信这一点大家都能同意。它失败的原因在于这样的技术操作局限于表层结构中的现象，而无法揭示体现语言使用的创新性特点和语义内容表达的内在性机制。但是结构主义语言学根本性的意义在于这一尝试针对的是语言研究的基本问题，并且第一次对这一问题进行了明确而清晰的表述，即如何才能详细说明那些对于感知性语料产生作用的机制，以及产出语言知识即语言能力的机制。很明显这样的机制是存在的。儿童的第一语言确实是要“学”，从传统意义上来看，他们学习的语言是一种规约化的语言，而不是一个内在指定的系统。采用结构主义语言学的研究方法对这一问题进行的回答已经被证明是错误的，但是研

究问题本身已经得到了清晰的表述。相比而言，答案是否正确已经不再重要了。

怀特海（Whitehead）曾经将现代科学的精神总结为“对详尽事实的强烈兴趣与对抽象概括的同等热心的结合”。我们可以大致准确地认为当代语言学对详尽事实具有强烈的兴趣，而哲学语法则对抽象的概括具有同等的热心。我感到现在已经到了将这两种研究范式加以统一，从而建立综合性的研究模式，并汲取两种研究范式各自的研究成果的时候。在以下两讲中，我将会说明如何才能将哲学语法的研究传统重新进行组构，并使之面对具有挑战性的全新问题。另外，我还将说明如何才能以一种富有成效的方式回归到引发这一研究传统的基本问题和关注要点上来。

# 第二章　语言学对心智研究的贡献：现在

心理科学比较难研究，因为人们对它所处理的现象太熟悉了。想搞清楚如何用这些现象构造难题并寻求复杂的解释理论，需要动些脑筋。但对于这些熟悉的现象，人们往往想当然，觉得这些现象是必然的，甚至莫名其妙地觉得这很“自然”。 21

对现象的熟悉所产生的后果常常被讨论到。例如，沃尔夫冈·科勒（Wolfgang Köhler）曾暗示心理学家不像自然科学那样能开启“全新的领域”，“只是因为在建立科学的心理学之前的很长时间里，人们已经熟悉了心智生活的所有领域……因为在他们工作伊始就没有完全未知的心智事实留待他们去发现”①。而在经典物理学中，即使是最基本的发现，也会有一些震撼性的价值，因为人们对椭圆轨道或重力常数这些都没有本能感觉。但“心智事实”，哪怕是更深层类型的，也轮不到心理学家去发现，因为它们是本能感觉所熟悉的问题，并且像刚指出的那样，它们是一目了然的。

还有一些更微妙的后果。对太熟悉的现象，我们常常会视而不见。

① W. Köhler, *Dynamics in Psychology*, New York: Liveright, 1940.

这一点，文学理论家和哲学家常常讨论。比如说，在 20 世纪 20 年代早期，维克多・什克洛夫斯基（Viktor Shklovsky）认为诗歌艺术具有使描述的客体“陌生化”（making strange）的功能，“生活在海滨的人们习惯于海浪的呢喃，以至于他们从未听到；出于同样的原因，我们也很少听到我们说出的话……我们能对视，却看不见对方。我们对世界的感知已经退化，剩下的仅仅是识别”。所以，艺术家的目的就是将描述的客体转化为“新的感知领域”（sphere of new perception）。什克洛夫斯基的例证是托尔斯泰（Tolstoy）的一个故事，在这个故事中，马是叙述者，社会习俗和制度的陌生化策略是以马的视角呈现的[1]。

22 人们对于“我们能对视，却看不见对方”的观察，也许本身就已经达到了“我们很少听到我们说出的话”的程度。但在这种情况下，熟悉也不能掩盖洞察力（insight）的重要性。

维特根斯坦（Wittgenstein）也有类似的观察，他指出，“事物中最重要的方面对于我们而言都是隐蔽不见的，因为它们简单而熟悉（人注意不到某种事物——因为它总是在他的眼前）”[2]。维特根斯坦致力于“对人类自然史的评述：我们并没有为人类历史贡献什么新奇的看法，而只是说了些无人怀疑的看法，这些看法因为一直都在人们的眼前而被忘了评述”[3]。

尚未引起人们足够注意的是，当一些现象太熟悉、太“明显”时，我们就觉得没有必要进行解释。人们很容易认为解释必须浅显，且必须接近于表面。在我看来，古典的心智哲学，不管是唯理主义的还是经验主义的，都有一个最大的缺点，那就是不加怀疑地假设“内省可以抓住心智的性质和内容”。令人惊奇的是，就智力机能（intellectual faculty）的功能和组织而言，这个假设竟然几乎没有遇到任何挑战，甚至在弗洛伊德革命中也未遭到怀疑。与此相应，在笛卡尔的唯理主义的影响

① V. Ehrlich, *Russian Formalism*, 2nd rev. ed., New York: Humanities, 1965, pp. 176-77.

② Ludwig Wittgenstein, *Philosophical Investigations*, New York: Oxford University Press, 1953, Section 129.

③ Ibid.

下所进行的深入的语言研究却遭遇了一些失败：要么没认识到在产生或理解一段话语时，“心智中呈现”的结构具有抽象性；要么没认识到关系到表达话语的语义内容的心智结构和物理现实的操作链的长度和复杂程度。

类似的缺点也影响了现代语言和心智的研究。用于研究这些课题的结构主义方法和行为主义方法，在我看来，其主要弱点在于相信解释的浅显性（the shallowness of explanations），即以为心智在结构上必定比任何一个已知的生理器官都简单，用一个最简单的假设就足以解释所有能观察到的现象。他们在既无论证又无事实的情况下就想当然地认为（或用定义为真的方式提出）：语言是一种“习惯结构”（habit structure）或由联想连接的网络；语言知识只不过是关于“知道如何”（knowing how）的问题，即一种技巧，可表达为对反应作出种种处理的系统。相应地，他们认为：语言知识必须通过重复和训练缓慢地发展，其明显的复杂程度来自非常简单的要素的增殖，而不是来自心智组织的更深层的原则。在他们看来，这种心智原则就像消化机制和协调运动的机制一样，都不能通过内省的方法了解。企图用上 23
述观点来解释语言知识和语言运用，虽然本质上没有什么不合理之处，但也没有什么特别的道理或先验的理由。如果从另一个完全不同的方向来研究语言知识和语言知识的运用，那也没有什么理由感到不安或疑惑。

为了在语言研究和人类认知机能研究方面取得总体性进展，我认为有必要首先在科勒所说的“心智事实”（mental fact）的基础上建立“心理距离”（psychic distance），然后去探讨发展各种解释性理论（explanatory theory）的可能性，不管这些理论对底层机制的复杂性和抽象性能提出什么样的见解，我们都应该这样去探讨。我们必须认识到，即使是最熟悉的现象也需要解释，比起生理学或物理学，我们也没有更多的捷径可接近底层机制。对语言的本质、运用及其习得，我们只能提出最初步的、尝试性的假说。作为说母语者，我们这些研究者拥有大量的语料。也正因为如此，我们这些研究者也很容易上当，错误地以为没有什么东西需要解释，也错误地认为不管存在什么样的组织原则和底层机制，只要有了语料，这些组织原则和底层机制都是“已知”的。这样的看法真是错得一塌糊涂。不妨尝试着去精确刻画我们所掌握的能使我们在适当的场合理解并产生新的语句的规则系统，这势必将会迅速消除我们对这个问题的成见。探求解释性理论，必须首先致力于确定这些规则系统，并揭示出支配它们的原则。

凡具有某种语言知识的人，都会以一种特殊的方式去内化一套关联音义的规则系统。语言学家建构某种语言的语法，实际上就是提出有关这种内化系统的一种假说。这种假说如果足够明晰精确，就一定会得出关于话语形式以及说母语者对该话语理解的某种经验结果。很显然，语言知识，即内化了的规则系统，它只是确定话语在特定场合该如何运用和理解的众多因素之一。语言学家试图确定语言知识的构成，即构造一种正确的语法，是在研究一种与语言行为有关的基本因素，但并不是唯一的因素。当人们在经验证据的基础上确认语法系统时，必须记住这种理想化的方法。当然，人们完全有理由去研究跟复杂的心智行为与底层的实际行为有关的若干因素间的相互作用，但是这种研究是不可能深入下去的，除非把各种因素都分别搞得很清楚。

*24* 从好的方面看，语言学家提出的语法就是一种解释性理论；这种语法将为以下事实提供解释：（根据上文提到的理想化方法）说某种语言的被试为什么以某种方式，而不是以别种方式来感知、理解、组织或运用一段话语。人们还可以寻求另外一种更为深层的解释性理论。说母语者根据非常有限而且是有缺陷（degenerate）的语料习得一种语法；而从该语法中得到的经验后果却远远超出了证据的范围。从一个层次上看，该语法所处理的现象，可以用语法自身的规则和这些规则之间的相互作用进行解释。一个人获得某种语言知识，他会为自己构造特定语法，即在掌握有限且有缺陷的证据的基础上选择语法，所以从更深的层次上看，这些相同的现象可以用决定语法选择的原则进行解释。那种用来确定语法形式，以及根据某种语料选择一种具有适当形式的语法的原

则所构成的学科，依据传统术语，可以称之为“普遍语法”（universal grammar）。研究这种意义上的普遍语法，也是对人类智能（intellectual capacity）本质的研究。这种研究试图提出一套作为可能的人类语言的系统必须具备的充分必要条件，这些条件不是碰巧与现存的人类语言相符合，而是深深地扎根于人类的“语言能力”（language capacity）之中，它构成了先天组织（innate organization），这种先天组织能够确定什么是语言经验以及由这些经验能产生什么样的语言知识。所以，虽然一种语言的特殊语法也可以看作一种解释性理论，但普遍语法却构成了一种比特殊语法更深一层的解释性理论①。

实际上，语言学家对普遍语法与特殊语法都有研究。当语言学家根据自己能获得的证据，以这种方式而不是别种方式构造出一种描写性的特殊语法时，他会自觉或不自觉地接受某种关于语法形式的假说的指引，而这些假说就属于普遍语法理论。相反，语言学家提出的普遍语法的原则，也必须能得到特殊语法的证明，即在特殊语法中应用普遍语法原则看看其结果是否相适应。由此可见，语言学家的研究在若干层次上都涉及了解释性理论的构造问题，而且在每一层次上，都对理论性的和描写性的工作有清晰的心理学解释。从特殊语法的层次上看，语言学家在试图刻画一种语言知识，一种由正常听—说者无意识地发展起来的特定的认知系统。从普遍语法的层次上看，语言学家在试图确立人类智力的某些一般属性。具有诸如此类特征的语言学，只不过是心理学中专门 25
研究心智的这些方面的一个子领域。

以下我将谈谈目前所进行的研究工作。这项工作的目的，一方面是确定构成语言知识的规则系统，另一方面是揭示支配这些规则系统的原则。很显然，目前可以得出的任何关于特殊语法或普遍语法的结论，在其所涉及的范围内都必定是十分不确定的和有限的。而且，在这个简单

① 为显示解释深度的差异，我在我的著作《语言学理论的当前问题》中指出：“描写上的充分性”（level of descriptive adequacy）这个术语可用来研究各种特殊语法与语料的关系，“解释上的充分性”（level of explanatory adequacy）这个术语可用来研究普遍语法理论与这些语料之间的关系（*Current Issues in Linguistic Theory*，New York：Humanities，1965）。

的概述中，也只能勾勒出一个粗略的大纲。为了使大家了解现在所做的研究，我将集中谈谈那些目前能得到清晰表达并可以研究的问题，尽管这些问题仍然未能得以解决。

正如我在第一讲所指出的那样，我相信对语言和心智研究最适合的一般框架是作为 17 世纪和 18 世纪唯理主义心理学的一部分而发展起来的思想体系。该体系的某些重要方面曾得到浪漫主义学派的详细阐述，但后来，随着人们注意力的转移，它基本上被遗忘了。根据这一唯理主义的传统观念，当一个句子作为物质信号出现时，表达该句意义的命题系统就会出现在心智中，二者通过某种形式的操作而关联起来，这种操作用现在的术语来说可以称为语法转换（grammatical transformation）。继续采用现在的术语，我们可以区分出句子的表层结构（surface structure）和底层的深层结构（underlying deep structure），表层结构是直接与物质信号相关联的范畴和短语的组织，深层结构也是范畴和短语的系统，不过具有更为抽象的特征。因此，对“A wise man is honest”（聪明人诚实）这个句子的表层结构进行分析，可得出主语“a wise man”（聪明人）和谓语“is honest”（诚实）。深层结构却颇为不同，它要从构成表层结构主语的复杂观念中抽象出一个底层命题，该命题由主语“man”（人）和谓语“be wise”（诚实）构成。事实上，从传统的观念看，这个深层结构是由两个命题构成的系统，这两个命题都没有明说，但却以这种方式相互关联着，从而表达出句子“A wise man is honest”（聪明人诚实）的意思。这个例句的深层结构，我们用形式（1）表示，其表层结构我们用形式（2）表示。括号两边的符号表示的是括号中的成分是哪一种短语范畴（忽略一些细节）。如：

（1）$_{S}\Big[_{NP}\big[\text{a man}\ _{S}[_{NP}[\text{man}]_{NP}\ _{VP}[\text{is wise}]_{VP}]_{S}\big]_{NP}\ _{VP}[\text{is honest}]_{VP}\Big]_{S}$

（2）$_{S}\big[_{NP}[\text{a wise man}]_{NP}\ _{VP}[\text{is honest}]_{VP}\big]_{S}$

26 除了括号标注之外，我们还可以采用被广泛使用的树形图，树形图跟括号标注的价值相同。我们把（1）和（2）这两种括号标注分别表示成如下的树形图（1）′和（2）′。

(1)′

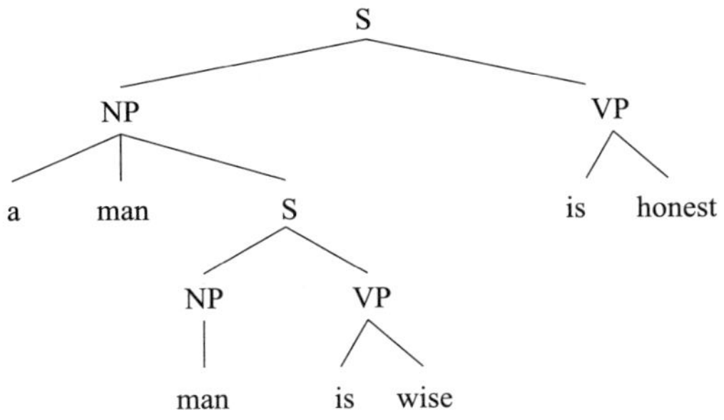


(2)′

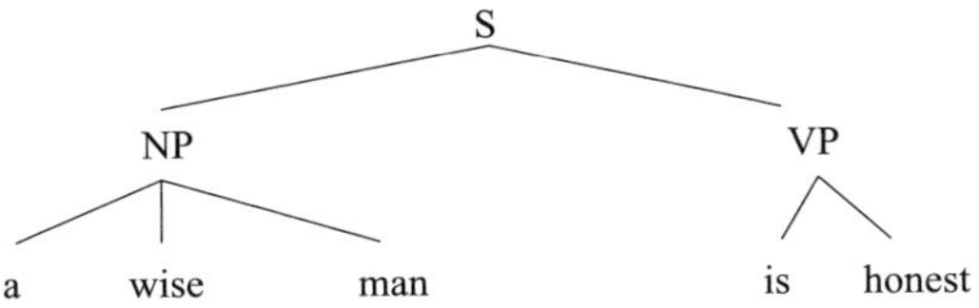


如果我们把“……的主语”这种语法关系理解为名词短语（NP）和直接支配（dominate）这个名词短语的句子（S）之间的关系，“……的谓语”这种语法关系理解为动词短语（VP）和直接支配这个动词短语的句子（S）之间的关系，则（1）和（2）的结构就会以我们所希望的方式显现出主语和谓语的语法功能，（1）′和（2）′也是如此。深层结构（1）的语法功能在确定句子意义方面起了重要作用。另一方面，图示（2）中的短语结构则与语音形式紧密相关，确切地说，它决定了所描述话语的语调曲线（intonation contour）。

语言知识包括以下几个方面：能够为无限多的句子指派相应的深层结构和表层结构，并以适当的方式使二者关联；能够为每对深层结构和表层结构确定语义解释和语音解释。这种语法本质的轮廓，看起来已经相当精确，初步刻画出“语言知识”。

深层结构和表层结构是如何相互关联的呢？就上述简单例子而言，我们可以清晰地通过以下的操作由深层结构得出表层结构：

（3）a. 向嵌入最深的名词短语“man”指派标记 wh-

b. 用“who”替换标记 wh-的名词短语

c. 删除“who is”

d. 颠倒“man”和“wise”的位置

如果对（1）这样的深层结构只应用操作（3a）和（3b），我们可推

导出句子“a man who is wise is honest”，该句是深层结构（1）的一种
27 可能实现。如果我们对（1）进一步应用操作（3c）（推导出“a man wise is honest”），对英语而言，还必须应用辅助操作（3d），才能推导出表层结构（2）。只有推导出表层结构，才能予以语音解释。

如果这种方法基本正确，则懂得这样一种特殊语言的人就掌握了这样一种语法：它可以生成（刻画）无数潜在的深层结构，并将这些深层结构映射到相关的表层结构上，而且能决定这些抽象句法体的语义解释和语音解释①。表层结构完全决定语音解释，深层结构表达那些在确定语义解释中起作用的语法功能，从现有的材料来看这是正确的，尽管表层结构的某些方面也可以决定句子的意义。在这里，我不打算讨论表层结构参与决定句子意义的方式。因此，这样的语法将会界定出语音和语义间的无限联系，为解释一个人如何能够理解母语中任意的一句话迈出了第一步。

即使是这种人为的简单例子，也能反映出语法的一般属性。无数类似于（1）那样的深层结构，都可以由一些表达若干基本语法功能的非常简单的规则生成。如果我们把递归性赋予这些规则的话，如准许［S…］S 型结构嵌入其他结构中，则更是如此。对生成的深层结构重复进行语法转换，最终就会形成一个和深层结构相距甚远的表层结构。深层结构可以非常抽象，可以与具体的语音表现没有紧密的一一对应关系。语言知识（即我在第一讲提到的专门意义上的“语言能力”），涉及对这些语法过程的把握。

---

① 该观点的详细发展过程，请参见卡茨与波斯特的《语言描写的一体化理论》与我的《句法理论的若干问题》，还有罗森鲍姆的《英语述补结构的语法》（J. Katz and P. Postal, *An Integrated Theory of Linguistic Descriptions*, Cambridge, Mass.: MIT Press, 1964; N. Chomsky, *Aspects of the Theory of Syntax*, Cambridge, Mass.: MIT Press, 1965; Peter S. Rosenbaum, *The Grammar of English Predicate Complement Constructions*, Cambridge, Mass.: MIT Press, 1967）。这些著作都包含了扩充和修正早期工作的文献。在过去几年，有大量的著作进一步扩充和修正了这种基本方法，并探讨可供选择的其他方法。当前该领域相当活跃，可能还需要很长一段时间才能平静下来，才能对一些重大问题提出尝试性的解决方案。当前论著范围太广泛，我无法详细引证。关于研究的范围和总的方向，可参看一些论文集，如雅各布斯与罗森鲍姆所编的《英语转换语法读本》（R. Jacobs and P. S. Rosenbaum, eds., *Readings in English Transformational Grammar*, Waltham, Mass.: Ginn and Company, 1970）。

有了这样一个大致的语法框架，我们就可以提出一些需要分析和解释的问题。比如说下面这个问题就很重要：表层结构本身一般很难反映句子的意义。有许多句子在某些方面有歧义，而其表层结构却看不出来。请看（4）： 28

（4）I disapprove of John's drinking.

我反对约翰喝酒。

这句话既可以指约翰喝酒这个事实，也可指约翰喝酒的特性。这种歧义在（5）和（6）中以不同的方式消除：

（5）I disapprove of John's drinking the beer.

我反对约翰喝啤酒。

（6）I disapprove of John's excessive drinking.

我反对约翰过量喝酒。

很显然，这里涉及语法过程。需要注意的是，我们不能同时用（5）和（6）的方式来扩展（4），否则就会得到（7）：

（7）＊I disapprove of John's excessive drinking the beer.①

内化语法为句子（4）指派了两种不同的抽象结构，一种与句子（5）的底层相关，一种与句子（6）的底层相关。这二者的区别，只在深层结构的层次上表现出来，可是在把深层结构向与句子（4）相关的表层结构映射的转换中，这种区别却消失了。

例句（4）、（5）、（6）中所涉及的语法过程在英语中非常普遍，例如“I disapprove of John's cooking”，它既可能指“我认为应该由他妻子做饭”，也可能指“我认为他的大蒜放多了”。如果我们用（5）和（6）所采用的方式来扩展这句话，这种歧义也会得以消除。

句子（7）为什么不正常，这需要解释。在特殊语法的层次上，可以用相应的语法规则来解释，用这种语法规则指派两种可能的深层结构，一种只能扩展成（5）不能扩展成（6），另一种只能扩展成（6）不能扩展成（5）。把这种规则系统归结为知道该语言的人所拥有的语言知

① 我按常规的方式使用星号“＊”，它表示句子在某些方面偏离了语法规则。

识的一方面，可用来解释句子（7）的不正常和句子（4）的歧义。当然，我们应该在更深的层面解释这一事实，可以追问这样一个问题即为什么掌握该语言的人内化的是这样一些规则，而不是另外一些规则。另外一些规则也许能确定不同的音义关联，并产生出不同层级的表层结构，也许还包括（7）。这是一个普遍语法的问题，属于上文所说的意义上的普遍语法。如果沿用24页注释上的术语，那么，在特殊语法层次上的讨论就可以说具有描写上的充分性，而在普遍语法层次上的讨论则具有解释上的充分性。

值得注意的是，以上所讨论的几条内化的英语语法规则，还有更进一步的结果。这里还存在着极具普遍性的转换规则，在正确定义的条件下，这些普遍性的转换操作可以允许或需要删除全部的或部分的重复成
29 分。把这样的转换规则运用于结构（8），就会得到（9）。①

（8）I don't like John's cooking any more than Bill's cooking.

我对约翰的烹饪并不比对比尔的烹饪更喜欢。

（9）I don't like John's cooking any more than Bill's.

我对约翰的烹饪并不比对比尔的更喜欢。

句子（9）有歧义，它既可以表示，我对约翰烹饪这件事并不比对比尔烹饪这件事更喜欢，也可以表示我对约翰的烹饪质量不比对比尔的烹饪质量更喜欢。② 但它绝不表示：我对约翰的烹饪质量不比我对比尔烹饪这件事更喜欢，或者相反，即调换一下“这件事”和“的质量”，也不可以。也就是说，我们如果想删除“cooking”，就必须在句子（8）的底层结构中以相同的方式来理解“John's cooking”和“Bill's cooking”这两个短语。似乎有理由假定，这里所涉及的是应用类似于由（8）到（9）的删除操作的一般条件，这是一种相当抽象的条件，它

① 只要不会引起误解，我一般会省略掉深层结构、表层结构与中间结构中的括号。应将（8）与（9）理解为带有完整括号标记的结构。注意，（8）当然不是深层结构，而是对更基本的抽象句法体应用转换规则的结果。

② 根据结构“John's cooking”的其他歧义，它还有其他的解释，尤其是“同类相食/食人肉的”（cannibalistic）的解释（即“约翰的被煮”）与“cooking”的“所煮之物”的解释（即“约翰煮的东西”）。

不仅考虑应用删除操作的结构，而且考虑该结构的推导史。

我们也可以找到执行类似原则的其他例子。请看句子（10），它可能是由（11）或（12）推导出来的，因而也有歧义①。

（10）I know a taller man than Bill.

（11）I know a taller man than Bill does.

（12）I know a taller man than Bill is.

句子（10）的歧义在表层结构中看不出似乎很明显。（11）中删去 30
“does”后留下的结构，与（12）中删去“is”后留下的结构完全一致。现在我们来看句子（13）。

（13）I know a taller man than Bill, and so does John.

这个句子像句子（9）一样有歧义，它有两种歧义，而不是四种歧义。它具有句子（14）或者（15）的意思，但绝不可能有句子（16）或（17）的意思②。

（14）I know a taller man than Bill does and John knows a taller

---

① 我需要强调的是，说某个句子是由另一句子通过转换推导而来的，这种说法是粗疏的、不精确的。我应该这样说，跟第一个句子相关的结构是由第二个句子的底层结构推导而来的。就目前的讨论而言，根据某一种分析，（10）的表层结构是由抽象结构推导而来的，这种抽象结构如果经过不同的转换，会转化为（11）的表层结构。一个句子不是由另一个句子推导而来的，而是由它的底层结构推导而来的，这个假设大约在15年前的转换生成语法的文献中就已经清晰地表达了。但诸如正文部分中的非正式表述已经误导了读者，在文献中也造成了不小的混乱。也许还有个加剧误解的原因，那就是哈里斯与希兹等人发展起来的转换关系理论与我们的转换操作非常不一样，他们确实认为转换操作是应用于句子的。可参见哈里斯的《语言结构中的共现与变换》（Z. S. Harris, "Co-occurrence and Transformation in Linguistic Structure," in *Language*, Vol. 33, No. 3, 1957, pp. 283 - 340）与后来出版的一些文献。对我和大多数说话者而言，句子（12）是不正常的。不过，根据另一种分析，必须假定（10）底层的相关结构是由跟“I know a man who is taller than Bill is.”相关的结构推导出来的。

② 它的意思不可能是“我认识一个比比尔更高的人，而约翰喜欢冰激凌”。所以，如果深层结构决定意义（就语法关系而言），那么（14）或（15）之类的肯定就会是（13）的直接底层结构。删除操作的基本属性是可复原性（recoverability）。这种属性很重要，有着非常有趣的经验结果。有关讨论可参看我的《语言理论的当前问题》的2.2节与《句法理论的若干问题》的4.2.2节。（9）与（13）所产生的问题是罗斯（John Ross）向我指出的。最早讨论推导史可能在决定应用转换中起作用的文献是李斯的《英语名物化的语法》（R. B. Lees, *The Grammar of English Nominalizations*, New York: Humanities, 1960, p. 76），这与他的另一讨论相关，即成分结构等同是不是决定应用转换的因素。后一讨论也是他首先提出的。

man than Bill does.

(15) I know a taller man than Bill is and John knows a taller man than Bill is.

(16) I know a taller man than Bill is and John knows a taller man than Bill does.

(17) I know a taller man than Bill does and John knows a taller man than Bill is.

对句子（13）的推导过程进行更仔细的考察会发现一个问题。我们把由句子（11）得出句子（10）的删除操作记作 $T_1$，把由句子（12）得出句子（10）的删除操作记作 $T_2$。如果我们把操作 $T_1$ 应用于（14）中的每一个并列项，就得到了句子（18）。

(18) I know a taller man than Bill and John knows a taller man than Bill.

把 $T_2$ 应用于句子（15）中的每一个并列项，同样也可以得到句子（18），但是在句子（16）中，把 $T_1$ 应用到一个并列项上，而把 $T_2$ 应用到另一个并列项上，还能得到句子（18）；同样，如果以相反的顺序将相同的操作应用于句子（17）中的两个并列项上，也会有相同的结果。因此，将 $T_1$ 和 $T_2$ 应用于句子（14）、（15）、（16）和句子（17）这四个底层形式中的任何一个，都可以得到句子（18）。句子（18）的结构本身并不能表明哪一个形式是它的底层结构，其中的区别被删除操作 $T_1$ 和 $T_2$ 给消除了。我们现在来考虑操作 $T_3$，它能从“I saw Bill and John saw Bill.”推导出“I saw Bill and so did John.”。把 $T_3$ 应用到句子
31 （18），可以推导出句子（13），然而我们已经注意到（13）能够解释为（14）与（15），却不能解释作（16）或（17）。这样，我们看到，在推导句子（18）时，只有在句子（14）或句子（15）而不是句子（16）或句子（17）是句子（18）的底层结构的条件下，才能将 $T_3$ 应用于句子（18）。然而，像我们看到的那样，句子（18）本身并不表达这个信息。因此，为了把 $T_3$ 应用于句子（18），我们必须了解句子（18）的推导史，即必须掌握句子（18）中括号式所没有包含的信息。事实上，我们

必须了解的是，句子（18）的两个并列项是由相同成分被删略的底层结构推导出来的[①]。它再次显示，应用省略转换必须满足某种普遍条件，即需要考虑被省略的语符列的推导史，也许还要考虑这些语符列最终得以推导出来的深层结构的某些性质。

为了弄明白这个问题的复杂性，请看“John's intelligence，which is his most remarkable quality，exceeds his prudence”（约翰的智力，作为他最杰出的品质，远远超过了他的审慎）或“The book，which weighs five pounds，was written by John”（那本重五磅的书是由约翰写的）等句。可以假定内嵌的同位语从句中的关系代词替换了被省略的名词短语，此外，我们目前讨论的删略条件意味着这个名词短语应该跟同位语从句的底层结构中的先行名词短语“John's intelligence”或者“the book”等同。需要指出的是，在这两个例句中先行名词短语和同位语从句中的名词短语之间都存在着差异。在第一个例子里，主句中的“John's intelligence”着眼于约翰的智力程度，内嵌句中的“John's intelligence”则着眼于一种智力品质；在第二个例子里，主句中的“the book”着眼于作为抽象事物的书，而在内嵌句中的“the book”则着眼于作为具体事物的书。我们也许会期望这些差异在深层结构中应该有所显示，但这样就会和从前面的例句中抽象出来的原则相矛盾。我在这里不会再继续这个讨论，但是读者会发现，如果继续探求下去，那么当涉及更多的例子的时候，这个问题就会变得越发复杂。

原则必须满足某些条件，虽然这点是显而易见的，但在上述的情形中，我们还不知道正确的原则到底是什么。这些例子中出现的问题是非常典型的。关注语言事实才能揭示出句子的某些与语音、语义、变体等都有关系的性质。很显然，如果我们限于空谈“习惯”、“技巧”、“反应倾向”以及“通过类推”造句等，就永远不能进一步地解释这些事实。我们并没有以某种方式来理解句子的“习惯”，比如说（4）、（9）和（13）等，我们以前很难遇到和它们十分类似的句子，但是，无论如何， 32
我们还是以某种很特殊的方式理解了这些句子。把这里涉及的过程说成

① 如果（18）本身只有两种歧义，那么实际上问题很早就出现了。（18）这个句子不太自然，让人很难信心十足地断定问题。

“类推”，只不过是给仍然很神秘的东西起了个名称而已。要解释这些现象，就必须在所研究的语言中找到关联语音和语义的规则（那是一种由懂得该语言的人内化了的语法），并发现确定这些规则的组成和功能的一般原则。

只要对最简单的句型加以研究，就会立刻发现表层结构提供的信息很不充分，容易令人误解。例如（19），这也是一个故意造得特别简单的例子：

（19）John was persuaded to leave.

约翰被劝走了。

这个句子的深层结构必须显示两种语法功能：一是主谓关系，它保留在以（20）的形式出现的底层命题中；一是动宾关系，它保留在以（21）的形式出现的底层命题中（假定语法功能按上文提到的方式表征）：

（20）[S [$NP^{John}$] NP [$VP^{leave}$] VP] S

（21）[S [$NP^{\cdots}$] NP [$VP^{persuade}$ [$NP^{John}$] NP] VP] S

由（20）和（21）可见，“John”在（19）中既被理解为“leave”的主语，又被理解为“persuaded”的宾语。如果（19）的深层结构包含了（20）和（21）那样非正规表征的命题的话，那么以上事实就会在（19）的深层结构中得到恰当的表达。虽然深层结构必须由这样一些命题构成，但是如果上文粗略勾画的方法是正确的话，那么在话语的表层结构中是绝对找不到这些命题的影子的。产生（19）的各种各样的转换操作，完全掩盖了那个决定句子意义的语法关系和语法功能的系统。

如果我们有一些表面上跟（19）类似，但其得以理解的方式与所施加的形式操作都不同的句子，上述问题就会更加明显。为构造这样的一些句子，我们准备用（22）中的某个词来替换（19）中的“persuaded”①：

（22）expected，hired，tired，pleased，happy，lucky，eager，certain，easy

如果用“expected”替换“persuaded”，可得到的句子是“John

① 关于这些结构的讨论请参见李斯的文章《英语中多重歧义的形容词性结构》(R. B. Lees, A Multiply Ambiguous Adjectival Construction in English, in *Language*, Vol. 36, No. 2, 1960, pp. 207–21)。

was expected to leave.”它的大意是，约翰的离开（John's leaving）是在意料之中的，如“John's leaving was expected”；但（19）不能表示约翰的离开是被劝说的（“John's leaving was persuaded”）。如果用“hired”来替换“persuaded”，可得到的句子是“John was hired to leave.”该句有完全不同的意思，它大致表示雇用约翰的目的就是要让他离开。如果我们把“leave”换成“fix the roof”这样的短语，这种解释就会变得自然些，如“John was hired to fix the roof.”（约翰被雇来修屋顶。）如果用“tired”来替换“persuaded”，就不成句子；而如果 33
用“too tired”来替换“persuaded”，则可得到合法的句子“John was too tired to leave.”（约翰太累以致没有离开。）它暗含着约翰没有离开的意思。“pleased”这个词的用法很不相同：我们可以用“too pleased”表示约翰没有离开，如“John was too pleased to leave.”（约翰太高兴以致没有离开。）也可以把句子扩展为“John was too pleased to leave to suit me.”（约翰太愿意离开了，以致我不喜欢。）前面几个词都不能这么用。“happy”的用法与“pleased”的用法很像，尽管有人可能会说“please”和“John”之间具有动宾关系。句子“John was lucky to leave”还可以用另一种方式来解释，大意是约翰很幸运因为他离开了，前面的例子都不能这样解释。我们可以进一步造出这样的句子：“John was a lucky fellow to leave (so early)”（约翰是个幸运的人，[那么早]就离开了），但是，前面任何一个例词都不能用来替换该句中的“lucky”一词。“John was eager to leave”（约翰很想离开）与前面例句中的不同之处表现在，它与“John was eager for Bill to leave”（约翰很想让比尔离开）和“John's eagerness (for Bill) to leave”[约翰（让比尔）离开的迫切心情]这样的表述有形式上的关联。“John was certain to leave”（约翰肯定会走）可以被解释为“It was certain that John would leave”；在其余的例子中，只有“expected”可以做这种解释。但是，“expected”在许多其他方面显然不同于“certain”，例如“expected”可以出现在“They expected John to leave”（他们希望约翰离开）中。“easy”这个词的用法当然完全不同，也只有在“John was easy to leave”（离开约翰很容易）这样的例句中，“leave”和“John”之间才有动宾关系。

简言之，可以清楚地看出：表层结构经常令人误解，也不能提供充分的信息，而人们的语言知识所涉及的则是更加抽象的性质，不能在表层结构中直接表现出来。更进一步地说，甚至这样一些人为的简单例句也表明：试图用“习惯”、“反应倾向”、“知道如何”和其他与行为研究有关的概念来解释语言能力，那将是毫无希望的，尽管近年来行为研究已经毫无理由地被限制了。

甚至在语音结构的层次上，也有证据表明：抽象的表达式是在语言使用中所涉及的心智操作中形成的，并得到处理。比起其他领域，我们对这个领域中语言表达式的性质和规则应用的复杂条件的了解更加详尽。在我看来，过去几年对语音结构的研究为如下观点提供了实质性的证据：即受限程式（a restrictive schematism）在几个非常重要的方面决定着特殊语法的形式，如相关语音属性的选择、联结表层结构和语音表征的规则种类与这些规则的组织体系及其应用条件。这项工作和我在第一讲中所讨论的话题紧密相关，并且在下文考察这种受限而又普遍的程式在语言获得过程中的运用问题时，我还要再回到这一话题上来。不仅如此，就其支持抽象的语音结构是由组织严密且复杂的规则系统操控的这个结论而言，语音结构的这些研究还与发展一种经验上充分的行为
34 模式这个很有意思的问题有关。这表明，目前所有关于行为感觉与组织问题的研究方法都没能充分反映出心智过程的深刻性和复杂性，而任何试图抓住经验现象的模型都必须表征心智过程的深刻性和复杂性。受篇幅限制，我们在这里既不能详细地讨论音系结构，也不能详细地讨论音系结构在认知心理学中的潜在意义①。然而，举一个简单也非常典型的例证，也许可以使大家对现有证据的本质及其所指向的结论有所了解。

---

① 关于这些话题的讨论，请参见我的论文《音系规则的一般属性》（N. Chomsky, “Some General Properties of Phonological Rules,” in *Language*, Vol. 47, No. 1, 1967）。关于语音理论及其在英语中的应用的比较完整和更加相近的讨论，请参见我跟哈勒合著的《英语语音模式》（N. Chomsky and M. Halle, *The Sound Pattern of English*, New York: Harper & Row, 1968），其中的例证来自多种语言，这本书也讨论了英语语音系统的历史。本讲所举的例子在《英语语音模式》的第四章第四节，该章节根据规则与原则的更为概括的框架做了更为细致的讨论。许多相关话题的基本发展情况，以及对语音结构研究的其他方法的批评，请参见波斯特的著作《音系理论的若干问题》（P. Postal, *Aspects of Phonological Theory*, New York: Harper & Row, 1968）。

回顾一下上文的要点：语言的句法规则生成无数的表层结构，每一个表层结构都是带上括号标记的一串最小成分，如（2）所示，我们把其中的每个词项（如“a、wise、man、is、honest”等）当作最小成分。每一个最小成分本身又可表达为一串音段（segment），比如“man”就是由/m/、/æ/、/n/三个音段构成的一串音段。每个音段又可以依次看作一个给定特征的集合。比如/m/，它是由［＋辅音］、［－元音］、［＋鼻音］等构成的特征复合体（feature complex）。一个词项的音段成分由词条规定。词条规定词项固有的语音、语义和句法特征。词库是这类词条组成的集合，词条可能还有我们这里无需考虑的附加结构。我们现在关心的仅仅是词条的语音特性。

每个词项的词条都必须指定特异的、不能由语言规则决定的属性。例如，“man”的词条必须指明它的第二个音段是个低、前元音，至于该元音的紧张程度、复元音化（diphthongization）与鼻音化（nasalization）等等，在词条中是不需要标出来的，因为这些属于一般规则，有些是英语某些方言的特点，有些是英语所有方言都有的特点，有些是普遍音系学的特点。同样，“man”这个词的词条还必须指明，该词的复数形式不规则，单数到复数的发音变化是把元音由低元音变为央元音。词条的音段是抽象的，它意味着语音规则常常会以各种方式对它进行修正和精细化，所以，一般没有必要在词条与实际的语音表达式之间建立简单的一一对应。在讨论实例时，我将按常规使用语音符号，每一个符号都将被视为一组确定特征的复合体。我将用双斜线“/ /”表示词项 *35*
表达式（lexical representation），用方括号“［ ］”表示由语音规则从词项表达式中推导出来的所有表达式，其中也包括用整套音系规则推导出来的最终的语音表达式。

首先看“sign-signify、paradigm-paradigmatic”这些词。这组词的派生形式跟它们的底层抽象词项表达式的关系最密切，理由我们会慢慢展示清楚。假定我们尝试性地向这些形式的词干指派如下的词项表达式：/sign/和/pæræedigm/，这里的符号有其规约的语音解释。底层成分/sign/在-ify之前会语音实现为［sign］，而在独立时会语音实现为

[sayn]。“paradigm”与之类似。

“sign”与“paradigm”独立时的形式是由某些音系规则共同操作决定的，即表达式/ig/后面跟着词尾鼻音时要变为[ay]。仔细分析英语音系会发现这一变化过程能够分为一系列步骤（事实上，下面的第二步和第三步还需要进一步分析）：

（23）a. 后腭音在词尾鼻音前变为连续音

b. 元音＋后腭连续音变为紧元音（tense vowel）

c. /ī/变为[ay]（这里的/ī/是对应于[i]的紧元音）

对独立的底层形式/sign/应用这些规则时，我们首先根据（23a）推导出[siγn]（其中[γ]是后腭连续音），接着根据（23b）推导出[sīn]，最后根据（23c）推导出[sayn]。

规则（23a）和（23b）没有多大意义，但是（23c）却属于非常普遍的“元音演变”（vowel shift）规则体系中的一部分。这个规则体系对英语的音系学来说处于核心地位。有充分的理由假定“divine”与“divinity”的底层词干为/divīn/，其中的音段/ī/在“-ity”之前被弱化为[i]，在独立时根据（23c）变为[ay]。同样，“reptile”也是由底层形式/reptīl/推导而来的，在独立时由（23c）推导出[reptayl]，在-ian之前推导出[reptil]，其中元音也像divinity中的元音一样被读成短音。在其他许多情形中也同样如此。

接下来请看“ignite-ignitition、expedite-expeditious、contrite-contrition”这些词。像“reptile、divine”是通过元音演变由/reptīl/与/divīn/推导出来一样，我们也可以由/ignīt/、/expedīt/、/contrīt/分别推导出以上三对词中的第一个词。产生这个语音实现所应用的规则是（23c），它是元音演变的普遍过程中的一个特殊情况。很明显，这三对词中的第二个词可由规则（24）与（25）推导出：

（24）在-ion、-ious、-ian、-ity等之前，元音变为非紧音。

（25）高前元音之前的音段/t/变为[š]。

36 根据第一个规则（24），“divinity”中的/divīn/将变为[divin]，“reptilian”中的/reptīl/将变为[reptile]。同样，“ignition”中的/ignīt/

将变为［ignit］，“expeditious”中的/expedīt/将变为［expedit］，“contrition”中的/contrīt/将变为/contrit/。这些现象的背后显然有这样的一个概括性规律，即元音在非词尾音节的非重读元音之前会变为非紧音。该规则如果能得到合适的表述，它将和元音演变规则以及其他几个规则一起，构成英语音位系统的核心部分。

根据第二个规则（25），/ignition/、/expeditious/、/contrition/中的/ti /会变成［š］；再根据“非重读元音弱化为［ə］”的规则，最终会推导出［ignišən］、［ekspədišəs］、［kəntrišən］等语音形式。简短地说，就是“ignite、expedite、contrite”中［ayt］在“ignition、expeditious、contrition”中变为［iš］。

现在我们来看“right-righteous”这一对词，其语音形式分别是［rayt］—［rayčəs］。后者看起来在两个方面偏离了常规，一是元音音质方面，根据规则（24），应该是［i］，而不是［ay］；二是词干的最后一个辅音方面，根据规则（25），应该是［š］，而不是［č］。如果“right”这个词像“expedite”一样，遵从相同的操作规则，我们所得到的语音实现应该是［rišəs］而不会是［rayčəs］，类似于［ekspədišəs］。这个双重的偏离现象又该怎样来解释呢？

首先应该注意的是，规则（25）并非十分精确。事实上，也有一些情形是/ti/实现为［č］而不是为［š］，例如“question”与“direction”的不同，前者念［kwesčən］，后者念［dərekšən］。规则（25）的更加精确的表达应该是（26）：

（26）对高、前元音之前的音段/t/而言，如果它在连续音之后，就实现为［č］；如果它在其他音之后，就实现为［š］。

再回过头来看“right”，我们看到，如果在其底层表达式中有一个连续音（continuant）在词尾的辅音之前，该辅音的正确形式就应该定为［č］而非［š］。也就是说，为［č］的前提是底层表达式为/riφt/，其中φ是一个连续音。更进一步说，连续音φ必须区别于任何实际出现于该位置的其他连续音，即应不同于“*wrist*、*rift*”或者“*wished*”中的非斜体部分的舌齿连续音、唇齿连续音或者前腭连续音。所以，我们可以

假定 φ 是后腭连续音/x/，尽管这个音位在英语中并没有实际语音。因此，“right”的底层音位形式可假设为/rixt/。

现在我们来考虑“right”的推导。根据规则（23b），底层音位表达式/rixt/ 变为/rīt/；根据规则（23c），表达式/rīt/接着变为［rayt］。［rayt］是 right 的实际读音。

接着考虑“righteous”的推导。假定它的词缀和“expeditious、repetitious”的词缀相同，我们可以从词汇上将它表示为/rixtious/（我
37 在这里不打算考虑-ous 的合适的表达式）。假定目前所讨论的规则按以下顺序进行操作：（23a）>（24）>（26）>（23b）>（23c）。这一顺序与英语的其他有关事实相匹配。为了方便解说，我们做一些简化。对底层形式/rixtious/来说，规则（23a）是不适用的，而规则（24）是没有意义的。直接转到规则（26），我们可以得到［rixčous］；接着应用规则（23b），可得出/rīčous/；然后应用规则（23c），则得出［rayčous］；最后应用非重读元音的弱化规则，得到［rayčəs］。由此可见，根据规则（26）和（23），底层表达式/rixt/在独立时将语音实现为［rayt］，而在“righteous”中则语音实现为［rayč］是完全符合要求的。规则（26）和（23）的应用是独立激发的。

这些事实有力地说明，“right”的底层语音表达式必定是/rixt/（这也与正字法，当然也与历史相一致）。通过一系列规则得出交替形式“right-righteous”，这些规则也由于其他理由而必须存在于语法中。因此，这对交替形式根本不是例外，而是完全符合规则的。底层表达式当然是相当抽象的，它只有通过一系列解释规则才得以与符号的表面语音形式相联系。

让我们再换个角度来看看这个问题，如假定有这么一个人，他虽然懂英语，却碰巧不认识“righteous”这个词项。当他第一次听到该词项时，他肯定会把它吸收到他已经习得的系统中去。如果他听到的是［rišəs］这个派生形式，他当然会认为其底层表达式和“expedite”、“contrite”等词的底层表达式完全一样。但当他听到［rayčəs］时，他会知道，这种表达式是不可能存在的，虽然辅音［š］—［č］之间的

差别在语言运用的通常条件下很容易被忽略，而元音［i］—［ay］之间的差别却很明显。由于知道英语规则，并且听到的元音音素是［ay］而不是［i］，他自然明白，这个形式要么是唯一的例外，要么它包含了/i/这样一个后面紧跟着后腭音的序列，并且适用于规则（26）。该后腭音必定是一个连续音[1]，即/x/。但是，假定这个后腭音是一个连续音，如果这个形式是规则的（这始终是一个空洞的假设），根据规则（26）可知，这里的辅音就应该是［č］，而不应该是［š］。这样，即使在接收到的信号中缺少关于中介辅音（medial consonant）的信息，听话人感知的也应该是［rayčəs］，而不会是［rayšəs］。更进一步地说，要想维持交替形式的规则性，就应该禁止跟“expedite-expeditious”和“ignite-ignition”作表面的类比；而且，只要［ay］出现在预期为［i］的位置上，就应该把底层表达式/t/的实际语音定为［č］。恰如我们上文所观察到的那样。

当然，我并不是说形式就是按照这种推导的方式一步一步习得的，而是说这种推导方式可以解释为什么不能做表面上的类比（表面上的类
比实际上是不正确的）以及它为什么维持原状。根据［ay］和［i］之 38
间被感知的差别与某些规则系统的知识，我们可以解释“righteous-expeditious”在音感上所存在的［č］和［š］对立，并且这种对立会保留于语法之中。这种解释的基础是假定底层表达式相当抽象。上文所举的证据也表明这个假设实际上是正确的。

单个的例子没有多少说服力。实际上，如果仔细考察语音结构，就会发现这种类型的例子有很多，同时也会发现高度抽象的底层结构一般都要通过一长串规则与语音表达式发生关联，就像句法层面那样，抽象的深层结构一般也都要通过一长串的语法转换规则与表层结构发生关联。假定存在着抽象的心理表达式和这类解释性操作，我们就可以根据表面上看似混乱排列的语料找出让人感到惊讶的底层组织；而且在某些情况下，我们还可以解释为什么语言表达式是以某种方式被听见、被运

---

① 根据一般规则，它如果是非连续音，就得是清音（unvoiced），如/k/，因为词尾位置没有浊音—清音辅音丛。但它不能是/k/，因为/k/保留在这个位置（如“direct”、“evict”等）。

用和被理解的。人们既不能指望通过内省来确定这些底层的抽象形式，也不能指望通过内省来确定那种把底层形式与信号连接起来的操作过程，而且也没有以某种惊奇的方式发现该结果的理由。

以上所勾画出来的解释属于特殊语法的层次，而不属于普遍语法的层次，两者的区别如前所述。也就是说，根据某些规则出现于内化语法的假设，我们已经对某种特定的现象做了解释，并注意到这些规则多半具有独立的理据。当然，就普遍语法在语料基础上影响语法选择而言，这种解释也包含了对普遍语法的考虑。就像我们前面所注意到的那样，这种相互渗透是不可避免的。然而，也有这样的一些情况：其中清晰的普遍语法原则以更直接、更明确的方式进入解释的模式中。因而，对语音系统的考察揭示出了一些非常普遍的组织原则——其中一些是很突出的，它们支配着音系规则（参看34页注释中的文献）。例如，我们已经能看到，有一些语音规则按照循环的方式进行操作，即由表层结构所决定的方式发挥作用。请回想一下，表层结构可以像（2）那样表示成带括号标记的话语。在英语中，那些确定重音升降曲线和元音弱化的非常复杂的规则，可用于表层结构中被成对的括号括起来的短语，即首先把这样的规则应用于这类最小的短语，然后应用于稍大一些的短语，如此这般，一直达到语音操作的最大范围（在简单的情形中，就是句子本身）。所以对（2）而言，首先把规则应用于单个的词（如果描写完备，这些词应指派各种范畴，并被括号括起来）；然后应用于短语“a wise man”和“is honest”；最后应用于整个句子。几条简单的规则，随着那些决定其循环应用的表层结构的变化，而推导出完全不同的结果。

39 循环应用原则的某些简单效应可以用（27）中的各种形式进行说明：

（27）a. *relaxation*，*emendation*，*elasticity*，*connectivity*

b. *illustration*，*demonstration*，*devastation*，*anecdotal*

以上各词中的非斜体的元音音素在（27b）中被弱化为［ə］，而在（27a）中却保持了自己的原音。在某些情况中，我们可以根据其他的派生词形（如“illustrative”、“demonstrative”）确定出（27b）中被弱化元音的本来音质。从形态上看，（27a）中的例词不同于（27b）中的例词，前者是由包含主重音（primary stress）的底层形式（如“relax”、“emend”、“elastic”、“connective”）推导出来的，当这些底层形式单独出现时，主重音落在那些非斜体的元音上；而（27b）中的例词没有这种性质。在英语中，不难证明，元音的弱化（用［ə］替代元音）取决于重音的缺失。因此，我们可以根据刚提出的循环原则解释（27a）和（27b）之间的区别。在（27a）中，在第一个循环上，即最内层的那个循环，根据一般性规则，重音将被指派给非斜体元音。而在下一个循环中，重音转移①，但在第一个循环上被指派的抽象重音足以保持这个元音不弱化。在（27b）的例子中，较前的循环绝不会向非斜体的元音指派抽象重音，因此该元音会被弱化。请注意，是抽象重音保证了元音不被弱化。非斜体的未弱化元音，其实际重音是非常微弱的，在通常情况下，应该是 4 级重音。有微弱重音的元音一般会被弱化，但另一方面，较前的循环中所指派的抽象重音可使之避免弱化。因而，这种抽象的底层表达式决定着语音形式，并且抽象重音所发挥的主要作用在语音形式中完全被取消。

在这种情况下，我们能根据一个非常普遍的抽象原则（即规则的循环应用的原则）来解释感知和发音的某些方面。很难想象一个语言学习者是如何从所呈现的语料中“归纳”出这种原则来的。事实上，在语言使用的正常条件下，这个原则的许多作用都与感知有关，而与物理信号本身很少有关联，或者几乎没有关联。所以，对一个还没使用这种原则的人来说，那种作为归纳所依赖的现象不能成为他经验的一部分。事实上也不存在任何由可获得的语料导出这类原则的归纳或者联想的程序，除非我们回避问题的实质，如以某种方式把循环应用原则引入“归纳程序”（inductive procedure）。所以，该结论似乎说明：语 40
音规则的循环应用原则是普遍语法的内在组织原则，它可以用来决

① 在“connectivity”中，重音是在第三个循环转移的，第二个循环只是向第一个循环中被重读的同一音节重新指派重音。

定语言经验的特征，也可以用来建构语法，该语法组成所获得的语言知识。同时，普遍语法的原则也为例（27）中所提到的现象提供解释。

有证据表明，句法层面也有类似的循环应用原则。约翰·罗斯（John Ross）对英语代词化某些方面的原创分析[①]也说明了这一点。让我们假定，代词化涉及类似于（8—18）中所讨论的删略操作。粗略地说，代词化就是用合适的代词替换两个等同名词短语中的一个。据此，底层结构（28）可以通过代词化转化为（29）。

（28）John learned that John had won.

约翰$_1$得知约翰$_1$赢了。

（29）John learned that he had won.

约翰$_1$得知他$_1$赢了。

忽略（28）中与讨论无关的某些属性，我们可以将其表达为（30）这种形式，其中 x 与 y 是等同的两个名词短语，y 是被替换的代词，括号括的是句子形式的表达式。

（30）[...x... [...y...]]

注意，我们不能根据代词化将（28）转化为（31）。

（31）He learned that John had won.

*他$_1$得知约翰$_1$赢了。

也就是说，我们不能采用（32）这种形式的代词化，（32）中的字母与括号的约定跟（30）相同：

（32）[...y... [...x...]]

接着考虑（33）中的句子，

（33）a. That John won the race surprised him.

[ [...x...] ...y...]

b. John's winning the race surprised him.

---

① 请参见罗斯的《英语代词化的循环本质》（J. Ross, "On the Cyclic Nature of English Pronominalization," in *To Honor Roman Jakobson*, New York: Humanities, 1967）。

[ [... x...] ... y...][1]

c. That he won the race surprised John. 41

[ [... y...]... x...]

d. His winning the race surprised John.

[ [... y...]... x...]

继续同样的符号约定，每种情况的形式都表征在句子下方。总之，我们看到对于（30）、（32）、（33a、b）与（33c、d）的各种可能类型而言，除了（32）之外，其他都允许代词化。所论及的这些都属于英语的特殊语法。注意，我们还有与（33d）相平行的句子（34）：

（34） Winning the race surprised John.

赢得比赛使约翰惊讶。

根据我们贯彻始终的假定框架，（34）一定是由“John's winning the race surprised John.”这样的结构推导出来的，在这种情况下，代词化可以是完全删略（full deletion）。

我们现在考虑（35）与（36）：

（35） Our learning that John had won the race surprised him.

我们得知约翰$_1$赢得比赛使他$_1$很惊讶。

（36） Learning that John had won the race surprised him.

得知约翰$_1$赢得比赛使他$_{*1/2}$很惊讶。

句子（35）中的“him”可理解为对“John”的称代，但（36）不能做如此理解。所以（35）可由（37）通过代词化推导出来，但（36）不能由（28）推导出来：

（37） [Our learning [that John had won the race] surprised John.]

[我们得知 [约翰$_1$赢得比赛] 使约翰$_1$很惊讶。]

（38） [John's learning [that John had won the race] surprised John.]

[约翰$_1$得知 [约翰$_1$赢得比赛] 使约翰$_1$很惊讶。]

---

① 当然，（31）是句子，但句中的“he”并不像（29）中的“he”那样指称“John”。如果“John”的两次出现意欲表达不同的指称，则（31）不能由代词化形成。关于这个问题的更多评论，请参见我的《句法理论的若干问题》的 144～147 页。

这种现象如何解释呢？正如罗斯所观察的那样，如果我们做以下假设，那么它就可以用英语的特殊语法进行解释。我们的假设是：某些转换规则可以循环应用，首先应用于最内层的短语，然后应用于更大的短语，该规则一直进行下去。也就是说，我们假定这些转换规则应用于深层结构，类似于语音规则应用于表层结构一样，都是循环应用①。做出
42 这种假设之后，让我们来考虑（38）这样的底层结构。在其最内层的循环，代词化操作根本没有应用，因为在内嵌最深的命题里没有第二个名词短语跟“John”等同。在第二个循环里，我们考虑“John's learning [that John had won the race]”这个短语。这可以当作（30）这种形式的结构，因为它可通过代词化操作推导出（39）来；但不能当作（32）这种形式的结构，因为它不能通过代词化操作推导出（40）来。正如我们所观察的那样，英语的特殊语法不允许（32）这种情况的代词化：

（39）John's learning [that he had won the race]

约翰得知他赢得比赛

（40）his learning [that John had won the race]

他得知约翰赢得比赛

但（40）将不得不作为（36）的底层形式。所以，（36）不能由（38）通过代词化操作推导出来，尽管（35）可由（37）推导出来。

在这种情况下，普遍语法的原则与英语的特殊语法一起产生了相当令人惊奇的经验后果，即（35）与（36）在代词“him”的称代解释上

---

① 我的《句法理论的若干问题》的第三章曾建议转换规则可假定按此方式发挥作用，如果正确的话，该建议本身是非常重要的。罗斯的观察表明循环应用原则不仅仅是可能而且是必需的。雅各布斯与罗森鲍姆主编的《英语转换生成语法读本》的第 28 章也呈现了关于该原则的后果的其他有趣证据（R. Jacobs and P. S. Rosenbaum, eds., *Readings in English Transformational Grammar*, Waltham, Mass.: Ginn and Company, 1970）。这一问题还远远没有解决。一般来说，对句法结构的理解比起对语音结构的理解更有限，对句法结构的描写更未展开，相应地，对普遍句法原则的建构比起对普遍语音原则的建构更缺乏稳固性，这一点毋庸讳言，尽管后者也必须理解为尝试性的。这可能一部分是因为句法学科的固有复杂性，一部分是因为普遍语音学比起普遍语义学基础更为牢靠，普遍语音学为音系理论提供“经验控制”(empirical control)，普遍语义学在原则上应该为句法理论提供一部分类似的控制。在现代语言学中，语音学（以及部分的音系学）的研究已经有相当的深度，也有很大的成就，而语义学却不能说达到了这样的程度，尽管做了不少有意义的工作。

必定不同。像之前在（27a）与（27b）中所讨论的与元音弱化相关的例子一样，这里要再一次说明用“习惯”、“反应倾向”以及“通过类推”等术语对上述情形进行解释是不可能的。我们必须采用支配人类心智的、相当抽象且部分普遍的原则来解释正在讨论的现象。如果循环应用原则确实是决定人类语言知识形式的调节性原则（regulative principle），则已经习得支配英语代词化的特殊规则的人会知道（35）与（36）在以上所提及的方面有所不同，这种知道凭的是直觉，而不是别人教的，也不是根据另外一些证据。

语言学中最富有挑战性的理论难题是如何发现普遍语法的原则，因为在为表面上任意与杂乱的现象提供解释时，它跟特殊语法的规则交织在一起。这个时候最有说服力的例证（同时也是重要的例证，因为所涉及的原则过于抽象，所涉及的操作过于复杂）大概在音位学领域，但这些太过复杂，很难在这一讲里呈现。① 用句法例子来讲，可能会稍微简 43
单些。下面我们就以英语中特指疑问句的构造规则为例进行说明。②

考虑下面的几个例句：

（41） a. Who expected Bill to meet Tom?

谁期望比尔跟汤姆相遇？

---

① 请参见 34 页注释中的文献。该问题我在《语言学中的解释模型》中曾以一般的方式讨论过（N. Chomsky，“Explanatory Models in Linguistics，” in E. Nagel，P. Suppes，and A. Tarski，eds.，*Logic*，*Methodology*，*and Philosophy of Science*，Stanford，Calif.：Stanford University Press，1962）；在我的《语言理论的当前问题》一书的第 2 部分与我的《句法理论的若干问题》的第 1 章，以及这些著作的参考文献中所提到的其他著作也都有过讨论。

② 这个问题在我的《语言理论的当前问题》一书中已讨论过。该书有几个不同的版本。第一个版本发表于 1962 年的语言学国际会议（International Congress of Linguistics），以当时参会时的标题《语言理论的逻辑基础》收录于会议的论文集，该论文集由伦特（H. Lunt）主编，于 1964 年出版于纽约的人文出版社（Logical Basis of Linguistic Theory，ed.，H. Lunt.，New York：Humanities，1964）；第二个版本发表于福德与卡茨主编的《语言结构：语言哲学读本》（J. Fodor and J. J. Katz，eds.，*Structure of Language*：*Readings in the Philosophy of Language*，Englewood Cliffs，N. J.：Prentice-Hall，1964）；第三个版本是单行本，于 1965 年由纽约的人文出版社出版。这些版本的差异表现在对这里讨论的例子的处理上。这三种处理，哪一种都不尽如人意，问题仍未解决。罗斯在其未出版的博士论文《对句法中变量的限制》中有关于这个问题的新的有趣的想法（J. Ross，*Constraints on Variables in Syntax*）。这里我依据的是最早的版本，现在回头看，这三个版本中，第一版的方法似乎最好。

b. Who(m) did John expect to meet Tom?

约翰期望谁与汤姆相遇?

c. Who(m) did John expect Bill to meet?

约翰期望比尔与谁相遇?

d. What (books) did you order John to ask Bill to persuade his friends to stop reading?

你要求约翰叫比尔劝他的朋友停止读什么?

正如例句 a、b 和 c 所示,"*John* expected *Bill* to meet *Tom*"这样的句子中三个斜体标记的名词都可以成为提问的对象,基本过程如下:

(42) a. wh-定位(wh-placement):向名词短语指派 wh-标记。

b. wh-倒置(wh-inversion):把被标记的名词短语放置在句首。

c. 助动词吸引(auxiliary attraction):将助动词的一部分或系动词移至句子的第二个位置。

d. 语音解释(*phonological interpretation*):用适当的疑问形式替换被标记的名词短语。[①]

对(41b)和(41c)而言,这四个规则都非常适用。比如说(41b),首先,对句子"John expected someone to meet Tom"中的名词短语"someone"应用 wh-定位规则。接着,应用(42b)中的 wh-倒置规则,得到"wh-someone John expected to meet Tom"。然后,应用(42c)中的助动词吸引规则,得到"wh-someone did John expect to meet Tom"。最后,运用(42d)中的语音解释规则,得到(41b)这个句子。(41d)说明:这些程序能够提取句子中深深内嵌的名词短语,而且事实上是没有限制的。

除了助动词吸引规则之外,(42)中所列出的其他三个规则都可用来构造关系子句。应用关系子句的形成规则,可得到诸如"the man who(m) John expected to meet Tom"等短语。

---

① 事实上似乎只有无定的单数名词短语(如"someone"、"something"等)才可以被提问,这与 30 页的注释中提到的删除的可复原性有关。有关论述请参阅我的《语言理论的当前问题》一书。

需要注意的是，按这种方式构造的特指疑问句和关系子句有某些限 44
制条件。思考（43）所列的例句：

（43） a. For him to understand *this lecture* is difficult.
他理解这个讲座有困难。

b. It is difficult for him to understand *this lecture*.
他理解这个讲座有困难。

c. He read the book that interested *the boy*.
他读了让那个男孩感兴趣的那本书。

d. He believed the claim that John tricked *the boy*.
他相信约翰哄骗那个男孩的说法。

e. He believed the claim that John made about *the boy*.
他相信约翰对那个男孩所下的断言。

f. They intercepted John's message to *the boy*.
他们截获了约翰给那个男孩的口信。

假定对（43）中斜体的名词短语应用特指疑问句和关系子句的构造规则，我们应该能够分别得到如（43a）—（43f）中的问句和关系子句形式：

（44） $a_I$. * What is for him to understand difficult?

$a_R$. * a lecture that for him to understand is difficult

$b_I$. What is it difficult for him to understand?

$b_R$. a lecture that it is difficult for him to understand

$c_I$. * Who did he read the book that interested?

$c_R$. * the boy who he read the book that interested

$d_I$. * Who did he believe the claim that John tricked?

$d_R$. * the boy who he believed the claim that John tricked

$e_I$. * Who did he believe the claim that John made about?

$e_R$. * the boy who he believe the claim that John made about

$f_I$. * Who did they intercept John's message to?

$f_R$. * the boy who they intercepted John's message to

在这些句子中，只有（$44b_I$）和（$44b_R$）能完全被人们接受，而（44a）、（44c）、（44d）和（44e）这些情况则完全不可能。当然，这些句子如果在语法上可接受的话，其意思可能是相当清楚的。至于说英语的人是如何知道这些的，我们现在一点也不清楚。尽管句子（43a）和（43b）同义，但只有（43b）遵守所讨论的那些操作。而且，尽管这些操作对（43d）和（43f）并不适用，但却可以用于（45a）和（45b）这样非常类似的句子，并产生令人更易于接受的结果。如：

（45）a. He believed that John tricked *the boy*.
(Who did he believe that John tricked? -
the boy who he believed that John tricked)

b. They intercepted a message to *the boy*.
(Who did they intercept a message to? -
the boy who they intercepted a message to)

说英语的人根据所获得的语料，以人们还不明了的方式，设计出（42）中的那些原则；然而，更加使人迷惑不解的是，他竟然知道在什么样的条件下，这些原则是适用的。很难毫不动摇地坚持这样一种观点：每个能够正常说英语的人都通过适当强化使自己的行为“定型”成所指出的那种方式。（43）、（44）和（45）中的句子，就像我们日常生
*45* 活中所遇到的绝大多数句子一样，是“不熟悉的”，然而，我们却凭借直觉就知道，这些句子是如何被我们所掌握的语法规则系统进行处理的，这种直觉无需别人教，也不是凭借意识。

这再次表明，解释许多这类事实的普遍原则大概是存在的。值得注意的是，在（43a）中，斜体的名词短语“this lecture”包含在另一个名词短语“for him to understand this lecture”中，这个名词短语“for him to understand this lecture”也是句子的主语。而在（43b）中，外移规则（extraposition）把短语“for him to understand this lecture ”移到做主语的名词短语之外，在最终形成的结构中，这个短语就不再是名词短语。所以，（43b）中斜体的名词短语“this lecture”就不再包含在一个名词短语中了。假定我们要给语法转换施加这样一个条件：不能

从一个名词短语中提取出另一个名词短语来。更一般地说，凡遇到如下的结构形式：

［S… ［A…］ A…］ S

则对任意类别的 A 而言，转换规则只能解释为作用于 A 类的最大短语。[①] 于是，（42）中的操作将会在（43a）、（43c）、（43d）、（43e）和（43f）中受阻，但是，在（43b）中却不会这样。我们稍后还要回过头来讨论在（45）中的情况。

该原则，我们称之为 A 盖 A 原则（A-over-A Principle）。另外，还有其他一些例子也支持该原则，请看（46）中的句子：

（46） a. John kept the car *in the garage*.

约翰存放了车库里的车。

约翰把车存放在车库里。

b. Mary saw the man walking toward *the railroad station*.

玛丽看见那个朝火车站走去的人。

玛丽看见那个人朝火车站走去。

这两个句子都有歧义。（46a）既可以指车库的车由约翰存放，也可以指车被约翰存放在车库里。按照第一种解释，“in the garage”是名词短语“the car in the garage”的一部分；按照第二种解释则“in the garage”不是名词短语“the car in the garage”的一部分。同样，（46b）既可以表示玛丽看见那个朝火车站走去的人，也可以表示玛丽看见那个人朝火车站走去（还有一种意思是玛丽朝火车站走去时看见了那个人，这个意思与讨论无关）。在第一种情况中，名词短语“the railroad station”仍是另一名词短语“the man walking toward the railroad station”的一部分；在第二种情况中则不是另一名词短语“the man walking toward the railroad station”的一部分。现在请思考（47）中的两个疑问句：

---

① 我们可以将这个原则扩展为：转换也必须应用于 S（句子）类的最小短语。所以，句子［S John was convinced that ［S Bill would leave before dark］ S］ S 可转换为“John was convinced that before dark Bill would leave”，但不能转换为“before dark John was convinced that Bill would leave”，后者可能有不同的来源。这个扩展的原则跟原来的那个原则一样有些问题，不过它也有一定的证据支持。

（47）a. What (garage) did John keep the car in？
约翰把车存放在哪（个车库）里？
b. What did Mary see the man walking toward?
玛丽看见那个人朝什么走去？

46 这两个例句都没有歧义，而且只有一种底层结构的解释，即其中斜体的名词短语不是另一名词短语的一部分。由（46）所构成的关系子句也是这样的。这些事实也都可以用 A 盖 A 原则进行解释。同类的例子还有很多。

（48）与（49）这样更加微妙的例子，我们也可以采用同样的方法进行解释：

（48）John has the best proof of that theorem.
约翰对那个定理的证明是最好的。

（49）What theorem does John have the best proof of?
约翰对哪个定理的证明是最好的？

从最自然的解释来看，（48）描述了这样一种情境：很多人都证明过那个定理，但约翰的证明是最好的。该解释暗示着“best”一词修饰的是名词性短语“proof of that theorem”，该名词短语又包含着另一名词性短语“that theorem”[①]。根据 A 盖 A 原则，“that theorem”并不是受（42）中的规则支配。因此，例句（49）并不是用这些规则由（48）推导出来的。事实上，例句（49）有不同于例句（48）的解释。例句（49）相对于以下情境是合适的：“John”对于若干个定理都给出了证明，提问者问的是哪个证明是最佳的。不管“底层结构”是怎样的，都应将“best”和“proof”相联系，而不是将它跟“proof of that theorem”相联系。因此，“that theorem”没有嵌入同样类型的短语中，因此可以受英语中 wh-问句的构造规则支配（同样，也可以受关系化规则

---

① 由于篇幅有限，这里不讨论名词短语（noun phrase）与名词性短语（nominal phrase）这两个意义比较含混的术语所隐含的差别。这种差别在这里并不重要。请参见我的《论名物化》（N. Chomsky，“Remarks on Nominalization，” in R. Jacobs and P. S. Rosenbaum，eds.，*Readings in English Transformational Grammar*）。（49）还有其他的解释（比如说，“John”有对比重音），诸如此类的结构还有其他未解决的问题。

的支配）。

正如例子所示，刚刚所提出的一般原则具有一定的解释力。如果该原则被假定为普遍语法的原则，它能够解释为何英语中的某些特定规则操作后可以生成一些句子，排除一些句子，并且用一种近乎违反常规类推的方式指派语音—语义关系。从另一个方面看，如果假设 A 盖 A 原则是决定语言知识形式的先天程式（innate schematism）的一部分，我们就可以解释说英语的人英语知识的某些方面。掌握这些英语知识的英语说话者显然没有受过相关训练，也肯定没有接触过与调查现象相关的语料。

英语语料的深入分析显示，这个解释过于简单，并且会遇到很多问题。解释上的困难也在人们的意料之中，比如说例句（50）与（51）：

（50） John thought (that) Bill had read *the book*. 47

约翰认为比尔读过那本书。

（51） John wondered why Bill had read *the book*.

约翰想知道比尔为什么读过那本书。

在例句（50）中，斜体的短语可以被提问也可以关系化，但是句子（51）却不然。我们不清楚短语“that Bill had read the book”和“why Bill had read the book”是不是名词性短语。假定它们不是名词性短语，那么，句子（50）就能按照 A 盖 A 原则来处理，但句子（51）却不能按照 A 盖 A 原则来处理。为了解释（42）中各操作手段在句子（51）中所受到的限制，我们就得把短语“why Bill had read the book”归到和“the book”同一类的范畴中去。事实上，顺着这种思路不难找到一种合乎情理的解决策略。（51）很典型，因为那个将要从中提取名词短语的短语本身是一个 wh-短语，而不是一个 that-短语。假定（42a）中的 wh-定位规则不只把 wh-标记指派给（51）中的“the book”，而且也把它指派给包含“the book”的命题，则“wh-the book”和“why Bill had read the book”就都属于 wh-范畴了。wh-范畴现在会被认为是一种句法特征。我在《句法理论的若干问题》一书的第二章中曾讨论过这种特征（参看 27 页注释）。根据这些假设，A 盖 A 原则将可用于解释句子（50）与（51）之间的差别。

假定所讨论的短语都是名词短语，那么现在的问题就出在句子（50）上，而不是句子（51）上了。假设我们的分析迄今为止仍然是正确的，那么就必定存在着某种规则，它能把“透明”性（transparency）赋予命题“that Bill had read the book”；这种“透明”性允许名词短语从该命题中提取，即使该命题也是一个名词短语。事实上，还有另外一些例子也表明了有必要建立这种规则，不妨将这种规则看作英语中的一条特殊语法规则。请看句子（52）、（53）和（54）：

（52）Who would you approve of my seeing?

你赞成我见谁？

（53）What would you approve of John's drinking?

你赞成约翰喝什么？

（54）* What would you approve of John's excessive drinking of?

你赞成约翰过多地喝什么？

句子（52）和（53）是通过把提问规则应用于包含在“my seeing ___”和“John's drinking ___”这种较大的名词短语中的名词短语而形成的。因此，这些较大的名词短语具有透明性，允许从中提取。然而，如（54）所示，句子（55）中的斜体的名词短语对这种操作却不具有透明性。

（55）You would approve of *John's excessive drinking of the beer*.

你可能赞成约翰豪饮啤酒。

这些例子很典型，它们表明指派透明性的规则该是什么样的。我们在前面讨论过句子（56），即句子（4），并指出该句有歧义：

（56）I disapprove of John's drinking.

我反对约翰喝酒。

48 根据其中的一种解释，“John's drinking”这一短语具有名词短语的内部结构。所以，运用那个把形容词插入限定词和名词之间的规则（3d），可以得出“John's excessive drinking”。事实上，其他限定词如“the”、“that”、“much of that”等也可以代替“John's”。根据这种解释，短语

“John's drinking”的行为简直和“John's refusal to leave”、“John's rejection of the offer”等完全一样。根据另一种解释，“John's drinking (the beer)”不具有名词短语的内部结构，并且被处理成跟“John's having read the book”、“John's refusing to leave”、“John's rejection to offer”等相似的短语，它们都不允许形容词插入，也不允许用其他限定词来代替“John's”。假定我们为英语提出一条透明性规则，它能在刚才界定的意义上把透明性指派给那种没有名词短语内部结构的命题性名词短语，则（50）中的“that Bill had read the book”、（52）的底层结构中的“my seeing __”和（53）的底层结构中的“John's drinking __”将被指派透明性。更确切地说，根据A盖A原则，这些例子中的上层名词短语将不会阻止对下层名词短语的提取。在句子（51）中，按照前面提到过的思路，提取仍然受到wh-这一范畴的限制，而句子（54）被排除在外。因为（54）中底层结构的相关名词短语“John's excessive drinking of __”的确具有名词短语的内部结构，所以它并不遵守英语中的透明性规则。透明性规则在名词短语支配那种没有名词短语内部结构的命题时，赋予这一名词短语以透明性。

还有其他一些例子也表明，英语需要指派透明性这种特殊的语法规则。请看（57）和（58）：

（57） a. They intercepted John's message to *the boy*. ［句子（43f）］
他们截获了约翰给那个男孩的口信。
b. He saw John's picture of *Bill*.
他看了约翰拍的比尔的照片。
c. He saw the picture of *Bill*.
他看了比尔的照片。

（58） a. They intercepted a message to the *boy*. ［句子（45b）］
他们截获了给那个男孩的一条口信。
b. He saw a picture of *Bill*.
他看了比尔的一张照片。
c. He has a belief in *justice*.

他相信公正。

d. He has faith in Bill's *integrity*.

他相信比尔的正直。

如我们所看到的那样，根据 A 盖 A 原则，(57) 中斜体的名词短语不受疑问规则和关系化规则的支配。而在 (58) 中各句里，用疑问规则和关系化规则来操作斜体的名词短语则似乎自然得多，至少在非正式的英语口语中是如此。可见包含着斜体的短语的名词短语必须被指派透明性。这里涉及的似乎是上层起支配作用的名词短语的无定性。如果是这样，那么，对于说某种语言的人来说，就有一种规则，它能把透明性赋予下面这种形式的名词短语：

(59) $[_{\text{NP indefinite}} \ldots \text{NP}]_{\text{NP}}$

49 还有很多非常复杂的问题似乎不能用这个扩充的、修正的 A 盖 A 原则进行处理。要注意这个原则是以它没有得到目前所给例子的充分支持的方式构建的。如果 A 盖 A 原则总的来说是准确的，那么我们就能找到这样的例子，其中短语 A 不能从更大的短语 A 中提取，A 的范畴可以有多种选择。事实上，目前所给例子中只涉及 A 是名词短语的情形 [或者 A 为 (51) 中所谈论的 [+wh-] 那种]。因此，该原则的另一个跟目前所提事实相一致的可选形式将指派非透明性 (nontransparency)，这一非透明性是某类名词短语的特设属性，而不是支配另一 A 类短语的 A 类短语的属性。考虑到目前所提到的事实，A 盖 A 原则比起它的可选形式更准确，因为 A 盖 A 原则更贴切自然，而其可选形式完全是特设的，是对非透明性结构的罗列。但是有一些由约翰·罗斯提出的关键证据表明 A 盖 A 原则不正确（请参见 43 页的第一个注释）。罗斯指出，凡是不能提取名词短语的结构，也不能提取形容词。因此，请考虑以下情境："I believe that John saw __"、"I believe the claim that John saw __" 和 "I wonder whether John saw __"，在疑问操作和关系化操作时，我们可以从第一个结构而不是从第二和第三个结构中提取名词短语，我们曾试图修正 A 盖 A 原则来解释这种现象。形容词的提取也存在同样的问题，可以推导出 "handsome though I believe that John is"，

却不能推导出 *“handsome though I believe the claim that John is”与 *“handsome though I wonder whether John is” 等。我不知道是否有人能够扩充刚才提到的方法，以求更贴切自然地解释这一问题。目前，我没有看到哪种方法不涉及一个完全特设的步骤。这也许意味着用 A 盖 A 原则进行解释的方法是错误的。目前我们只知道有些结构中的成分不能被提取，至于是什么原因造成的我们并不清楚。

不管答案如何，上述问题的复杂性都为本讲开头所说的研究前沿的话题提供了一个典型和重要的例证：一些问题可以在观念相当清晰并被充分理解的框架中得到清楚的分析，一些解决方案可以被进一步修正，大量的反例将被发现。面对这些问题，我们到底是需要进一步向前探讨，还是采用完全不同的路子，目前尚不清楚。

目前我讨论了转换操作必须遵守的几种条件：如（8）—（18）中所提及的删略条件（conditions of deletion），如（28）—（40）中所阐明的循环应用原则（principle of cyclic application）[与之相关的是（27）中所讨论的音系方面的类似情况]，如（44）—（58）中所提出的 A 盖 A 原 *50*
则。对每种情况而言，都有理由相信这些原则是合理的，尽管有不少证据表明这些原则不够完善，甚至可能是错误的。我最后再举个例子来说明语言学中存在着和其他领域一样明显的研究分界线，请思考皮特·罗森鲍姆（Peter Rosenbaum）首次提到的一个问题（见 27 页注释中所提及的文献）。我们来看（60）中的句子：

（60） a. John agreed to go.

约翰同意离开。

b. John persuaded Bill to leave.

约翰劝比尔离开。

c. Finding Tom there caused Bill to wonder about John.

发现汤姆在那里使比尔想起了约翰。

在解释这些句子的时候，我们要为动词“go”、“leave”、“find”分别提供一个缺失性的主语（missing subject）。在（60a）中，我们将“go”的主语理解为“John”；在（60b）中，我们将“leave”的主语理解为

"Bill"；在（60c）中，我们将"find"和"wonder"的主语都理解为"Bill"。依据目前的框架，很自然地把这种缺失性的主语当作深层结构的真正主语（尽管也许没有必要，我们在下文中将会谈到）。因此，它们的深层结构可表征为（61）。

（61）a. John agreed [John go]

b. John persuaded Bill [Bill leave]

c. [Bill find Tom there] caused Bill to wonder about John

另一方面，语言事实也清楚地表明（60）中的句子不可能由（62）推导得来：

（62）a. John agreed [someone go]

b. John persuaded Bill [John leave]

c. [John find Tom there] caused Bill to wonder about John

在这种情况下，很难论证有一个内在的语义原因能排除（62）这样的结构。例如，将（62a）的意思解释为约翰（John）同意某个人应该走了，将（62b）理解为约翰（John）说服比尔（Bill）他即约翰（John）要离开，将（62c）理解为约翰（John）发现汤姆（Tom）在那里让比尔（Bill）想起了约翰（John）。这里一定存在着普遍的句法原则，是它排除了（62）作为（60）的来源的可能性，并让我们将（61）解释为（60）的基础。罗森鲍姆认为这里所涉及的是删略操作（deletion operation）的某个条件，如消除原则（erasure principle），该原则粗略地规定了内嵌命题的主语由该命题之外的最近名词短语删略，"结构差异的大小"（nearness）可根据（1）′或（2）′之类结构表达式中的分支数量来
51 计算[①]。他认为大量不同类型的例子都可以用这种一般性假设进行解释，这种假设像上文谈到的其他假设一样，涉及转换条件，它们构成了普遍语法的一部分。

① 珀尔马特（David Perlmutter）在其尚未出版的著作中提供了一个强有力的论点，即这里所涉及的不是转换的条件问题而是深层结构的合格条件问题。这种区别在本讲随后的讨论中并不重要，但对该问题的深入讨论却非常重要。

尽管如此，也会引起一些新的问题。请思考下面的例子[①]：

(63) John promised Bill to leave.

约翰答应比尔离开。

(64) a. John gave me the impression of working on that problem.

约翰给我在研究这个问题的印象。

b. John gave me the suggestion of working on that problem.

约翰给我研究这个问题的建议。

(65) a. John asked me what to wear.

约翰问我该穿什么。

b. John told me what to wear.

约翰告诉我该穿什么。

(66) John asked Bill for permission to leave.

约翰要求比尔允许他离开。

(67) a. John begged Bill to permit him to stay.

约翰请求比尔允许他留下来。

b. John begged Bill to be permitted to stay.

约翰请求比尔允许他留下来。

c. John begged Bill to be shown the new book.

约翰请求比尔给他看看那本新书。

(68) John made an offer to Bill (received advice from Bill, received an invitation from Bill) to stay.

约翰向比尔提出愿意他留下来（约翰得到比尔的建议留下来，约翰得到比尔的邀请留下来）。

(69) John helped Bill write the book.

约翰帮助比尔写这本书。

---

① 例（63）和例（67）罗森鲍姆讨论过；例（64）是由格罗斯（Maurice Gross）提出的；例（65）是由万德勒从不同的角度提出来的，请参见他的《名物化》（Zeno Vendler, "Nominalizations," in *Transformations and Discourse Analysis Papers*, No. 55, Philadelphia: University of Pennsylvania, 1964, p. 67）。

（63）违反了消除原则，因为“leave”的主语是“John”而不是“Bill”，即要离开的是约翰而不是比尔。在（64a）中，“John”被认为是“work”的主语，而在表面上跟它相当类似的（64b）中，“I”则被认为是“work”的主语。“wear”的主语在（65a）中被理解为是“John”，而在（65b）中被理解为“I”。在（66）中，“John”被认为是“leave”的主语而“Bill”被认为是“permit”的主语，“permit”是为“permission”所假定的底层形式。在（67a）中，“Bill”被认为是内嵌命题的表层主语，但在（67b）和（67c）中内嵌命题的表层主语则是“John”，尽管按照罗森鲍姆的观点“Bill”在这三个句子中都是最近的名词短语。在（68）中，“John”被认为是“stay”的主语，很明显违背了这原则，尽管它极大地依赖于一个未曾解决的问题，即这些句子该如何分析。（69）在其他方面具有模糊性。消除原则表明“Bill”是“write”的主语，但在这个句子中并未隐含是比尔写了这本书，它的意思实际上是约翰和比尔合作写了这本书。但是坚持这种解释仍有些困
52 难。从（69）中我们可以得出结论，即约翰帮助写书，但是从另一个显然是同类的句子“John helped the cat have kittens.”（约翰帮着一只猫生小猫）中，我们却不能推断出“John helped have kittens.”（约翰帮着生小猫），那是不正常的意思。这种事实说明在（69）中“John”与“write”之间必须有某种语法关系。换句话说，问题在于“John helped write the book.”（约翰帮助写书）的解释为什么类似于（60a），因为它的来源很明显不会跟（61a）相类似。

这个问题不必做更多的探讨，我们已经可以看到，尽管消除原则具有很大的合理性，并且大概也能对正确解决这一系列问题起一定的作用，但是仍有许多反例有待解释。与上文所提到的其他情况一样，仍存在着大量的有关决定转换可行性的条件问题。针对这些问题，虽然已经提出了一些有意思的和有启发性的设想，而且这些设想也构成了总体解答的一部分，但仍然难以达到接近解决的地步。

在讨论语法操作的性质时，为避免语义解释问题，我只列举了句法和语音方面的例子。如果一种语法想要刻画说者—听说者完整的语言能

力，它就必须还包含语义解释方面的规则，但是我们对语法这一方面的认识知之甚少。在前面引用的文献（见 27 页注释）中，曾提出过语法要包含句法、语音和语义这三部分，其中句法部分详细界定了一个由深层结构和表层结构组合成对的无限集合，并且表明了这些成对要素之间的转换关系；语音部分向表层结构指派相应的语音表达式；语义部分向深层结构指派相应的语义表达式。正如前面提到过的（见 27 页和94～97 页），我认为有强有力的证据表明表层结构的某些方面也与语义解释有关①。不管是否如此，有一点却是无可置疑的：一种完整的语法必须包括相当复杂的语义解释规则，这种规则至少在某种程度上，对所研究的语言的形式结构和词汇的特定性质来说，是十分关键的。在此只举一例，请看例（70）：

（70）John has lived in Princeton.

约翰住在了普林斯顿。

假设这个句子可以正确地用来作为一个陈述，由此可以得出这样的结论：约翰是个人（人们不会说他的狗住在普林斯顿）；普林斯顿是个符合某些物理和社会条件的地方（假定普林斯顿是专有名词）；约翰现在 53
还活着［我可以说“I have lived in Princeton”（我住在了普林斯顿），但是我不可以说“Einstein has lived Princeton”（爱因斯坦住在了普林斯顿］——不过可以说，“Einstein lived in Princeton”（爱因斯坦在普林斯顿住过），等等。例（70）中的语义解释必须能说明这些事实。

像这样的问题也许可部分地归入有待发展的普遍语义学中。普遍语义学以一种非常一般性的方式分析概念和概念之间的关系。举一个经典

① 一些问题的相关评论请参见我的《表层结构与语义解释》（N. Chomsky, “Surface Structure and Semantic Interpretation,” in R. Jakobson, ed., *Studies in General and Oriental Linguistics*, Tokyo: TEC Corporation for Language and Educational Research, 1970）。句法结构的语义解释方面的文献数量增长得相当快，最近的讨论可参见卡茨的《语言的哲学》（J. J. Katz, *The Philosophy of Language*, NewYork: Harper & Row, 1966），文莱奇的《语义理论的探索》（U. Weinreich, “Explorations in Semantic Theory,” in T. A. Sebeok, ed., *Current Trends in Linguistics*, Vol. III, New York: Humanities, 1966），卡茨的《语义理论的新问题》（J. J. Katz, “Recent Issues in Semantic Theory,” in *Foundations of Language*, Vol. 3, No. 2, May 1967, pp. 124－94）和很多其他的论文。

的例子，“John is proud of what Bill did”（约翰为比尔所为感到骄傲）和“John has some responsibility for Bill's actions”（约翰对比尔的行为负责）这两句话之间的意思联系不妨认为可以根据“pride”（为……感到骄傲）和“responsibility”（负责）这两个普遍概念进行解释。就像在语音结构层面的解释需要依靠普遍的语音学原则一样，比如说，当软腭辅音（velar consonant）变成上颚音（palatal）时，它通常会变得刺耳（为讨论方便可参见 34 页注释中所提及的文献）。上述设想应用到（70）中后看起来就没那么有吸引力了，因为该句的恰当用法隐含着约翰（John）仍然活着。当我们试图深究这种问题时，就会很快迷失在混乱的争端与含糊的问题中，而且很难得出令人信服的答案。因为这个原因，我不能像上文讨论句法规则和语音规则一样来讨论语义解释规则的条件。

注意，我在前面的论述中可能犯了一个错误，即我假定我们讨论的话题属于语法的句法部分而不属于语法的语义部分，也不属于语义规则与句法规则相互渗透的某一领域。这个论点疑云重重，按目前的情况，我们无法说这只是一个经验问题。但是当这些论点明确一些时，我们就会发现能从中提出一个经验问题。例如，请考虑在句法部分对消除原则的讨论。约瑟夫·埃蒙兹（Joseph Emonds）在其未曾发表的论著中提出，像我那样假定（60）的句子可以通过（61）中的底层结构来解释是不正确的。相反，他提出我所谓的内嵌命题在由句法部分生成的底层形式中根本就没有主语，应该用一个语义解释的普遍规则取代罗森鲍姆的消除原则。这个观点是否正确我不知道，但肯定有一定的可能性。我们可以预料，随着对语法问题的继续研究，那些我们今天看起来十分明显的界限，可能会以不可预测的方式进行转移；或者语法组织（organization of grammar）会有一些新的基础取代现在看起来十分合适的框架。

我在这讲中讨论的这些语法规则的条件十分复杂，而且只有部分能被理解。然而，值得强调的是即使是一些最简单、最清楚的语法形式的规则，也绝不是实现人类语言功能的系统所必要的性质。相应地，我们就不能随意忽视这个事实：这些条件基本适应人类语言，在听话人—说话人获得语言能力方面也起着作用。例如，请思考这样一个简单的事实：所有的语法转换一定都具有结构依存性（structure-dependent），也就是说，转换规则通过将一些词组织成短语来作用于一串词[①]。很容易想象结构独立（structure-independent）的转换操作也是作用于一串词，但这串词不以短语系统的抽象结构为基础。举个例子，疑问句形式的（71）是从相应的陈述句（72）转换而来的（参见 29 页的最后一个注释），这种转换规则就是一种依赖于结构的规则，它把名词短语和助动词中的第一成分相互调换位置。 54

（71） a. Will the members of the audience who enjoyed the play stand?
喜欢这出戏的观众会起立吗？
b. Has Mary lived in Princeton?
玛丽住在了普林斯顿吗？
c. Will the subjects who will act as controls be paid?
作为控制者的被试要给钱吗？

（72） a. The members of the audience who enjoyed the play will stand.
喜欢这出戏的观众会起立的。
b. Mary has lived in Princeton.
玛丽住在了普林斯顿。
c. The subjects who will act as controls will be paid.
作为控制者的被试要给钱。

作为对比，请思考以下三种操作：第一种是把句子中的第一个词和最后一个词的顺序进行调换；第二种是根据音节从短到长的顺序排列句子中的单词（如果单词的音节长度相同，就“按字母排序”来具体排列单词）；第三种是把最靠近左边的“will”移到句子的最左。这三种操作分别叫操作一、操作二、操作三。把操作一用于（72a），我们可得到（73a）；把操作二用于（72b），我们可得到（73b）；把操作三用于

① 更确切地说，转换规则作用于最小语言单位组成的序列，这些最小的语言单位有些可能是词，有些可能不是词。

（72c），我们可得到（73c）：

（73）a. Stand the members of the audience who enjoyed the play will

b. In has lived Mary Princeton

c. Will the subjects who act as controls will be paid

操作一、操作二、操作三都具有结构独立性，我们可以举出无数的这类其他操作。

并没有一种先验的理由要求人类语言只使用像英语中的疑问句这样的结构依存性操作，而不使用像操作一、操作二、操作三中那样的结构独立性操作。我们很难在某种绝对意义上指出后者是更“复杂”的，也不能说明它们会更容易产生歧义，或是对人际交流的效率有较大损害。然而，还没有一种人类语言在结构依存性的语法转换中包含有结构独立性的操作，或用结构独立性操作去取代结构依存性操作。学习语言的人都知道，那种引出（71）的操作，有可能是一种待定的语法规则，而操作一、操作二、操作三及其他类似于的操作就不能当作一种尝试性的假设（tentative hypotheses）。

55 如果我们根据这样一些初步的和普遍的现象建立适当的“心理距离”（psychic distance），将会看到这些现象确实为人类心理学提出了一些非常重要的问题。我们可以推测人类语言具有结构依存性操作的理由①，但是，我们必须认识到，任何这样的推测都必定涉及关于人类认知能力的假定，而这种假定绝对不是明显的或者必然的。我们很难不下这样的结论：不管结构依存性操作的功能是什么，对一个学习语言的人来说，这种结构依存性操作必定是预定的，它是引导人们获得语言能力的某种受限的先天程式。在我看来，跟前面讨论过的那些更深刻、更复杂的原则相类似的结论更加有理有据了，不管这些结论的准确形式最终可能是什么。

---

① 有关这一问题的某些提议，可参见米勒和我合著的《语言运用者的有限模式》的第二部分（G. A. Miller and N. Chomsky，“Finitary Models of Language Users，” Part II，in R. D. Luce，R. Bush，and E. Galanter，eds.，*Handbook of Mathematical Psychology*，Vol. II，New York：Wiley，1963）。

现在总结如下：沿着这一章中所勾勒出的路线，我们一方面可以发展出普遍语法的一般性原则系统①，另一方面也可以发展出按照这些原则形成并加以解释的特殊语法。普遍原则和特殊规则之间的相互作用产生出上述经验后果；在各个不同深度的层次上，这些规则和原则解释了跟语言能力相关的事实，这种语言能力是每个说话者所拥有的语言知识（knowledge of language），也解释了语言知识在听—说者语言行为中得以运用的方式。

普遍语法原则不仅给出了任何人类语言都必须遵循的非常严格的程式，而且给出了决定这些语言的语法使用的特定条件。我们很容易想象这些已经构建的条件的可选形式（或是那些经常未曾言明的假设条件）。这些条件在过去基本上没有引起人们的注意，而且，我们今天对它们仍知之甚少。如果我们设法根据有关现象建立合适的“心理距离”，并且成功地使这些现象陌生化，我们立刻就会看到，它们使那些既不能言说又不能定义的严重问题不复存在。仔细考察这里所描述的这些问题，不难发现，要想解释语言的正常使用，我们必须认为听话人—说话人有一 56
套复杂的规则系统，这些规则涉及一些非常抽象的心理活动，并且应用于那种与物理信号（physical signal）相去甚远的各种表达式（representations）。我们可以进一步看出，语言知识是在有缺陷的（degenerate）和有限的语料基础上获得的，而且在很大程度上不受人的智力和各种经验的影响。

如果一个科学家要确定这样一种未知装置的性质，它对孩子所能得到的语料进行操作，并“输出”懂得某种语言的人必须拥有的一种特殊语法（这种情况是“该装置的最终状态”），那么，他就会很自然地根据可获得的有限语料去寻找决定输出形式的那种组织的内在原则。如果这

① 注意，我们把“普遍语法”理解为语法的一个条件系统。它可能包含了人类语言的语法都必须遵守的条件以及确定这些语法如何被解释的原则。这种说法偏离了传统的观念。传统观念认为普遍语法仅仅是每一种特殊语法的子结构，是处于每一种语法中心位置的规则系统。这种传统观念在近期的工作中也有所表现。在我看来，它没有什么优点。就现有的材料来看，语法的形式与解释在所有层次上都受到严格限制。从句法的深层结构，经由转换成分，到那些对句法结构进行语义和语音解释的规则，限制条件无处不在。

个有着未知属性的装置是人类的心智，那么就没有理由采取更加偏颇或独断的观点，尤其是没有任何理由在进行讨论之前就认定，一向主导探索这些问题的经验主义假设具有特别的优越性。从来没有人能够成功地证明，为什么要认真对待经验主义者关于知识获得方式的高度特设性的假设。对于语言能力之类的人类智力的最特殊与最普通的构造，经验主义者似乎也拿不出描述或解释的办法；另一方面，某些关于特殊语法和普遍语法的高度特设性假设，反倒有望能解释考察语言运用和语言知识时所面临的一些现象。展望未来，沿着本章所指引的路线继续研究下去，看来有望能揭示出一种高度受限的程式，这种程式既决定了经验内容，也决定了从经验内容中产生出来的知识的本性，还有望证实并发展有关语言和心智问题的传统想法。这一问题正是我在下一讲中将要讨论的问题之一。

# 第三章　语言学对心智研究的贡献：未来

在讨论语言学过去对心智研究的贡献时，我提到过有两个研究传统 57
以相互独立和截然不同的方式丰富了语言研究。在上一讲，即第二章中，我试图展示即将出现的一些研究课题，这些研究课题是在综合哲学语法和结构主义语言学的基础上形成的。我用作参考点的研究传统和设想分别跟研究心智问题的两条典型途径相关。我们完全可以毫无偏颇地说，这些研究传统和设想在当时都是由心理学发展出来的特定分支，并同时对心理学的研究做出了各自独特的贡献。

考虑到结构主义语言学强烈的反心理主义特征，使用上述方式来分析结构主义语言学也许有点似是而非的感觉。但是考虑到这种强烈的反心理主义特征也是当代心理学，特别是几年前一直致力于专门研究语言使用和语言习得的心理学分支所具有的特点，这种似是而非的感觉就会大大降低。毕竟我们生活在行为主义科学（behavioral science）的时代，而不是心智科学（the science of mind）的时代。我不想在术语的创新方面做过度的解读，但是我认为在当今时代，在人类和社会的思想方面，人们很容易也很乐意接受行为主义科学的名称，这一点还是很重要的。如果我们宽泛地理解行为的定义，一个正常的人不会怀疑行为可以为本书的研究提供大部分或者全部的证据。但是行为主义科学的说法出现了一个明显的变化，即人们更为关注证据本身，而不再关注那些通过行为证据加以阐明的深层次的基础性原则和抽象的心智结构，就好像自然科学要被认定为仪表读数的科学（the science of meter readings）。在这样一种乐于接受上述称谓的环境中，对于自然科学我们还能有什么样的期待呢？

行为主义科学一直专注于数据和数据的结构，同时它认为自己属于行为控制的技术。语言学和语言哲学中的反心智主义思想符合这种定位的转变。在第一讲中，我提到过结构主义语言学一个重要的间接贡献来源于它所指定的明确假设，即对语言现象所采用的反心智主义以及彻底
58 的操作性和行为性的研究路径。这样的研究路径发挥到了极限，从而也奠定了具有较好可信性的基础，并充分展示了以行为主义的研究路径来探索心智问题的不足。

我认为更为普遍的是，语言研究长远的意义在于在这一研究中，人们可以较为准确和清晰地表述心理学当中的一些核心问题，并提出与这些问题紧密相关的大量证据。除此之外，在当前，语言研究可以提供丰富的语料，同时对基本问题的准确表述较为敏感。语言学具有结合这两个特征的独特性。

当然，预测将来的研究是不明智的，我希望大家不要太在意这一讲题目中的“未来”这一副标题。但是我们可以假设语言研究的主要贡献在于，它可以提供对人们所表述和关注的心智过程和结构特点的理解。因此，对于我们当前所关注的研究问题①，我不会去预测它们将来会有什么样的发展路线。这里，我所要关注的是当语言结构的研究发展为人类心理学的一个分支后可能会出现的一些研究问题。

我们可以合理地预测，对语言的关注将与过去一样，仍然是研究人类属性的核心内容之一。任何关注人类属性和人类能力的研究都必然会

---

① 我们可以列举出很多这样的问题——比如，语音特征的固有性内容如何决定音系规则作用、普遍性形式化特征如何限制语法的选择和语法的经验性识解、句法结构和语义结构的关系、普遍语义学的性质、包含生成语法的行为模式（performance models）的性质等。

面对这样的事实，即所有正常的人类都能习得语言，而任何一个聪明的猿猴却连最为简单的语言都无法习得。笛卡尔哲学强调了这一事实，同时这种认识也是正确的。[1]很多人认为当今对动物交际的研究更为广泛，同时研究的结果可以挑战这一经典观点。人们几乎都想当然地认为人类语言是通过动物的交际系统“进化”而来的，这一进化过程需要研究者加以解释。但是，我认为在认真关注动物交际的研究成果后可以发现，这些研究并没有为以上的假设提供太多的支撑。相反，这些研究更为清楚地说明人类语言属于一种独特的现象，与动物的交际世界并不具有显著的相似性。如果事实如此，那么提出解释人类语言是如何从较低智能所拥有的原始交际系统进化而来的问题是没有意义的。这一内容很重要，我将会继续对其进行阐述。 59

卡尔·波普尔（Karl Popper）在最近出版的阿瑟·卡普顿（Arthur Compton）讲座实录《云与钟》（*Clouds and Clocks*）中以有趣的方式论述了人类语言从更为原始的系统进化而来的假设。他试图展示意志自由和笛卡尔哲学的二元论问题可以通过进化的分析加以解决。在此，我并不关注他通过分析所得出的哲学结论，我所要关注的是他所坚持的基本假设，即语言存在一个从其他生物体拥有的简单系统进化而来的过程。波普尔认为语言的进化历经多个阶段，比如用口部动作来表达情感状态的低级阶段，以及通过发音来表达思维的高级阶段。用波普尔

---

① 现代研究者在行为方面训练猿猴使它们进行语言能力的尝试，以此说明动物并不具有语言能力，也许我们可以将这些尝试失败的原因归结于操作制约技术方面的不足，从而较难完全展示动物的真实能力。可以参考菲尔斯特发表的报告《黑猩猩的算术行为》(C. B. Ferster, “Arithmetic Behavior in Chimpanzees,” in *Scientific American*, May 1964, pp. 98-106)。菲尔斯特试图教会黑猩猩成功匹配二进制的数字，如 001，……111 和从 1 至 7 的一组物体。他的报告指出即使是这么简单的任务，成千上万次的实验也只能达到 95%的准确率。当然，即使能够到达完成上述任务的阶段，黑猩猩也还是没能掌握二进制算术的原则。比如，它们无法对四位数的二进制数字进行匹配。如果二进制数字和物体集合之间不是通过二进制标记法（binary notation）进行匹配，而是设计任意性的关联，它们在试验中的表现很可能还是很糟糕。菲尔斯特忽视了这一重要信息，并错误地认为他已经教会黑猩猩符号行为的基本内容。他将语言定义为“控制行为的符号性刺激的集合”，同时他相信语言之所以具有“有效性”是因为言语可以“控制说话人和听话人几乎相同的表现”。这些内容则进一步加大了他对实验结果的误解。

的话来说，在高级阶段中，发音可以用来描述和辩驳。波普尔关于语言进化阶段的讨论说明了语言的延续性，但是事实上他并没有建立低级阶段和高级阶段之间的联系，也没有提出从一个阶段过渡到另外一个阶段的机制。简而言之，他并没有提出证据来说明这些阶段属于同一个进化过程。事实上，我们很难发现这些阶段的联系（除了对语言这一术语的比喻性用法）。我们可以相信这些阶段具有无法连接的缺口。既然这样，我们就无法证明语言存在从低级阶段到高级阶段的进化过程，正如同我们无法假设走路是通过呼吸进化发展而来的一样。这些阶段应该并不具有显著性的可比性，同时它们也应该涉及完全不同的过程和原则。

比较动物学家索普（W. H. Thorpe）在最近的讨论当中更为明确地分析了人类语言和动物交际系统之间的关系。[①]他指出人类之外的哺乳动物并不具有人类模仿声音的能力，因此我们可能设想鸟类（很多鸟类
60 具有模仿声音的惊人能力）属于“可能进化出真正意义上的语言的群体，而哺乳动物都不属于这个群体”。索普并没有指出严格意义上的语言是通过简单的系统进化而来的，但是他主张人类语言的独特性特征可以在动物的交际系统中找到，虽然目前我们无法确切地在某一个特定的动物身上发现所有的语言特征。人类语言和动物语言所共有的特征有目的性（purposive）、句法性（syntactic）与命题性（propositional）。语言的“目的性”在于，人类言语几乎总是具有将某种信息传递给他人的确定性目的，从而改变他人的行为、思想或者他人对于某个情境的一般性态度。人类语言的“句法性”在于，话语是具有内在组织，体现出结构性和连贯性的语言运用。人类语言的“命题性”在于，语言传递信息。从这个意义上来说，人类的语言和动物交际都具有目的性、句法性与命题性。

上述所有内容可能都是正确的，但是确定无疑的内容却不多。如果我们把人类语言和动物的交际抽象到某一层面时，会发现几乎其他所有

---

① 可以参考索普的论文《动物的发声与交际》（W. H. Thorpe, “Animal Vocalization and Communication,” in F. L. Darley, ed., *Brain Mechanisms Underlying Speech and Language*, New York: Grune and Stratton, 1967, pp. 2 - 10）以及 19 页和 84～85 页中的讨论。

的行为也都可以包括进来。以走路为例，从目的性最为宽泛的定义来看，很显然走路属于具有“目的性”的行为。从“句法性”的定义来看，走路同样具有这一特征。事实上，在第一讲中提到卡尔·拉什利很久以前在讨论行为的线性顺序时就已经谈到这一内容。[1]除此之外，走路也可以传递信息。比如，我可以通过走路的速度和紧张程度来表明我到达某个目的地的意愿程度。

需要顺带说明的是，正是基于这样的理解方式，索普所提到的动物交际的例子具有命题性。他引用了欧洲知更鸟的鸣叫作为例证，在这种鸟的鸣叫声中，声音高低变换的速度表达了它们保卫领土的意愿。变换的速度越快，其保卫领土的意愿就越强。这一例子很是有趣，但是我认为这个例子清楚地说明任何将人类语言同动物的交际加以结合的尝试都是徒劳无功的。任何我们所已知的动物交流系统（如果忽略那些关于海豚的科幻性描写）都会使用以下两个基本原则中的一个：第一，这个系统由一些固定且数量有限的符号构成，每一个符号与行为和情感状态的一个特定范围产生联系。在过去几年里，日本的一些科学家在广泛研究一些灵长目动物时，采用的就是这一原则。第二，这个系统使用固定且数量有限的语言维度，而每一个语言维度与某个特定的非语言维度产生联系，这样在语言维度上选择的某个定点就可以决定并指示相关非语言维度的某个定点。索普提到的鸟鸣的例子采用的就是这一原则。声音高 61
低变换的速度属于语言维度，它与保卫领土的意愿这一非语言维度形成联系。这种鸟通过选择声音变化这一语言维度上的定点来表达它们维护领土的意愿，当然，这里使用的“选择”一词具有宽泛的意义。语言维度具有抽象性，但是原则是明确的。采用第二种原则的交际系统可以使用范围更广的可能符号，这一点与人类语言相同。但是它们的工作机制和原则与人类语言完全不同，人类语言可以用来表达范围更为广泛的思想、意愿、情感等内容。从可能使用的符号来看，认为动物系统具有缺

① 请参见拉什利的论文《行为的线性顺序问题》（K. S. Lashley, “The Problem of Serial Order in Behavior,” in L. A. Jeffress, ed., Cerebral Mechanisms in Behavior, New York: Wiley, 1951, pp. 112－36）。

陷性的说法是不正确的。事实正好相反，因为从原则上说，动物的交际系统允许语言维度的连续变异（只要这里所说的连续性能讲得通），而人类语言具有离散性。因此，这一问题的核心不在于符号的多和少，而是这两种符号系统采用完全不同的结构原则。当我使用人类语言陈述某些任意性的内容时，比如“跨国公司的兴起会危及人类自由”，此时我并没有在语言维度上选择一个定点来指示相关非语言维度上的一个对应的定点，我也没有从一个有限的行为库中选择一个符号，无论这个行为库是先天获得的还是后天习得的。

另外，我们无法认定人类使用的语言具有信息性的特点，无论是用于表述事实还是表达意愿。人类语言可以用来告知信息，也可以造成误导，可以用于澄清个人的思想，也可以用来展示个人的聪明才智，或者就是为了娱乐。当我说话时，即使我并不想修正你的行为或者思想，我也在使用语言。当我想要修正你的行为或者思想时，我也可以使用语言。在这两种情况下，语言的使用并无不同。如果我们想要理解语言以及语言所依赖的心理能力，我们首先需要搞清楚的问题是语言是什么，而不是如何使用语言以及为何使用语言。当我们探寻语言是什么这一问题的时候，我们会发现语言与动物的交际系统并无明显的相似性。将人类语言和动物交际系统加以结合，从抽象的层面讨论行为和思维毫无益处。至今为止，人们所考察的动物交际系统确实与人类的体态语系统具有很多的相似性，也许我们可以去探讨这种情况下两者建立直接联系的可能性。但是人类语言似乎基于完全不同的原则，我认为这一点极为重要，但是却经常被那些将语言作为自然和生物现象的研究者所忽视。正是因为这些原因，认为人类语言是从简单的系统中进化而来的观点是毫无意义的，这与认为原子是从基本粒子（elementary particle）的云状物中进化而来的看法具有相同的荒谬性。

我们都知道，人类语言的拥有跟心智结构的特定类型有关，而不单
62 单跟更为高级的智力有关。有人认为类似于语言的东西在其他的动物世界中也有，只是人类语言更为复杂而已，这种观点在我看来也无实质性价值。它倒为生物学家提出了难题，因为如果这一观点是正确的，那么

语言就是真正意义上的质变（emergence）实例，即在组织复杂到一定阶段时出现的性质上不同的现象。尽管采用的术语完全不同，但对这一事实的认同却激发了关注心智特征的研究者转而从事传统的语言研究。我认为当今若要研究人类智力的本质特征和区别性特征，最好、最为理想的途径就是详细研究人类独有的语言结构。我们可以做出下述合理的猜测：如果能够建构获得经验支撑的生成语法，并确定支配其结构和组织的普遍性原则，这将是对人类心理研究的重要贡献。这一贡献的具体方式我将在后面详细进行论述。

在前面的讲座中，我提到过关于语言结构的传统观点，以及试图加深或者扩展这些观点的尝试。显而易见的是，我们必须将语言能力，即关于一种语言的知识，当作行为的内在抽象系统。这一系统由不同的规则构成，规则的交互作用可以确定句子的形式和内在意义，而句子具有数量上的无限可能性。这样的一个系统，即生成语法，说明了洪堡特关于语言形式（form of language）的观点。在他伟大的遗作《论人类语言结构的差异》（*Über die Verschiedenheit des Menschlichen Sprachbaues*）中，洪堡特通过晦涩而具有启发性的讨论将语言形式定义为“以心智活动为基础的经久不变的过程系统，这一心智活动将说出的具有结构组织性的符号提升为思想的表达”。这样的一种语法定义了洪堡特意义上的语言，即语言是“以递归方式生成的系统，其中的生成规则具有确定性和不变性，但是它们的应用范围和应用的特定方式则完全是不确定的”。

所有这样的语法中都会存在一些特定而个性化的元素，这些元素的选择决定了某种具体的人类语言。此外，每一种语法当中还存在普遍性的原则以及限制任何人类语言形式和组织结构的条件，这些内容属于普遍语法研究的对象。普遍语法中的原则包括我在前一章节中所讨论的内容，如区分深层结构和表层结构的原则以及限制转换操作可能类别的原则，这些转换操作可以将深层结构和表层结构联系起来。需要注意的是，普遍语法确定性原则的存在使得数理语言学（mathematical linguistics）这一新兴领域的出现成为可能，这一新兴领域致力于对符合普遍语法所规定条件的各种生成系统做抽象研究。这个领域的目标在于详细阐明所有可能人类语言的形式化特征。目前这一学科刚刚起步，在
63 过去的十年中人们才开始展望它的研究可能。现在数理语言学已经取得了一些前景较好的初步成果，同时也说明它可能是具有重要价值的未来研究方向，因此在社会科学和心理科学的数学研究中，数理语言学目前似乎处于较为独特的有利地位。它要发展的不仅仅是关于语料的理论，而且还要研究高度抽象的决定人类心智过程特点的原则和结构。在这里我们所要讨论的心智过程涉及人类知识中的一个特定领域的组织，即语言知识。

生成语法理论，无论是关于具体语言还是关于普遍语法的理论，都指向了心理学理论中的一个概念空白，我认为这一点值得一提。心理学被认为是行为科学，所持续关注的是行为、习得以及行为的控制，以生成语法为特征的“语言能力”（competence）在心理学中无法找到对应的概念。语言学习的理论将学习的内容限制在一个狭窄的范围中，这一存在缺陷的概念认为语言学习的内容就是刺激—反应的联系系统、一系列相互关联的网络、各种不同行为的资源库、习惯等级或者就是在特定的刺激条件下做出特定反应的处置系统。[①]当行为主义心理学用于教学和治疗时，它只能将自身限制在“学习了什么”的概念当中，而生成语法则不受学习内容这一概念的制约。除了行为和学习的概念之外，“学习了什么”的概念也是必要的。学习内容的概念就是能力的概念，它已

---

① 这一局限性可以通过维斯特在《行为主义和学习的近期批评》一文中的分析加以呈现：“实验证明……一个已经成功学习语法规则的儿童需要通过‘说出语法规则’的言语表现展现出学习过程的完成。很多语法学校的教师已经证实这样的表现一般不需要特殊的训练。即使没有严格地去学习语法规则，人们仍然可以说出完全符合语法的句子。”（W. M. Wiest, Recent Criticisms of Behaviorism and Learning, *Psychological Bulletin*, Vol. 67, No. 3, 1967, pp. 214 - 25）维斯特无法设想从另外一个意义上来说，儿童如何可以被认为已经完成语法规则的学习，这证明了我们在这里所讨论的概念空白。因为他拒绝考虑“学习了什么”的问题，也没有在探讨学习方式之前澄清学习内容的概念，他只能将语法理解为在言语理解和产出中的行为规则。这种理解内容空泛，因为并不存在与言语理解和产出相关的行为规则，更不要说言语理解和产出中的行为规则。我们并不反对某些研究者关于“言语行为实在事件的习得和维持”（同上）的研究。目前我们还无法证明这一研究与语言研究之间存在联系，同时我认为没有任何迹象表明这一观点可以被证实。

经超出了行为主义心理学理论的概念限制。与现代语言学和现代语言哲
学极为相似的是，行为主义心理学有意识地接受研究方法上的限制，即
不允许研究那些不可避免地具有复杂性和抽象性的系统。[1] 语言研究对 64
于普通心理学将来的一个重要贡献可能在于关注这样的概念空白，并展
示出通过细致刻画人类智力范畴中的内在能力来填补这一空白的具体
方式。

容易让人接受的是，心理学的任何方面最终都要以行为的观察为基础；但是无法让人接受的是，学习的研究则需要直接研究控制行为的因素或者建立行为资源库（behavioral repertoire）的条件。首先需要确定的是这个行为资源库的显著特征，以及它的组织原则。只有在这个初步性的工作得以完成并形成关于内在能力的理论，同时这一理论被充分证实时，关于学习的研究才可以继续进行。在研究语言的情况下，首先要建立以观察到的语言使用为基础的生成语法。这样的研究会关注生物体可及的语料以及它所获得的能力之间的关系。只有在对能力进行成功抽象之后——在研究语言的情况下，只有在假设的语法获得第二讲所提到的描写充分性之后——研究这些问题才能获得有意义的成果。假如在某些领域当中，行为资源库的组织结构较为普通和基本，而理论构建的目标就是要准确描写所习得能力的特征，此时跳过理论构建这个中间环节似乎无伤大雅。但是这种情况是不可能出现的，语言研究中的情况也是如此。在对“学习了什么”，即在所研究的生物体构成最终状态的内在能力进行丰富而恰当的刻画之后，我们才有可能构建一个学习的理论，而这个学习的理论所涵盖的范围要比现代行为主义心理学更广。毫无疑问的是，接受研究方法的约束并排除这样一种研究学习问题的途径是毫无意义的。

是否可以找到人类能力的其他领域从而使我们可以发展与生成语法

---

① 可以参考我的论文《现代语言哲学中的一些经验性假设》，我在文中从这个视角讨论了奎因和维特根斯坦的著作（N. Chomsky, “Some Empirical Assumptions in Modern Philosophy of Language,” in S. Morgenbesser, P. Suppes, and M. White, eds., *Essays in Honor of Ernest Nagel*, New York: St. Martin’s, 1969）。

相似的富有成果的理论？虽然这是一个极为重要的问题，但是现在我们无法给予更多的回答。比如，使用上述术语，我们可以去考虑人们如何获得三维空间的概念，或者研究关于“人类行动”的内在理论。这样的研究首先需要对以实际表现为基础的内在理论进行描写，然后开始关注这种理论在特定时间和所获得语料的条件下是如何发展起来的，即研究以下因素以何种方式相互作用以决定信念系统（system of beliefs）：所能获得的语料、试探法（heuristic procedure）与限制和制约习得系统的形式的内在组合方式。目前这样的研究方案才初步成型。

65 人们也曾尝试研究与语言类似的其他系统的结构，比如研究亲属关系系统和民俗分类学。至今为止，这些领域中的研究发现都与语言研究没有可比性。据我所知，没有人比列维-斯特劳斯（Lévi-Strauss）更加专注于这一问题的研究。比如，在最近出版的关于原始心理[1]类型的著作中，他对这一问题进行了严肃而深入的探讨。从他的研究材料来看，原始心理会尝试将组织结构赋予物质世界，人类如果进行这样的心理活动，就会对物质世界进行分类。除了这样的事实之外，我不认为他还可以得到什么其他结论。特别需要指出的是，列维-斯特劳斯关于图腾主义（totemism）的著名批评也只能归纳出上述结论。

列维-斯特劳斯的研究有意识地将结构主义语言学，特别是特鲁别茨柯伊（Troubetzkoy）和雅克布逊（Jakobson）的著作作为研究范式。他多次并正确地强调了与音位分析类似的程序不能直接用来研究社会和文化的子系统。他所要关注的是“在亲属系统、政治意识形态、神话以及宗教仪式等内容中所能发现的”结构，他也希望用它们自身的术语来考察这些结构的形式化特征。[2]但是当结构主义语言学被用作研究模式时，一些内容必须加以保留。首先，作为形式化对象的音系系统的结构本身并无太大吸引力。从形式化的角度来看，用 8 个或者 10 个特征的

① 可参见列维-斯特劳斯的《野性的思维》（C. Lévi-Strauss, *The Savage Mind*, Chicago: University of Chicago Press, 1967）。

② 请参见列维-斯特劳斯的《结构主义人类学》中的 85 页（C. Lévi-Strauss, *Structural Anthropology*, New York: Basic Books, 1963, p. 85.）。

交错分类形成40多个元素的集合，这一做法并无太大意义。由特鲁别茨柯伊、雅克布逊等学者所发展的结构主义音系学的意义并不在于音位系统的形式化特征，而在于一些较少数量的特征可以通过无条件的且独立于语言之外的术语加以表述，同时这些特征可以为所有音系系统的结构提供基础。结构主义音系学的成就在于，它展示了可以将迥然不同的多种语言的音系规则应用于不同层级的成分，并且都可以通过这些特征加以简要描写。同时，历史的变化对这些类别会产生一致的影响，特征的结构在语言的使用和习得过程中起到基础性的作用。这些才是具有重大意义的发现，而这些发现也为当代语言学奠定了基础。但是如果我们不再关注这些产生作用的具体普遍性特征集合和规则系统，结构主义音系学就不会具有太大的价值。

另外，在很大程度上，音系学当前的研究证明了音系系统真正的丰富性并不在于音位的结构模式，而在于可以形成、改变或者细化这些模 66
式的复杂的规则系统。[①]在生成的不同阶段所出现的结构模式属于附带现象（epiphenomenon）。音系规则系统主要使用了普遍性特征的概念[②]，但是我认为只有规则系统的特点才可以真正为语言结构的特定属性提供线索。例如，应该存在一些支配这些规则使用的普遍性条件，比如循环排序原则（principle of cyclic ordering）（上一章已经予以讨论），以及一些其他的抽象原则。另外还有一些有趣而尚未解决的问题，如规则的选择是如何被特征之间内在的普遍性关系决定的。除此之外，只有在人们考虑这些具有无限生成能力的规则系统时，列维-斯特劳斯偶尔提及的语言结构的数理研究才会具有意义。在生成过程多个阶段中出现的不同模式的抽象结构我无法评价。如果以上分析是正确的，那么我们就不能期待结构主义音系学可以为其他文化和社会性系统的研究提供有益的范式。

---

① 可以参考上一讲中的讨论以及上一讲中所引用的文献。

② 对于普遍性特征本身的研究一直处于较大的变迁中。关于近期的讨论可以参考我和哈勒的著作《英语的语音模式》的第七章（N. Chomsky and M. Halle, *The Sound Pattern of English*, New York: Harper & Row, 1968）。

总的来说，我认为目前将语言结构的概念扩展到其他认知系统的尝试不会有太大的作为。当然，对这样的尝试也不能过早地持悲观的态度。

在转而讨论语言能力研究的普遍蕴涵以及普遍语法能够带来的具体结论之前，鉴于当前多样化语言的知识背景，我们需要确认的是上述结论的地位问题。在第一讲中，我引用了威廉·德怀特·惠特尼关于人类言语无限多样性的评论，他认为这种无限的多样性会削弱哲学语法具有心理学相关性的观点。

哲学语法学家代表性的观点认为，语言在深层结构上没有太大的区别，但是在表层结构的实现上存在巨大的不同。根据这一观点，语言中存在一个语法关系和语法范畴的内在性结构，尽管在表达语法的形式关系上存在不同，如使用屈折手段或者词序，但是人类思想和心智的某些特定方面可以跨越不同的语言而保持不变。另外，对于哲学语法著作的研究也说明这些生成深层结构的内在递归性原则在某些方面会受到限制。比如，它们会受到只有新命题成分插入的情况下才能形成新结构的条件限制。新结构本身对应简单的句子，在已形成的结构中占据固定的
67 位置。同样，通过重新排序、省略以及其他形式化操作形成表层结构的语法转换操作必须满足一些特定的普遍性条件，这些内容在上一讲中已经谈过。简而言之，哲学语法的理论以及近期完善这些理论的研究都做出了这样的假设，即尽管在表层实现方式上存在较大变化，但是当我们发现它们的深层结构并找出它们内在的机制和原则时，可以说语言并没有太大的区别。

有趣的是，这种假设贯穿于德国浪漫主义的整个时期，尽管这一时期主要关注文化的多样性以及人类智力发展的多种可能性。因此，虽然威廉·冯·洪堡特被人们所熟知是因为他关于语言具有多样性以及不同的语言结构与多样性的世界观相互联系的观点，但是洪堡特仍然坚持认为人类不同语言的基础是一个具有普遍性的系统，它体现了人类独特的智力属性。正因为如此，他坚持理性主义的语言观，即语言不是通过学习获得的，也肯定不是通过教学学会的，而是在合适的环境条件下，以

一种预先设定的方式从内部发展而来的。他认为人们无法教会儿童学习第一语言，而只能提供第一语言自然发展的基本路径。这一发展过程不是学习，而是一个逐步成熟的过程。这种柏拉图式的元素在洪堡特的思想中普遍存在，因此洪堡特提出关于学习的柏拉图式理论就是一件自然的事情，这与卢梭（Rousseau）根据人类自由的概念建立起他对压迫性社会机构的批评是相同的，而卢梭关于人类自由的概念正是来源于笛卡尔哲学的假设，即机械性解释存在缺陷。总的来说，可以认为浪漫主义时期的心理学和语言学基本上是理性主义观念自然发展的结果。①

就语言学对普通人类心理学具有什么样的含义这一问题而言，惠特尼对洪堡特和哲学语法的观点的反对还是具有重要意义的。当然，只有在理性主义观基本正确的情况下，这些含义才具有深远的意义。此时无论是从广义还是从狭义上来看，语言结构确实都可以看作心智的镜子（mirror of mind）。很多人认为现代人类学已经证明持理性主义的普遍语法学家的假设是错误的，人类学通过实证研究说明事实上语言可以呈现出很大范围上的多样性。惠特尼关于语言多样性的观点在整个现代时期都得到了回应，比如马丁·裘斯（Martin Joos）认为现代人类语言学 *68*
的基本结论为“无论在程度还是在趋势上，语言之间都存在无限的差异”。这样的一种观点只反映了传统的认识。②

我认为人类语言学已经摧毁了普遍语法假设的这一看法，在两个重要的方面存在谬误。首先，这一看法错误地理解了经典理性主义语法的观点。经典理性主义语法认为语言在深层结构中存在相似性，语法关系在深层结构中得以表达，赋予语言使用创新性特点的过程也在这一结构中得以体现。其次，这一看法严重误解了人类语言学的研究成果，人类

---

① 对于这些问题的讨论，可以参考我所著的《笛卡尔语言学》（N. Chomsky, *Cartesian Linguistics*, New York: Harper & Row, 1966）。

② 请参见裘斯编著的《语言学读本》（第四版）的 228 页（M. Joos, ed., *Readings in Linguistics*, 4th edn., Chicago: University of Chicago Press, 1966）。这一观点被称为“鲍阿斯传统”。裘斯认为当确定了一种本土语言可以不通过任何关于语言是什么的先存性体系而进行描写，美国的语言学才最终获得了决定性的发展方向（1 页）。当然这也不是完全正确的，分析过程本身就假定了语言存在的多样性，但是裘斯的分析还是有一定道理的。

语言学关注的对象几乎都局限于语言结构的外部层面。

以上评论的目的并非为了批评人类语言学，尽管这一领域本身面临着迫切需要解决的问题，特别是如何才能记录原始世界中快速消失的语言的问题。尽管如此，重要的是，在考虑普遍语法的观点时，我们要记住人类语言学研究成果的局限性。人类学的研究（与一般结构主义语言学研究相同）并没有尝试去揭示语言生成过程中内在的核心内容，即决定语言深层结构的过程以及创造全新句子类型的系统性方式的过程。因此，显而易见的是，人类学的研究与语言之间只存在细微差别的内在生成过程的经典假设并没有实质性的关联。事实上，现有的证据说明如果普遍语法存在严重的缺陷，从现代的视角来看也确实如此，这些缺陷在于无法认识到语言结构的抽象性特点并提出限制人类语言形式的充分而有力的条件。当今语言学研究的一个独有的特征是对语言共性（linguistic universals）的关注，这种共性只能通过对具体语言的深入研究才能得以发现，而语言的特征由这些语言共性所决定。对于人类语言学而言，我们可以理解这样一个采用限制性框架的研究领域是无法发现这些语言共性的。

我认为如果考虑心理学的经典问题，即如何解释人类知识，我们必须面对的是知识和经验之间的巨大鸿沟。对语言而言，表现说母语者语
69 言能力的生成语法，与他为自己建立这种语法所凭借的极为有限和有缺陷的语料，这两者之间也存在着巨大鸿沟。从原则上来说，关于学习的理论应该研究这一问题，但事实上它却忽视了这一问题，其原因正是我之前所谈到的概念缺陷（conceptual gap）。在提出能力概念（与学习和行为概念相一致）以及在特定领域应用这一概念之前，这一问题甚至都没有得到合乎情理的表述。现在这一概念已经得到了充分的发展并在人类语言的研究领域中获得应用。单在这一领域中，我们至少已经迈出了解释语言能力的最初几步，即针对特定语言而构建了一部分生成语法。随着语言研究的进步，我们可以预想这些语法在范围和深度上一定会得到扩展。即使最后发现最初的解决方案存在根本性的错误，这也不足为奇。

只要能够尝试性地描写出某种语言初步的生成语法，我们就可以第

一次有效地表述知识来源的问题。换句话说，我们可以提出这样一个问题，心智需要拥有什么样的初始结构才能从感知的语料中建构出这样的语法？关于天赋性结构的任何假设需要满足一些实证性的条件，而这些条件是较为明确的。它应该是一种物种独有的能力，并且基本上与人的智力无关，我们也可以大致预测出成功完成这一任务所必需的语料数量。我们知道对于说同一种语言的人而言，他们所建构的语法之间只存在微小的区别，尽管他们在智力以及语言习得的条件方面可能存在很大的不同。作为某个特定文化的参与者，我们可以很自然地注意到人们在使用语言的能力以及词汇知识方面存在的巨大差别，而这些差别是由天生能力和习得条件的不同所造成的。我们很少去关注语言之间的相似性以及共有的知识，这些是我们认为属于想当然的内容。但是如果能够建立超自然的必需距离，如果真正去比较为说同一种语言的人所必须设定的生成语法，我们可以发现那些想当然的相似性是极为突出的，而差异性则很少且具有边缘性。另外，那些表面上看起来几乎没有任何联系的方言，即使说话人在第一次接触时几乎完全听不懂对方所说的，它们也都共同享有具有核心地位的普遍规则和过程，在内在性结构方面也没有太大的不同。尽管贯穿了不同的历史时期，但是上述内容却没有发生变化。除此之外，在完全不同的已知语言之间，我们也发现了一些不随这些语言的变化而发生变化的根本性原则系统。

这个领域中的核心问题具有经验性。至少从原则上来看，这一点是明确的，当然要解决这些问题也很困难。我们假设的天赋性结构必须具有足够的丰富性以解释经验和知识之间的差距，这种结构还可以解释在 70
特定时间和可获得语料的限制下生成语法的构建，并获得经验的证明。同时，提出的天赋性心智结构也不能过于丰富和局限，以免排除某些已知的语言。换句话说，提出的天赋性心智结构在程度和复杂性方面需要存在一个上限和下限。我们并不完全清楚心智结构的真实状况，这里留下了很大空间让人们可以对这一天赋性心智结构的真正特征提出不同的观点，以解释语言习得的过程。无论如何，我认为这一问题属于经验性的问题，可以通过之前我提到的相关研究路径加以解决。

我对于上述研究状况的预测是，将来真正的研究问题是发现一个内容足够丰富的天赋性结构的假设，而不是找到一个内容足够简单或基础的“貌似合理的”假设。我认为关于可能性的合理概念或者允准天赋性结构的先验性见解都无法指引我们探索足够基础的假设。如果在不经论证或者缺乏证据支持的情况下坚持认为心智在天赋性结构上比其他生物系统更为简单，这将是一种武断的做法。如果在进行研究之前并且是在无视任何实证性结果的情况下，坚持认为心智的结构必然需要遵循某些特定的原则，这同样也是武断的做法。我认为心智问题的研究已经确定无疑地受到了先验论（apriorism）的阻碍，先验论也是处理这些问题时通常采用的方法。尤其是多年来一直掌控知识习得研究的经验主义假设，在我看来，几乎是没有经过任何证实就被应用了，并且在人们设想的心智运作方式的种种可能性方面也毫无特殊地位。

与之相关的是，几年前当我提出上述观点作为研究方案时，学界出现过一些争论，追述这些争论具有很大的启发性。需要说明的是，我的这一立场是重新提出的，在很大程度上属于传统的理性主义途径，只是现在我对之进行了细化和加工，从而使得最近的语言能力研究所取得的初步研究成果更加明晰。两位著名的美国哲学家，尼尔逊·古德曼（Nelson Goodman）以及希拉里·普特南（Hilary Putnam）都参与了这一讨论。他们的观点中都存在一些错误的看法，但是他们所展示的误解仍然可以让我们获益良多。①

71 古德曼对这一问题的讨论首先出现了对历史材料的误解，其次他未

① 古德曼的《认识论观点》（The Epistemological Argument）、普特南的《语言学中的天赋论假设和解释性模式》（The Innate Hypothesis and Explanatory Models in Linguistics）以及我的一篇论文，在 1966 年 12 月在美国哲学学会的天赋论专题讨论会与科学哲学波士顿研讨会上都报告过。此外，这三篇文章还发表于 1967 年《综合》（*Synthèse*）第 17 卷第 1 期的 2～28 页，同时也收录于科恩与瓦脱夫斯基主编的《科学哲学波士顿研究》第 3 卷（R. S. Cohen and W. M. Wartofsky, eds., *Boston Studies in the Philosophy of Science*, Vol. III, New York: Humanities, 1968, pp. 81-107）。我 1968 年 4 月在纽约大学“哲学与语言”主题研讨会上对普特南、古德曼与其他相关哲学家的论文做过更为深入的讨论，这个研讨会的论文 1969 年收录于霍克主编的《哲学与语言》，我的文章也重印于本书当中（S. Hook, ed., *Philosophy and Language*, New York: New York University Press, 1969）。

能对知识习得问题的属性予以严格的表述。他对历史材料的误解与洛克（Locke）以及洛克讨论天赋论观点时所批评的对象有关。根据古德曼的论述，“洛克明确指出”天赋论观点的信条是“错误而无意义的”。事实上，洛克的批评与 17 世纪任何我们所熟悉的学说几乎没有什么关联。在 17 世纪时关于天赋论观点的讨论已经涉及洛克的观点，并对之进行了让人满意的回应。赫伯特勋爵（Lord Herbert）以及笛卡尔等人都认为天赋论观点和原则系统只有在合适的刺激条件下才能起作用，而洛克的观点却无视了这一限制条件，因而缺乏说服力。[①]同时，在某种原因的作用下，他避开了上半个世纪所讨论的问题。除此之外，正如莱布尼茨所注意到的，洛克倾向于使用“反思”的原则（principle of “reflection”），因而他的研究方法很难与理性主义者的研究方法区分开来，所不同的是他并没有使用前辈们所建议的研究步骤来分析这一原则的具体特点。

除了历史材料之外，我认为古德曼也误解了研究问题的实质。他指出第一语言的习得不会带来问题，因为在习得第一语言之前儿童在与日常环境的交互中已经获得了符号系统的基础知识。因此，第一语言的习得与第二语言的学习具有相似性，两者都完成了核心的步骤，在已有的框架下可以对细节进行进一步的阐述。如果可以说明语法的特定特征——如深层结构和表层结构的区别、语法转换操作的具体特征、规则排序的原则等——这些都已经以某种形式存在于先于语言之前而获得的“符号系统”当中，他的观点也许还具有一定的说服力。但是我们毫无理由相信他会接受这一内容，因此他的观点也就无法成立。他的观点与 *72*
之前提到的认为语言是由动物交际系统进化而来的观点具有相同的模糊

---

① 这种评价较为普遍。可以参考弗雷泽在他编辑的洛克的《人类理解论》中的注释 1、注释 2 与第 1 章（多佛尔版本的 38 页）中的评论，洛克《人类理解论》的原版出版于 1690 年，弗雷泽的版本出版于 1894 年，该版本 1959 年由多佛出版社重印（J. Locke，*An Essay Concerning Human Understanding*，ed.，by A. C. Fraser，1894，reprinted by Dover，1959）。正如弗雷泽所指出的，笛卡尔的学术观点“并未被洛克所理解……洛克以最原始的方式攻击了（天赋论的假设）……没有一个知名的学者赞同他的观点”。如果他愿意，古德曼可以使用洛克所误解的“天赋论观点”这一术语，但是不能将之称为诡辩。其他学者按照合理的方式考察并发展了理性主义的观念。

性。在进化论的观点中，学者们所使用的“语言”一词被隐喻化了。在古德曼的观点中，他所使用的“符号系统”是含糊的。当我们要对这一术语进行严格定义时，他的观点就不再成立。如果可以说明这些先于语言的符号系统与自然语言同样具有某些重要的特征，那么我们就可以说自然语言的这些特征可以通过类比进行习得。当然，那时我们就要面对如何解释先于语言的符号系统是如何获得这些特征的问题。实际情况是，还没有人能够充分说明自然语言的基本特征（第二章已经予以说明）能够在先于语言的符号系统或者其他系统中出现，因此后一个问题也就不会出现。

根据古德曼的观点，第二语言学习与第一语言学习不同的原因是“一旦有了一种语言”，这一语言就“可以用于解释和教学”。他接着指出“第一语言的习得就是第二符号系统（secondary symbolic system）的习得”，并且与第二语言的习得基本相同。他所涉及的第一符号系统（primary symbolic system）指的是“先于语言的基础性符号系统，其中各类不同的体态语、感觉材料以及知觉材料都起到符号表征的作用”。显而易见的是，这些先于语言的符号系统不能以在第二语言教学过程中使用第一语言的方式被“用于解释和教学”。因此，即使从古德曼的立场来看，他的观点也存在不一致性。

古德曼坚持认为“即使获得一个普遍认同的‘糟糕’语言（‘bad’ language），我们所讨论的观点也不能通过实验加以验证”，他还认为“对于‘糟糕’语言而言，至今我们都无法合理表达其中的任何一个特征从而能够达到被人引用的程度”。古德曼的前一个观点是正确的，他所说的“实验”指的是如下的情况：“将一个刚出生的婴儿隔离起来，使他不受任何与语言相关的文化影响，并尝试对这个婴儿灌输一种人工的‘糟糕’语言。”显然这不可能实现，这样的实验无法实施，对此我们也无需感到气馁。事实上存在很多其他的方式——如第二讲中所提到的，以及其中引用文献中的方式——都可以帮助我们获取关于语法特征的证据，此时关于这些语法普遍性特征的结论就可以通过实验加以测试。任何这样的结论都可以马上或正确或不正确地反映“糟糕”语言的一些特征。试图刻画这些特征的论文和专著已有很多，因此他的第二个观点很难让人信服。我们可以尝试证明这些刻画是错误的或者是可疑的，但是我们无法严肃地宣称这些研究并不存在。任何关于普遍语法原 73
则的描写都包含有力的实证观点，而这一实证观点可以通过某个自然语言中发现的反例而得到证伪，这一点在第二讲中已经提过。在语言学中，与在其他任何领域中相同，只有通过这些间接的方式才有可能找到与这些重要假设相关的证据，而古德曼提到的那些直接的实验几乎是不可能的。虽然这一情况较为棘手，但这也是大部分研究的特征之一。

古德曼也曾做出下述正确的评价：即使“对于那些我找不到合理解释的异常事实……这也不能强迫我接受他人提出的任何理论，因为有这个理论比没有理论还要麻烦。当我无法解释事实时，这并不代表我一定要接受一个本质上存在矛盾且无法理解的理论”。但是现在让我们审视被古德曼当作“本质上存在矛盾且无法理解”的天赋性理论。我们需要注意的是，首先，按照古德曼的说法，这个理论显然不是无法理解的。因为在文中，他也乐于接受在某种程度上成熟的心智包含天赋论的观点。这个理论并非无法理解的另外一个原因是，按古德曼的说法，就是某些这样的理念是“作为最初的设备植入到心智当中的”。如果我们关注理性主义哲学中发展起来的学说，而不是洛克的讽刺性描写，这一理论就会变得更加容易理解。以下观点也并非不可理解：即刺激为心智提供机会去应用某些天赋的解释原则与某些概念，这些概念源于“理解能力”（the power of understanding）本身，源于思维机能（faculty of thinking）而不是直接源于外部客体。举一个笛卡尔《对于批评的回应》（*Reply to Objection*）第四卷中的例子：

> 当我们在婴孩时期看到纸上画的一个三角形时，这个图形并不能告诉我们如何按几何学家的方式来构想真正的三角形。因为真正的三角形包含在图形当中，正如墨丘利的像存在于一块木头上。因为我们已经拥有了真正的三角形的概念，它要比画在纸上的复杂的三角形图形更容易被我们的心智所构想。因此当我们看到这个复杂的

> 图形时，我们所理解的并不是图形本身，而是三角形的真正概念。[①]

从这个意义上来看，三角形的概念是天赋的。这个观点是完全可以理解的。像给电脑编程，让它按照特定方式对刺激做出反应并不困难（因为某些原因，这仍然不能满足笛卡尔的要求）。同样，原则上来看，如果给电脑编入特定的组合型程序以限制生成语法的形式也并不困难，同时
74 编入电脑的还要包括特定形式语法的评价程序、决定已有语料是否同已有特定形式的语法形式相匹配的技术、语法体的特定子结构（fixed substructure of entities）（比如区别性特征）、规则以及原则等。简而言之，编入电脑的正是近几年所提出的普遍语法。因为某些我已经提到过的原因，这些观念可以被正确地理解为对经典理性主义学说的进一步发展，它深化了关于语言与心智的一些主要思想。当然，这一理论对于那些接受经验主义学说并无视质疑和挑战的人来说是矛盾的。我认为这才是问题的实质所在。

普特南的论文更为直接地讨论了这些尚在争论中的问题，但我认为他的结论仍然是不确定的，因为他对于人们所习得语法的性质存有错误的假设。普特南认为在语音学的层面，普遍语法的唯一特征是语言拥有“一个包含音位的简短清单”。他认为这不是语言之间的相似性，因而需要提出假设对之做出解释。普特南的结论是正确的，但是他的假设却存在很大的错误。事实上，正如同我多次指出的，人们已经提出有力的经验性假设来说明普遍性特征的具体选择、音系规则形式上和结构上的条件以及规则使用的条件等。这样来看，在语音结构的层面，“语言之间的相似性”是极为可观的，也无法通过普特南提出的记忆能力的假设来加以解释。

在语音结构层之上，普特南认为语言标志性的特征包括：第一，存在专名（proper names）；第二，语法包含短语结构成分；第三，存在

---

① 请参见霍尔丹与罗斯 1911 年所编的《笛卡尔的哲学著作》（E. S. Haldane and G. R. T. Ross, eds., *Descartes' Philosophical Works*, 1911, reprinted by Dover, 1955）。该段引文以及之前的评论出现于我 1966 年 12 月在天赋论观点专题研讨会上的报告（参见 70 页的注释）。

把短语结构部门生成的句子进行“简化”（abbreviate）的规则。他主张短语结构部分的属性由专名的存在所决定，而短语结构的存在可以通过如下的事实加以解释，即“衡量某个运算法则复杂性的所有自然的测量手段——工作台的大小、运算的长度、运算所需的时间和空间——所导致……结果”的事实，短语结构系统提供了“对任何运算系统而言最为简单的运算法则”，所以也是“自然产生的‘运算系统’”的最为简单的运算法则。另外，语言包含简化规则的事实也不奇怪。

以上三个结论都分别涉及一个错误的假设。短语结构系统包含专名，但是我们不能因此对短语结构系统所包含的其他范畴得出任何结论。事实上，目前人们对于自然语言底层的短语结构系统的一般特征存在较大争议，而专名的存在根本无法解决这一争议。

对于第二点内容而言，由运算的复杂性和速度的衡量手段推断出短 75
语结构规则为“最简单的可能运算规则”，这显然是不正确的。我们目前所能获得的结果只具有间接的相关性，这一结果说明：上下文无关短语结构语法（context-free phrase structure grammars）（当我们不考虑词项及其需要满足的分布条件时，对生成深层结构的规则而言，它是合理的模型）用自动机理论可解释为一个非确定性的下推存储自动机（pushdown storage automata）。但从“运算规则的简单性”等视角来看，下推存储自动机几乎不能被认为是一个“自然”的概念。事实上，从运算的时间和空间条件来看，我们可以认为与之相似但在形式上却没有联系的实时确定性自动化操作（real-time deterministic automaton）更为“自然”。①

继续讨论这个话题是没有意义的，因为问题的核心不是短语结构语

① 对于这些问题的讨论可以参考我所著的《语法的形式化特征》（N. Chomsky, “Formal Properties of Grammars,” in R. D. Luce, R. Bush, and E. Galanter, eds., *Handbook of Mathematical Psychology*, Vol. II, New York: Wiley, 1963）。要参考关于自动机理论框架更为深入的讨论，可以参阅尼尔逊所著的《自动机介绍》（R. J. Nelson, *Introduction to Automata*, New York: Wiley, 1968）。关于上下文无关语法特征的详细介绍，可以参考金斯伯格所著的《上下文无关语言的数学理论》（S. Ginsburg, *The Mathematical Theory of Context-Free Languages*, New York: McGraw-Hill, 1966）。关于运算速度、运算规则简单性等问题的研究有很多，但是它们与此处的讨论并不相关。

法的“简单性”，而是转换语法的“简单性”，该转换语法包含在生成深层结构过程中起到作用的短语结构部分。绝对不存在“运算的容易性”或者“运算的简单性”这样的数学概念，哪怕它可用来含混地说明这样的系统会优于从相同视角进行研究的其他类型的自动机，如有限状态自动机（finite state automata）以及线性有界自动机（linear bounded automata）等。人们从来没有用严格的数学概念来考虑“结构依存性操作”这一基本概念，而造成这一困惑的缘由是因为普特南把语法转换的属性理解错了。它们并不是“简化”句子的规则，事实上，它们是由底层的深层结构形成表层结构的操作，其操作方式可参见上一讲及其所引文献的说明。[①]因此，为了论证转换语法具有可能的最简性，我们需要展示这个“最优的”运算系统能够将一串符号作为输入项，同时它可以决定表层结构、底层的深层结构以及使这两个结构产生联系的转换操作的次序。还没有人给出这样的论证，事实上，至今为止还没有人提出这样的问题。

普特南指出即使能够发现语言之间存在重要的一致性，也还有比天
76 赋性的普遍语法假设更为简单的解释，即这些语言都具有相同的来源。这个观点涉及对当前所讨论问题的一个严重误解。儿童必须从所获得的语料发现一个语言的语法。正如之前所提到的，经验性的问题是如何才能发现一个关于初始结构的假设。这个假设具有充分的丰富性，从而能够解释儿童建构一种具体语法的事实，但是又不能过于丰富，从而被语言的已知差异所证伪。对于这个经验性的问题而言，共同来源的说法只具有一个方面的相关性：如果已有的语言不是“可能语言”的“合理样本”（fair sample），我们可能为普遍语法错误地提出了一个过于狭隘的框架。但是正如我之前所指出的，我们如今所面对的经验性问题是还没有人能够设计出一个丰富的初步性假说，从而可以解释儿童语法的习得。当我们尝试解释儿童正常使用语言的能力时，我们一般会考虑儿童自身的作用。在解释这种成功的习得如何成为可能时，共同来源的假设

① 更为深入的评价可以参考第二讲中 29 页第三个注释。

并无任何作用。简而言之，当儿童每次学习一种语言时，这种语言就会被“重新发明”，而学习理论所要面对的经验性问题是语法的发明是如何发生的。

普特南的确考虑了这个问题，他认为可能存在用来解释语言成功习得的“一般性多目的学习策略”（general multi-purpose learning strategies）。当然，“语言机能”（language faculty）的特征为语言所独有还是隶属于一个更为一般的心理机能（或者学习策略），这完全是一个经验性的问题。在这个讲座的前面部分，我已经讨论过这个问题。当时的讨论处于不同的语境，答案也是非确定性的。普特南想当然地认为只有一般的“学习策略”才具有天赋性，却没有为这一经验性假设提供任何基础。正如我之前所论述的，对这一问题的非教条式探索可以不依赖于上述未经论证的假设，也就是说，先调查像语言这样的人类能力的具体领域，然后再尝试构思一个能够解释这种能力得以发展的假设。通过这样的探索，如果能发现同样的“学习策略”足够解释不同领域中多种能力的发展，我们才有理由相信普特南的假设是正确的。如果我们发现所假设的天赋性结构在每种情况下都有所不同，那么唯一理性的解释就是心理的模型必然涉及具有独特特征或者部分性独特特征的不同机能。就目前的证据来看，我无法确定哪一种结论我们应该坚持。但是有一点是明确的：普特南并没有证据来证明他的结论，即如果普遍语法的确是语言习得的基础，事实也可能如此，借助天赋观念只能推延学习的问题而无法解决学习的问题。从另外一个角度来看，如果存在能够解释语法知识习得的一般性学习策略，天赋性普遍语法的假设不会推延学习问题的回答，而是为这一问题提供了错误的解答。这是一个对或错的经验性问 77
题，而不是研究状态的方法论问题。[1]

综上所述，我认为古德曼和普特南都没有对我们所提出的天赋性心

① 让人惊讶的是，普特南在讨论“一般性学习策略”的过程中曾贬低性地谈到“‘假设类别’（classes of hypotheses）的模糊话题”以及权重函数（weighting functions）。目前，后者只是一个无法描述具体内容的术语。另一方面，有大量的文献详细论述了普特南所提到的假设类别和权重函数的特征。因此，在这一情况下，形势发生了彻底的改变。

智结构假设（当然我们的假设是初步性的，并符合经验性的假设）提出有力的反驳，或者提供一个可能的解决知识习得问题且具有经验性内容的替代性方案。

如果以上的结论是基本正确且合理的，我们可以假设生成语法是一个具有归属于多种不同类型的数以百计的规则系统。这一系统的组织结构符合特定的排序和使用的原则，并包含某些固定的子结构（substructure）。除此之外，语言还伴随着组织结构的一般性原则。这样的系统并不存在先验的“自然性”（naturalness），这与视觉皮层的精密结构相同。凡认真考虑把归纳程序或者“试探性方法”进行形式化的人，都不可能会想着用概括的方法去建构生成语法这样的系统。

就我所知，解决语言知识习得问题的唯一实质性方案是我之前所勾勒的理性主义观念。其内容重复如下：假定我们将一个我们称之为“普遍语法”的一般性语言理论作为天赋性特征指派给心智。这一理论包含前一讲中谈到的原则以及一些其他类似的原则，同时它明确规定了一个特定的可以为任何语言提供基本结构的规则子系统，它还规定了任何精细化语法所要满足的各种形式条件和实体条件。普遍语法理论因此可以提供任何特定语法都需要满足的程式。假设我们还可以让这个程式具有足够的限制性，从而使得符合这一程式的少许可能语法与语言学习者实际获得的有限而有缺陷的语料保持一致，语言学习者的任务将会是在这些可能的语法当中选择一个不被所获得的语料明确否定的语法。在这个假设的情况下，语言学习者所面临的问题不是根据有缺陷的语料来发明一个高度抽象且内部复杂的理论，这是一个不可能完成的任务。他们所面临的问题是确定这些语料是否属于这个或那个相当受限的潜在语言的集合，这个任务比较容易完成。

78 此时心理学家的任务就可以被划分出不同的子任务。第一个子任务是发现天赋性程式，它刻画了潜在语言的类别，即定义了人类语言的本质。这一子任务归语言学这一人类心理学分支承担。它是传统普遍语法的问题，也是当代语言学理论的问题。第二个子任务是详尽研究刺激的真实特征与生物体和环境之间的交互作用，后者使得天赋性认知机制开始运作。目前一些心理学家正在从事这一研究，在伯克利，这样的研究活动尤为活跃，并且已经取得有趣且具有启发性的成果。我们可以相信上述研究会呈现一系列不断成熟的阶段，并将最终构建完整的生成语法。①

第三个子任务是确定某一语言的生成语法假设与感知到的语言要保持“一致”是什么意思。需要注意的是，儿童必须发现这样一套生成语法，它既能解释呈现给他的所有语言材料，又能将语料“投射”到无数可能的语音和意义的关系上去，这样的假设太过于简单了。除了完成这一任务之外，儿童还必须能将感知到的语料区分成两部分，一是能够直接证明底层语法特征的话语，一是用他选定的假设所排除的错误、异常以及不完整的话语。显然，我们都知道，任何人都能成功完成这一区分任务，从而在可接受的一致性范围内，分辨出哪些句子是合格的且具有字面上的解释，哪些句子则必须要根据许多可能的标准被解读为隐喻性的、不完整的以及异常的。我怀疑人们还尚未完全了解这一事实会在多大程度上让解释语言习得的问题变得更加复杂。从形式上来说，学习者对他所接触的语言必须选择一种假设，该假设会排除大量语料，而语料又是该假设成立的基础。同样，我们有理由假定只有当合理假设的范围是有限的，或者说当普遍语法的天赋程式高度受限，才有可能为所接触的语言选择假设这种情况。因此在这种情况下，我们认为第三个子任务就是要研究“确认”问题（problem of “confirmation”）。这一问题关注的内容是一种可能的语法和一系列语料之间只有具有什么样的关系，这 79
种语法才能被确认为所讨论语言的真正理论。

① 对于这一问题的具体研究可能会说明，作为天赋性框架的普遍语法概念只具有近似的合理性，或者说，作为更为宽泛的天赋性框架可以允许我们设计尝试性的语法，从而可以决定如何阐释之后出现的证据，并提出内容更为丰富的语法假设等。我一直所讨论的语言习得过程存在一个错误的假设，即习得的过程是瞬间性的。当这一过程在时间上得以扩展时，很多有趣的问题就会出现。关于音系问题的讨论，可以参考我的论文《音系学与阅读》（N. Chomsky, “Phonology and Reading,” in H. Levin, ed., *Basic Studies on Reading*）。需要注意的是，我们没有必要去假设，即使是进行粗略的估计，可供语言学习者选择的“符合这一框架的语法还是有限的”。从评价程序来看，我们可以假设与语料保持一致的可能语法会是“分散”的。

我所描述的语言知识习得问题都是在我们较为熟悉的认识论基础上，而不是心理学基础上展开的，但是我认为这是合适的选择。从形式上来看，对于“常识性知识”的习得——比如语言知识的习得——属于最为抽象的理论构造。对于这一课题将来的发展，根据上文已经提到的原因，我认为学习理论会通过这样的方式进行：建立由先天决定的可能假设的集合、确定导致心智从这个集合提出假设的交互性条件、找出这个假设可以被证实的条件，或许还要找出大量语料因这个原因或那个原因作为无关语料而被排除的条件。

用这样一种方式来描述研究状况，对熟悉伯克利心理学史的人来说应该不会太奇怪。毕竟有以爱德华·托尔曼（Edward Tolman）的名字命名的心理学大楼。我想要强调的是，我现在讨论的这些假设在复杂程度上与学习的经典论述具有质的区别。正如我多次强调的，对人类所内化的能够为语言正常使用与创新使用提供基础的语法理论与其他任何至今为止被区别对待并分别予以描写的认知系统进行类比，似乎没有任何价值。同样，对必须指派给心智并作为心智天赋性特征的普遍语法程式和任何其他所知的心智组织的系统进行类比，我认为这似乎也没有任何价值。不能类比很可能说明我们还不了解心智功能的其他方面，而不能说明语言结构具有绝对的唯一性。事实情况是，目前我们还没有客观的理由相信情况确实如此。

我描述语言知识习得的方式很容易让人想起 50 多年前查尔斯·桑德斯·皮尔士（Charles Sanders Peirce）那场极为有趣却又被忽略的讲座。在那场讲座中，他提出的一些关于一般知识习得的概念与我的观点较为相似。[①]皮尔士认为人类智力的一般限制要比浪漫主义时期人们提出的人类无限的可完善性观点更为局限（就此来看，也要比他关于科学发展途径的实用主义观念更为局限，这一观念是在他较为著名的哲学研究中提出的）。皮尔士还指出具有内在限制的可接受性假设是成功进行

① 请参见皮尔士的《不明推论式的逻辑》（C. S. Peirce, “The Logic of Abduction,” in V. Tomas, ed., *Peirce's Essays in the Philosophy of Science*, New York: Liberal Arts Press, 1957）。

理论构建的前提，而提供这些假设的“猜测本能”（guessing instinct）只会在“矫正性行动”（corrective action）中才会使用归纳性程序。皮 80
尔士在这个讲座中坚持认为早期的科学发展史说明在极不充分的语料的基础上，只要出现特定的问题，是可以轻松而快速地发现近乎正确的理论的。他指出“那些卓越的天才型人物不需要经过过多的猜测就可以发现自然的正确法则”。同时，他问道：“是什么样的方式导致人们发现真实理论的？这应该不具有偶然性。在人类作为思维性动物的两三千年里，一条正确的理论可以进入任何人的大脑，这种可能性并不大。”关于每种语言的正确理论要进入每一个四岁儿童的大脑，这种情况的可能性更为渺小。皮尔士接着指出：“人类的心智具有一种自然的适应性，从而可以想象某些类型的正确理论……如果人类没有这种根据需要进行适应的天赋，那么人类就无法获得任何知识。”相对应的是，在我们现在研究的课题中，只有“预置”关于语法形式的严格限制的生物体才能习得语言知识，即语法。按照康德的观点，这种内在限制对语言经验而言属于前提条件，同时也应该是决定语言学习过程和结果的关键性因素。儿童在刚出生时无法知晓他要学习哪种语言，但是他肯定要知道这种语言的语法必然会以一种预先设定的方式排除很多预想的语言。在选择了一个能够接受的假设后，儿童可以使用归纳性的证据进行矫正性行动，从而证实或者证伪他的选择。当这一假设被予以充分证实时，儿童就会获得由这一假设所定义的语言。其结果是，儿童的知识会超越他的经验而获得极大的拓展。实际上，这一知识也会导致他将经验中的大量语言材料认定为错误的或者异常的。

皮尔士认为在知识的习得过程中，归纳性程序是边缘性的。“归纳本身并无原创性，它只能测试已经提出的见解。”按照皮尔士所勾画的理性主义观念，如果要搞清楚语言是如何习得的，我们就必须深入研究皮尔士所说的神秘的“不明推论式”（abduction），我们还必须发现是什么“为不明推论式赋予规则并对可接受的假设提出限制”。皮尔士指出对不明推论式原则的探索会导致人们研究天赋观念，后者为人类智力提供本能性结构。从笛卡尔的观点来看，皮尔士并不是二元论者。他主张（我认为他的论证并不充分）具有不明推论式限制的人类智力和动物本能具有显著的相似性。他认为人类可以发现特定的正确理论，其原因只是因为对于某些特定的情况而言，人类的“本能从一开始就会涉及进行正确思维的特定倾向”。相同的是，“你不可能想象每一个刚出生的小鸡需要在核查所有可能的理论之后再去发现关于得到食物和吃掉食物的
81 正确方法。相反地，我们会认为小鸡会拥有采取上述行动的天赋性想法。也就是说，它会思考这样的内容，而不会拥有思考其他内容的机制……但是假如我们认为每个可怜的小鸡都被赋予接近积极真理的内在倾向性，那么我们为什么要认为唯独人类缺少这样的天赋能力呢?”

没有人着手研究皮尔士的挑战，并发展出一个不明推论式的理论，并确定一些原则去限制可接受的假设或者按一定的顺序去呈现那些假设。即使是现在来看，这也是将来需要进行的研究任务。如果经验性心理学学说能够被证实，那么人们就没有必要去研究这一问题。因此，采用理性主义来分析这一学说就显得极为重要。在语言研究中，人们至少已经部分地进行了这样的工作。我想要再次指出的是，正如早期的赫尔学习理论（Hullian learning theory）与后来发展的一些现代理论一样，结构主义语言学的重要价值是为经验主义的假设提供了精确的形式。① 当这一步骤得以完成时，所假设机制的不足就得到了清晰的展示。至少在语言方面，我们甚至可以开始发现任何上述类型的方法必然都会失败。从原则上来看，一个原因是它们无法描述深层结构的特征与形式语

① 与之形成对比的是，我认为斯金纳在他所著的《言语行为》一书中对语言习得进行了解释（B. F. Skinner，*Verbal Behavior*，New York：Appleton-Century-Crofts，1957）。但是对这一解释无论是进行比喻性的理解还是进行字面性的理解，都会发现它要么缺少实质性的内容，要么显然是错误的［参考我关于该书的评论，该评论发表于《语言》（N. Chomsky，“A Review of B. F. Skinner's Verbal Behavior，” in *Language*，Vol. 35，No. 1，1959，pp. 26－58）］。当一种强势的理论被证明错了的时候，采用一个弱势的变体进行替换属于可以接受的做法。但是，很多时候这一步骤会导致理论的丧失。在赫尔的理论被放弃后，斯金纳的强化论（reinforcement）受到了欢迎，这就是一个合理的佐证（需要注意的是，在某个特定的实验环境中，斯金纳的概念可以被严格定义并引出有趣的研究结果——有争议的是斯金纳在更为宽泛的案例中提出的“外推法”）。另外一个例子出现于塞尔辛格（K. Salzinger）所著的《言语行为中的反应类问题》中（K. Salzinger，The Problem of Response Class in Verbal Behavior，in K. Salzinger and S. Salzinger，eds.，*Research in Verbal Behavior and Some Neurophysiological Implications*，New

法的抽象操作。我认为，我们可以预测在将来，在获得精确的定位后，有些特定的认识会被逐步地抛弃，如分类语言学、行为主义学习理论、感知模型（perception models）、[①] 试探性方法（heuristic methods）以及早期人工智能爱好者提出的“普遍问题解算器”（general problem solvers）等。即使它们没有获得精确的定位，因为它们自身的模糊性而导致的研究空白也会导致人们抛弃这些认识。在人们抛弃这些知识之后，一般经验性研究框架的教条主义特征以及它们对人类和动物智力研究的不足就会逐渐显现。假如这样的预测是正确的，那么人们就可以普 *82*
遍性地从事关于人类智力限制和人类智力能力的研究，并发展皮尔士式的不明推论式逻辑。

现代心理学并不缺乏这样的积极尝试，关于生成语法及其普遍性子结构和支配性原则的当代研究就是一个例证。与之紧密相关的是人们对人类语言生物性基础的研究，其中埃里克·莱尼伯格（Eric Lenneberg）的贡献最为杰出。[②]我们有可能会说在皮亚杰（Piaget）与其他关注“发生认识论”（genetic epistemology）的学者的著作中能够发现平行的研究成果，但是我认为这种说法可能不准确。比如，我不明白的是，皮亚

---

（接上页注释）York：Academic Press，1967，pp. 35－54）。学习理论因为无法解释语言的能产性——说话人具有确定一个他从未听过的由单词组成的序列是否合法或者具有何种意义的能力——而受到乔治·米勒（George Miller）的批判，塞尔辛格认为这一批判并不合理。他认为这一缺陷可以通过“反应类”概念的使用加以克服。不可能每一个反应都能被强化，但是与斯金纳特定实验中按钮的集合相同，可接受的句子类别组成的反应类都可以被强化，这一论述是正确的。不幸的是，如果无法定义反应类成员的条件，这一说法只能是空话。如果定义的条件涉及“由指定语法生成”的概念，我们就又重新回到了原来的问题。塞尔辛格还误解了对合格词串和不合格词串提供测试的尝试。他认为这样的测试无法证明上述两类词串的区别，因此他推断这一区别并不存在。显然，无法证明两者的区别只能说明测试没有效果，人们可以设计出更多无法提供上述分类的测试方法。当然，分类本身并没有问题。因此，塞尔辛格会同意以下的论述：除了可能设计出的任何实验性检验，这一注释中的句子都具有一个共同的重要特征，而这一特征是通过从右向左逐字阅读这些句子而得到的词串所无法具有的。

① 关于这些系统及其局限性的讨论可以参考明斯基与派普特所编的《感知与模式识别》（M. Minsky and S. Papert，*Perceptions and Pattern Recognition*，Artificial Intelligence Memo No. 140，MAC-M-358，Project MAC，Cambridge，Mass.，September 1967）。

② 参阅莱尼伯格所编的《语言的生物基础》（E. H. Lenneberg，*Biological Foundations of Language*，New York：Wiley，1967）。我所著的《语言的形式属性》（The Formal Nature of Language）一文为该书的第五章。

杰所讨论的从某个阶段过渡到另外一个高级阶段时，它的基础是什么。另外，正如梅勒（Mehler）和贝弗（Bever）最近的研究所证实的[①]，皮亚杰及其合作者讨论了智力发展阶段的连续性，而应该为大家所熟知的关于保存（conservation）的结果有可能没有采用这一阶段性方式，而是采用了完全不同的方式。如果梅勒和贝弗的初步性研究成果是正确的，那么这意味着最终阶段，即大家所理解的出现守恒的阶段，在发展的较早时期就已经得以实现。之后，儿童形成一个基本适用，但是在守恒实验的条件下无法产生作用的试探性技术。在完成这一步骤之后，儿童成功地调整了这一技术，从而在保存实验中再次做出正确的判断。如果这一分析是正确的，那么我们所观察到的将不再是皮亚杰所提出的智力发展的各种连续阶段，而是调整试探性技术从而符合一直存在的普遍性概念的缓慢过程。这些是非常有趣的替代性结果，无论如何，其结果都会对我们所讨论的话题产生重要的影响。

我认为更能切中要害的是在过去 30 年里比较动物行为学（comparative ethology）的发展与实验心理学和生理心理学当前的某些研究。这
83 方面的例子很多，比如在实验心理学和生理心理学中，鲍尔（Bower）的工作表明感知的持续性具有天赋的基础，威斯康星州灵长目动物实验室研究了恒河猴复杂的天赋释放机制，休布尔（Hubel）、巴洛（Barlow）以及其他学者分析了哺乳动物皮质下中枢的极为明确的分析机制。除此之外，还有很多关于低级生物体的对比研究［比如莱特文（Lettvin）及其同事关于青蛙视觉的出色研究］。当前的这些研究中有很多证据可以说明，对线条、角度和运动与物质世界的复杂特征的感知都是以神经系统的天赋性结构为基础的。

至少在某些领域中，如果在生命的早期阶段缺乏特定的合适的刺激，这些内置的结构就会出现退化。尽管这样的经验必须允许天赋性机制发挥作用，但没有理由相信它在决定这些天赋性机制组织个体经验的过程中能发挥很大作用。更进一步说，没有任何证据说明我们现在的发

① 参阅梅勒和贝弗所著的《婴幼儿的认知能力》（J. Mehler and T. G. Bever, "Cognitive Capacities of Young Children", *Science*, Vol. 158, No. 3797, October 1967, pp. 141－42.）。

现已经接近了这些天赋性结构的复杂极限。探索神经机制的基本技术几年前才刚刚出现，因而我们无法预测当这些技术被广泛运用时，会出现什么样的特异性和复杂性秩序。从目前来看，最为复杂的生物体都具有感觉和知觉组织的特定形式，这些形式与生物体的环境（Umwelt）和生活方式有关。我们要相信适用于低级生物体的分析同样适用于人类。特别是在语言的研究方面，我们可以自然地预测心智的天赋性特征与语言结构的特点具有紧密的联系。其原因在于，如果没有心智表征，那么语言就肯定不会存在。无论语言具有什么样的属性，也无论跟语言使用条件相关的各种属性是什么，这些属性都应该是由生物体的内在心智过程指派给语言的。语言由心智过程发明，每一代人在出生时，心智过程都可以对其语言进行重新发明。上述原因可以再次说明，在探索心智过程的组织时，语言是一个极具启发性的探测工具。

我们再来看比较动物行为学的研究。有趣的是，我们注意到最先发展这门学科的一个重要动机是希望通过“对先验与类人类（subhuman）生物体中所呈现的天赋性工作假设的研究”，可以为人类思维的先验性形式提供线索。关于这一意图的表述引自康拉德·洛伦茨（Konrad Lorenz）早期不太出名的论文。[①]洛伦茨接着表述了他的观点，而这一观点与一个时代之前皮尔士所表述的观点极为相似。他指出：

> 对于熟悉类人类生物体天赋性反应方式的人来说，他们很容易作出如下假定：先验性的内容应归结为中枢神经系统的遗传变异，遗传变异已成为该物种的特征，并产生以某种形式思考的遗传倾向……休谟（Hume）曾尝试提出所有先验性的内容都来源于经验中的感知，这一观点是错误的。同样，冯特（Wundt）以及赫姆霍兹（Helmholtz）简单地将之解释为对之前经验的抽象，这同样也是错误的。先验性内容对真实世界的适应与鱼鳍对水的特征的适应 84

① 请参见洛伦茨的《从先验论看现代生物学中可能的康德学说》（K. Lorenz, “Kants Lehre vom apriorischen in Lichte gegenwärtiger Biologie,” in *Blätter für Deutsche Philosophie*, Vol. 15, 1941, pp. 94–125）。感谢马萨诸塞州贝德福德（Bedford）迈特公司（MITRE Corporation）的唐纳德·沃克（Donald Walker）让我注意到了这篇文章。

> 相比，前者并不比后者更多地来源于经验。鱼鳍的形状是先验的，在任何幼鱼个体与水打交道之前就已经存在。而正是因为鱼鳍的这种形状使得鱼水交互作用成为可能。与此相同，我们感知的形式和范畴也是通过我们的经验才与外部真实世界交互作用的。对于动物而言，我们可以发现它们可能拥有的经验形式具有特定的限制。我们可以发现动物的先验因素和人类的先验因素具有功能上的极大相似性，并可能具有遗传关系。与休谟相反，我们像康德那样相信“纯”科学是可能的，即可以不依赖个体的所有经验而专门研究人类思维的天赋形式。

就我所知，皮尔士的独创性在于强调如下问题：研究有哪些规则限制可能的理论类型。当然，与洛伦茨生物先验性的观点相同，皮尔士提出的不明推论式概念具有强烈的康德色彩。两者都来源于理性主义心理学，所关注的内容包括形式、限制条件与原则，它们为人类思维提供“力量和关联”（the sinews and connections），正如洛伦茨所说，它们都以“我们没有意识到的无限性知识”为基础。因此，我们可以自然地将这些研究的发展与哲学语法的复兴联系起来。它们都具有相同的发展背景，即作为探索人类智力一个基本方面的尝试。这些研究所采用的方法具有合理性，研究的成果也较为丰硕。

在最近的讨论中，由动物行为学中派生出来的模式和观察结果经常被引用，为研究人类智力的新方法提供了生物学证据，或者至少有些类似。我引用了洛伦茨的这些评论，主要目的是想说明他的观点并没有扭曲比较心理学这一领域的一些创立者的观点。

既然洛伦茨已经被罗伯特·阿德里（Robert Ardrey）以及约瑟夫·艾尔索普（Joseph Alsop）发现，并被宣传成为厄运的先知，所以我们在提到洛伦茨时需要格外小心。我认为洛伦茨关于人类侵略性的观点已经被他的某些评注者无限扩大了，甚至到了荒谬的程度。不可否认的是，在特定社会与文化的条件下，人类的心理结构具有天生的侵略性倾向，但是我们没有理由认为这些倾向占据统治地位，从而使得我们人类永远徘徊于霍布斯式战争（Hobbesian war）的边缘，即处于人人相互敌对的状态。顺便要说的是，如果我对洛伦茨的解读是正确的，那他应该对此完全有所察觉。当人类“天生有侵略性”的信条出现于颂扬竞争的社会时，或出现于因野蛮地进攻不幸民族而闻名的文明社会时，我 85
们当然应该持怀疑的态度。自克莱夫（Clive）和葡萄牙探险者以他们的方式将真正野蛮的意义告诉劣等人种之日起，我们更应该追问，对人类本性的这种奇妙观点的狂热在多大程度上可以归结为事实和逻辑，在多大程度上只反映了总的文明水平的有限进步。

无论如何，我都不希望把我的观点跟另一完全不同的企图混淆起来，后者企图复兴人类本能的理论。动物行为学重要的贡献是尝试探索先天属性，这种先天属性决定着知识习得的方式与这种知识的特征。对于先天属性这一课题而言，我们必须考虑一个更为深远的问题：人类心智是如何习得先天结构，从而使得我们可以将心智归结于这一结构的？容易让人理解的是，根据洛伦茨的观点，这属于自然选择的结果。皮尔士提出了一个完全不同的假设，他认为“自然使人类的心智孕育观念，随着这些观念的长大，这些观念就会与它的父亲，即自然相似”。人类“被提供了某些正确的自然信念”，因为“某些一致性……在整个宇宙都普遍存在，而具有推理能力的心智本身就是宇宙的产物。作为逻辑的必然结果，这些相同的法则因此会被融入人类自身”。这里的论述清楚地表明：皮尔士的分析是完全没有说服力的，与预先设定的和谐观念相比也没有太大的进步，他可能想用自己的观点替代和谐观。心智属于自然法则的产物，这样的事实并不能说明心智就被装备得能够理解这些法则，或者能通过不明推论式得出这些法则。要设计出一个属于自然法则产物的装置（比如给电脑编程）并非难事，但是在针对语料时，这一装置会提出各种武断的荒谬理论来解释这些语料。

事实上，人类心智当前的复杂程度及其内在结构的特定形式的获得过程仍然属于未解之谜，与此相同的是任何其他复杂生物体的物理和心智的结构性问题。我们完全可以将这些内容归结为“自然选择”，但是我们需要认识到这样的断言无法表达实质性内容，它只能说明人们对这些现象持有自然主义解释的信念。在某种程度上，如何解释进化发展的问题与如何解释成功的不明推论式极为相似。决定可能成功变异的规则与决定复杂生物体属性的规则跟决定假设选择的规则一样，都是未知
86 的。①既然不知道决定复杂生物系统的组织和结构的规则，那么人类心智达到目前状态的“可能性”就会跟探究某条物理理论的设计“可能性”一样毫无意义。另外，正如我们已经注意到的，在没有搞清楚可以获得什么样的知识之前，推测学习规则是没有意义的。就语言而论，我们需要搞清楚可能的语法集合有哪些制约条件。

一个生物体可能会满足人类所特有的其他物理条件。在心智进化的研究中，对于这个生物体而言，我们无法猜测在何种程度上可能会出现转换生成语法的替代品。可以想象，这样的替代品并不存在，或者极少存在。在这种情况下，讨论语言能力的进化是毫不相干的。但是，这种推测的空虚性对于可以进行理性研究的心智问题的相关方面并无影响。目前，我认为对语言而言，这些相关方面关注的主要是语言能力的属性、语言能力的使用以及语言能力的习得研究等所反映的问题。

还有最后一个问题需要予以说明。我一直较为随意地使用心理学领域的术语。为了解释行为或知识习得的现象，要假设一些抽象的机制，我对这些抽象机制的物理实现问题没有任何倾向性的选择。笛卡尔在研究无法通过运动中的物质进行表述的现象时，曾提出第二物质（second substance）这一概念，但我们没有必要受这样的局限。关于这一点，我们也没有必要从事心理—物理平行主义的问题研究。人类心智的运作和进化是否可以纳入物理解释的框架中处理，是否会存在一些我们需要借助的新的未知原则（这些原则可能只会出现于比现在能做物理研究的组织还要高的组织层面），这些都是非常有趣的问题。目前我们正在设想这一可能。虽然如此，我们可以确认的是，如果这些存在争议的现象

---

① 有人从统计的角度，即通过比较变异的已知速度和修正染色体及其组成部分的无限可能性，指出必然会存在这样的法则，同时这些法则严格限制了可以实现的可能性。参阅伊登（Eden）、舒岑贝格尔（Schützenberger）与加瓦丹（Gavadan）的论文，该文收录于《新达尔文进化阐释的数学挑战》（*Mathematical Challenges to the Neo-Darwinian Interpretation of Evolution*），这是维斯塔研讨会专题论文集的（Wistar Symposium Monograph）第5本，出版于1967年。

可以被解释，那么这个解释就应该是物理性的解释。这一看法的原因来源于枯燥的术语，即“物理性的解释”很可能被扩展，从而包含这一领域中的任何发现，正如同它可以被扩展到可以接受重力和电磁力、无质量的粒子以及其他一些违反早先人们认为属于常识的实体和过程。但是可以明确的是，这一问题无需耽误开放性课题的研究。同时，预测我们目前完全无法理解的研究问题，也是毫无意义的。

与一些传统观念相同，我已经尝试说明了语言研究可以很好地为人类心智过程的研究提供一个极为有利的视角。当我们认真进行研究并尊重事实时，语言使用的创新性特点说明当前习惯和概括的观念还足以作为行为和知识的决定因素。语言结构的抽象性强化了这一结论，同时它 87
进一步说明在感知和学习的过程中，心智在决定所习得知识的属性方面起到了积极的作用。关于语言共性的实证性研究有助于我们勾画一些具有高度限制性且极具可能性的假设，这些假设关注人类语言可能的多样性，并且有助于建立一个知识习得的理论，从而可以合理评估内在心智活动的地位。我认为语言研究在普通心理学中应该占据核心地位。

从当今人们积极进行的研究来看，显然语言和心智的经典问题仍然没有得到彻底的解决，甚至还没有出现可以得到彻底解决的迹象。尽管如此，人们可以通过新的方式和视角来重新表述这些问题。在心智对于感知的贡献以及知识习得的内在性基础的多年研究中，我认为人们首次获得了获取实质性进步的真实机遇。当然，在很多方面，我们还尚未接近经典问题的真正答案。比如，与过去相同，我们仍然无法把握与语言使用创新性特征相关的核心问题。普遍语义学的研究对于语言结构的整体研究而言具有关键性的作用，但自中世纪以来，这一领域的研究几乎没有出现任何进步。另外在某些关键性的领域当中，我们所获得的进步也较为缓慢，或者根本没有获得进步。但是我们在以下研究领域获得了真正的进展，如语言机制、使语言使用创新性特征成为可能的形式原则与决定话语语音形式和语义内容的形式原则。虽然我们对于这些机制的理解还不完整，但是我认为这些理解对人类心理学的研究具有现实意义。一些复杂而抽象的运算决定了知觉对象的属性以及我们可以习得的知识的特征。而通过从事如今成为可能的多种研究，以及通过关注可以进行研究的特定问题，我们能够对这些运算进行较为细致的阐述。很大程度上看，阐述现象的具体方式是我们无法意识到的，也是无法控制的，但是这有可能是人类所独有的。

# 第四章　自然语言的形式和意义

我们在研究人类语言（human language）的时候，也在接近可称之 88
为“人类本质”（human essence）的东西，它是心智的特有品质，就我们所知，它是人类所特有的，不管从个人还是从社会来说，它都跟人类存在的任何关键时期不可分离。因此，这项研究的魅力跟它面临的困难不相上下。困难来自如下事实，即尽管研究有很大的进展，但我们仍然像早先一样抓不住人类语言的核心问题。在我看来，掌握一门语言，一方面，听者可以理解无数的语言表达式，这些语言表达式相对于其经验而言是全新的，跟构成其语言经验的别的语言表达式之间没有简单的物理相似，也绝不简单地类同；另一方面，说者可以在合适场合通过或多或少的技能产生语言表达式，尽管这些语言表达式是全新的并且独立于可察觉的刺激结构（detectable stimulus configuration），但它可以被共享这一至今仍神秘的能力的其他人所理解。从这个意义上看，语言的正常使用是一项创造性的活动。语言正常使用的创造性是将人类语言区别于任何已知的动物交际系统的基本因素。

语言表达式的创造性是语言使用的正常模式，这种表达式虽然新奇但是很合适，记住这一点是很重要的。如果某人很大程度地将自己局限在有限的语言模式上，或局限在对刺激结构的一些习惯性的反应上，或局限在现代语言学意义上的“类推”（analogy）上，那我们就会认为他有心智缺陷，不像人类，而更像动物。他会被直接地从普通人类中区分出来，因为他不能理解正常的话语，或者不能以正常的方式参与话语。这种正常的方式具有创造性，不受外部刺激的控制，并且对新的、不断变化的情景是合适的。

用这些属性区分人类言语（human speech）并不是什么新鲜的观点，但这个观点必须一次次地被我们重新认识。随着我们对语言、思想和行为的机制的理解的每一次进步，逐渐出现了一种趋势，这种趋势让我们相信已经找到了理解人类心智那明显独特的属性的钥匙。这些进步是真实的，但是诚实的评价是：我认为这些进步还远远没有提供这样的
89 钥匙。我们也都知道，其实我们并不理解，也可能永远也不会理解是什么使正常的人类智力将语言作为自由表达思想和感觉的工具成为可能的，或许就此而言，我们也不理解智力的创造性活动涉及心智的什么属性。智力的创造性活动，在真实的人类存在（human existence）中，是特有的而非唯一的和例外的。

我认为这是一种需要强调的重要事实，这不仅是为了那些以此为研究中心的语言学家和心理学家，更是为了那些希望在工作中学到有用的东西并希望从其研究联想到语言和思维的人们。对大学教师来说，认识到理解的局限性非常重要；对一般学校中的教师而言，更是如此。有一股很强的压力逼迫着这些教师根据最新的科学进步去利用新的教育技术并设计课程和教授方法。这样做虽然没有什么好反对的，但对这个真实存在的危险保持警惕却是非常重要的：新的知识和技术虽然可以明确教什么与怎么教的本质，但是却不能对建立在其他基础之上且使用其他术语加以表述的教育目标的实现有所帮助。让我说得更具体点。在语言教学、算术教学以及其他领域中，虽然能够获得快速有效地传授熟练行为所需的技巧甚至科技，但相应地，也存在一种真实诱惑，即用新科技定义的术语去重建课程。利用“行为控制”的概念或者通过提升技术等方式创造一个基本原理并非难事，设计一些肯定能证明这种方法在达到某

种目标方面的有效性的客观测试（objective test）也不难，这些目标已经被融进了这些测试。但这类成功并不能证明重要的教育目标已经达到，也不能证明集中发展学生的熟练行为很重要。我们对人类智力不多的了解至少可以证明一些不同的事情，即不管是减小向勇于求索的心智所呈现材料的范围和复杂性，还是在固定模式里设置行为，这些方法都可能会伤害、扭曲创造性能力的正常发展。我不想细究这个问题。我可以肯定的是，不论是谁，他都有能力从自己的经验中发现这样的例子。在知识或某一特定的研究领域里去尝试探索真实的进步，这是非常正确的。向哪个方向研究，应该考虑可行性与根本意义，可以说，这种考虑是不可避免的，也是非常合适的。对可行性与重要性的考虑很有可能导致完全不同的道路，如果不是不可避免的话。对于那些希望把一个学科的成果应用到解决另一个学科中的问题的人来说，弄清楚这些成果的确切本质非常重要，弄清楚这些成果的局限性同样也很重要。

我刚提到过：语言正常使用的创造性方面不是新的发现。它为笛卡尔的心智理论及其机械解释的限制研究提供了重要的支撑。后者又反过 *90*
来为建构启蒙运动中的反独裁主义的社会和政治哲学提供了一个重要的要素。而且，事实上，也有努力地根据语言正常使用的创造性方面建构艺术创造性理论的。比如说，施莱格尔（Schlegel）认为诗歌在艺术作品中有独特的地位，他的例证是两个不同的术语："诗性"（poetical）与"音乐性"（musical），前者用来指称任何艺术成就中的创造性想象力的元素，后者隐喻性地用来指称感觉元素。为解释这种不对称性，他观察到艺术表达的每种模式都利用某种媒介，诗歌（语言）的媒介在那种语言中是唯一的，像人类心智的表达而非自然的产物，它在范围上是无限的，并被建构在递归性原则的基础上，递归性原则准许每种作品都可以作为新的创作活动的基础。因此，它在艺术形式以语言为媒介的艺术中处于中心地位。

天生就有创造性的语言为人类所唯一拥有，这种信念当然也并非没有争议。笛卡尔哲学的一个解释者安托万（Antoine Le Grand），他提到过"东印度群岛的一些人的（观点），这些人认为他们周围数目极大的猿和狒狒都拥有理解力，也认为它们会说话但不说，因为它们害怕被雇用，并被安排工作。”我不知道是否有更严肃的证据支持其他灵长类动物也和人类一样有语言能力的论断。事实上，对我而言，我们拥有的任何证据似乎都支持这样的观点：习得和使用语言的能力是人类这一物种所特有的能力，有很深层的和限制性的原则决定着人类语言的本质，并且这些原则被深植于人类心智的特性之中。很显然，与该假设相关的论据不会是决定性的或结论性的，但在我看来，即使就我们现有的知识来看，证据仍然值得考虑。

有很多问题都可能会引导人们从事语言的研究。就我个人而言，激发我兴趣的是通过语言研究可以学到揭示人类心智固有属性的东西。对于语言正常使用的创造性，我根本说不出什么特别翔实的信息。我认为我们正在慢慢地理解使语言的这种创造性用法、语言被用作自由思维与表达的工具成为可能的机制。再从个人观点的角度来说，对我而言，当代语法研究中最有趣的方面，一是试图制定语言的组织原则，而这些原则被认为是对心智属性的普遍反映；二是试图表明特殊语言的某些方面可以根据这些假设得到解释。根据以上观点，语言学只是人类心理学的
91 一部分：该领域旨在确定人类心智能力的本质和研究这些能力是如何运作的。很多心理学家都会拒绝用这些术语来描述他们的学科，但这种反应对我而言似乎只是他们对心理学的构想严重不足，而不是公式化方法本身的缺陷。无论如何，在我看来，总会有一些合适的术语可用来为当代语言学设置目标并讨论其得失。

我认为现在可以就人类语言的组织给出一些相当明确的建议，并对它们进行经验上的测验。转换生成语法学理论正沿着几种不同并且时而相互冲突的道路发展，在其发展过程中也提出了这种建议；在过去的几年里，出现了一些成果非常丰富而又有启发性的研究，这些工作试图完善和重构人类语言底层的操作与底层的结构的形式化方法。

语法学理论关心的问题是：人的语言知识的本质是什么？知道某种语言的人都掌握了一套规则系统，这套规则系统以确定的方式为无数种可能的句子指派声音和意义。因此，每种语言，（某种程度上）都是由

无数成对的声音和意义组成。当然，知道语言的人并没有意识到已经掌握了这些规则或正在使用这些规则，也没有任何理由假定语言规则的这种知识能够被带入意识中。通过内省，人们会慢慢积累起语音—意义关系的很多证据，这种关系是由他所掌握的这种语言的规则决定的；没有任何理由可以假定，他可以远远地超出这些语料的表面层次，以至于可以通过内省发现决定语音与意义的这种对应关系的底层规则和原则。准确地说，发现这些规则和原则是一个典型的科学问题。我们收集了各种语言中语音—意义（即语言表达式的形式和解释）之间的对应关系的语料。我们力图为各种语言确立解释这些语料的规则系统。我们还想更深入地为各种人类语言建立起支配形成这些规则系统的原则。

详细说明所给定语言中的音义关系的规则系统，可以称为这种语言的“语法”，或许还可以用一个更专业的名称“生成语法”（generative grammar）。说语法“生成”一个确定的结构集合，只是简单地说它以非常明确的方式详细说明了这个集合。在这个意义上，无论用哪一种形式属性或构型作为音义关系的中介，我们都可以说，每种语言的语法都可以生成“结构描写”（structural description）的无限集合，每个结构描写都是决定特定声音、特定意义的某类抽象客体。举例来说，英语 92
语法生成了我正在说的这些句子的结构描写，或许还可以用一个更简单的例子来说明。比如说，英语语法将会为以下这些句子生成结构描写。

（1） John is certain that Bill will leave.

约翰坚信比尔会离开。

（2） John is certain to leave.

约翰肯定会离开。

我们每个人都已经掌握，并内部表征了向这些句子指派结构描写的语法系统；我们在说出这些句子或理解别人说出的这些句子的时候，是完全没有意识，甚至是在没有产生这种意识的可能性的情况下使用这方面的语言知识的。结构描写包括句子的音系表达式和具体的语义内容。在例（1）和例（2）里，结构描写必须大致传达以下的信息：在例（1）

中必须指示，一个特定的心理状态（即“坚信比尔会离开”）系“约翰”所有；而在例（2）的情况下，一个特定的逻辑属性（即某一“肯定”的属性）系命题“约翰会离开”所有。尽管这两个句子的形式表面上非常相似，但是通过语法生成的结构描写必须表明这两个句子的意义有很大的不同：一个将心理状态归结给“约翰”，另一个将逻辑属性归结给抽象命题。第二句可以用非常不同的形式解释：

（3）That John will leave is certain.

约翰会离开是肯定的。

例（1）没有这样的解释。也许有人会说，在解释（3）中，（2）的“逻辑形式”（logical form）被表达得更为直接。（2）和（3）的语法关系十分相似，尽管表面形式有区别；（1）和（2）中的语法关系具有较大不同，尽管表面形式很相似。诸如此类的语言事实，为英语语法结构的考察，更一般地说，也为人类语言普遍属性的考察提供了出发点。

为了更进一步地讨论语言的属性，请允许我引入“表层结构”这一术语用来表示构成语言表达式的短语表达式和这些短语所属的类别。在例（1）中，表层结构的短语包括：完整命题“that Bill will leave”、名词短语“Bill”和“John”、动词短语“will leave”和“is certain that Bill will leave”及其他。在例（2）中，表层结构包括动词短语“to leave”和“is certain to leave”，但例（2）的表层结构不包括“John will leave”这种命题形式，尽管这种命题表达了“John is certain to
93 leave”的部分意义，并在其解释“that John will leave is certain”的表层结构中作为短语出现。从这个角度说，表层结构不必准确地显示决定句子意义的各种结构和关系。在例（2）“John is certain to leave”中，表层结构无法显示以下事实：“John will leave”这一命题表达了句子的部分意义，尽管在我所给的另外两个句子中，表层结构能非常直接地显示语义上非常重要的关系。

接着让我引入另外一个更专业的术语“深层结构”，这一术语用来表示在句子的语义解释上发挥更重要作用的短语表达式。在例（1）和例（3）中，深层结构和表层结构可能差别不大，但在例（2）中，深层结构和表层结构却相差很大，因为它包括像“John will leave”这样的命题和应用于这一命题的谓词“is certain”，尽管在表层结构里没有这样的表达。一般而言，除了那些最简单的例子外，句子的表层结构和深层结构的差别还是非常大的。

英语的语法会为每个句子生成一个深层结构并包含显示深层结构和表层结构如何关联的规则。表达深层结构与表层结构之间关系的规则被称为“语法转换”（grammatical transformation)。所以这种语法又叫“转换生成语法”（transformational-generative grammar)。除了定义深层结构、表层结构以及这两者之间的关系的规则外，英语语法还包含着其他规则，这些规则一方面关联着这些“句法体”（syntactic object）（即成对的深层结构与表层结构）与语音表达式，另一方面关联着这些句法体与意义表达式。一个获得英语知识的人，已经将这些规则内化了，并用这些规则理解或说出上面所给的例句或无数其他句子。

支持这种方法的证据是：英语句子的一些很有趣的属性可直接用指派给它们的深层结构进行解释。我们重新分析句子（1）中的“John is certain that Bill will leave.”和句子（2）中的“John is certain to leave.”。句子（1）的深层结构和表层结构完全相同，句子（2）的表层结构和深层结构却非常不同。句子（1）中有一个对应的名词性短语，即“John's certainty that Bill will leave (surprised me)”；但句子（2）却没有这种对应的名词性短语。我们不说“John's certainty to leave surprised me.”。我假定这后一种名词性短语是可以理解的，但它在英语中是不合格的。英语说话者非常清楚这样的事实，尽管他很可能说不出原因。这种事实是英语非常普遍的属性的一个特殊案例，即句子的表层结构与深层结构差别很小时，有对应于句子的名词短语；句子的表层 94
结构与深层结构差别很大时，没有对应于句子的名词短语。“John is certain that Bill will leave”这句话，因为其表层结构和深层结构接近，所以对应于名词短语“John's certainty that Bill will leave”。但是没有对应于句子“John is certain to leave”的名词短语“John's certainty to leave”，因为这个句子的表层结构跟其深层结构差别很大。

"差别很小"（closeness）、"差别很大"（remoteness）这两个概念可以弄得更准确些。当我们把它们弄准确后，就可以解释为什么名词化在一些例子中适用，而在其他情况下却不适用，尽管它们可以出现在不适用的语境中，而且通常也相当容易理解。这个解释取决于深层结构这个概念，实际上，它表明名词化必须反映深层结构的属性。有许多实例可以说明这个现象。重要的是，它支持了如下观点：深层结构是存在的，并且通常都很抽象，它在我们用来产生和解释句子的语法操作中起着重要作用。这些事实，又支持着下一个假设，那就是这类在转换生成语法中被假定存在的深层结构是实实在在的心智结构。深层结构规则，跟关联深层结构与表层结构的转换规则，关联深层结构、表层结构与语音表达式、语义表达式的规则，这三种规则，会一门语言的人都已经掌握了。这些规则构成了人的语言知识。当人在说话或理解时，这些规则就派上用场了。

以上我所给出的例子阐释了深层结构在决定意义方面的作用，同时也表明即使在非常简单的情况中，深层结构也有可能与表层结构相距甚远。大量事实表明，句子的语音形式是由其表层结构决定的，所用的原则既特别有趣又错综复杂，在这里我就不讨论了。从这些事实可以得出：表层结构决定语音形式，而深层结构所表征的语法关系则决定意义。另外，如前文所述，有一些诸如名词化的语法操作只能用抽象的深层结构表达。

其实，情况比这更复杂，因为表层结构在决定语义解释方面也起着一定的作用[①]。这个问题的研究是当前工作中最有争议的一个方面，同时，在我看来，它也有可能是最有成果的工作之一。如果要解释的话，英语中的现在完成时的一些特征就是一个很好的例子，如"John has

---

① 我在《深层结构与语义解释》这篇文章里较为详细地讨论了这个问题，该文载于雅克布逊与川本茂雄主编的《一般语言学与东方语言学研究》，本期是专门纪念服部四郎先生（Shiro Hattori）的（N. Chomsky，"Deep Structure and Semantic Interpretation，" in R. Jakobson and S. Kawamoto，eds.，*Studies in General and Oriental Linguistics*，commemorative volume for Shiro Hattori TEC Corporation for Language and Educational Research，Tokyo，1970）。

lived in Princeton.”（约翰住在了普林斯顿）这类句子。这一时体有一
个非常有趣却很少被提及的特征，那就是它暗含着“主语还活着”这个
预设。正因为如此，说“I have lived in Princeton”（我住在了普林斯 95
顿）是合适的，但是，由于大家都知道爱因斯坦已逝世，我就不能说“Einstein has lived in Princeton.”（爱因斯坦住在了普林斯顿）。相反，我会说“Einstein lived in Princeton.”（爱因斯坦在普林斯顿住过）（当然，还有很多复杂的情况存在，但粗略地说这是准确的）。现在，请思考一下现在完成时的主动和被动形式，假如我们知道约翰已经死了而比尔还活着，那么我们就可以说“Bill has often been visited by John”（比尔经常有约翰来拜访）、“John often visited Bill”（约翰过去经常拜访比尔），却不能说“John has often visited Bill”（约翰经常拜访比尔）。同样，我可以说“I have been taught physics by Einstein”（爱因斯坦教我物理学）、“Einstein taught me physics”（爱因斯坦教过我物理学），不能说“Einstein has taught me physics”（爱因斯坦现在教我物理学）。一般而言，主动语态和被动语态具有相同的意义与本质相同的深层结构。但在这些情况下，主动和被动形式的差别在于他们所表达的预设。简单地说，预设是表层主语所指称的人是活着的。在这个方面，表层结构对这个句子的意义有贡献，它跟确定句子使用中的预设有关。

把这个问题再往深处拓展，我们可以观察到当出现一个联合主语时，情况又有所不同。比如我们知道希拉里还健在，马可·波罗却已过世，那么我们可以说“Hilary has climbed Mt. Everest”（希拉里爬了珠穆朗玛峰）、“Marco Polo climbed Mt. Everest”（马可·波罗爬过珠穆朗玛峰），而不能说“Marco Polo has climbed Mt. Everest”（马可·波罗爬了珠穆朗玛峰）（同样，我忽略了一些微妙和复杂的情况）。现在，请思考这个句子“Marco Polo and Hilary (among others) have climbed Mt. Everest”［马可·波罗和希拉里（和其他人一起）爬了珠穆朗玛峰］，在这个例子中，没有“马可·波罗在世”这样的预设。像被动句“Mt. Everest has been climbed by Marco Polo (among others)”［珠穆朗玛峰有马可波罗（和其他人一起）爬过］一样，它也没有这种预设。

我们进一步注意到，当我们从正常语调转到一个包含对比重音或表达重音的语调时，情况又发生了很大的变化。就预设而言，这些语调的效果十分复杂。下面我将用一个简单的例子来说明。请看“The Yankees played the Red Sox in Boston”（洋基队跟红袜队在波士顿比赛）这个句子。从正常语调来看，如果主重音与音高的位置落在 Boston（波士顿）这个单词上，则可以用来回答这些问题：“Where did the Yankees play the Red Sox?”（in Boston）；“What did the Yankees do?”（They played the Red Sox in Boston）；“What happened?”（The Yankees play the Red Sox in Boston）。但是假如对比重音落在“Red Sox”（红袜队）上，“The Yankees played the RED SOX in Boston”，现在，这个句子只能用来回答“Who did the Yankees play in Boston? ”注意，这个句子预设了“Yankees played someone in Boston”。如果根本就没有比赛，那么说“The Yankees played the RED SOX in Boston”就是不合适的，而不仅仅是为真值上的“假”（false）。相比之下，如果根本就没有比赛，但用正常的语调说“The Yankees played the Red Sox in Boston”，那就只是为“假”，但并非不合适。因此，对比重音携带了正
96 常语调所没有携带的预设，尽管正常语调在另外的意义上也携带预设。因而它用“The Yankees played the Red Sox in Boston”（正常语调）来回答“Who played the Red Sox in Boston”这个问题是不合适的。在所谓的分裂句中也可以看到对比重音的相同特征。句子“It was the YANKEES who played the Red Sox in Boston”的主重音落在 YANKEES 上，预设是有人在波士顿跟红袜队比赛。假如根本没有比赛的话，这个句子就不合适，而不仅仅为假。当对比重音的语义作用被提出来后，这些现象一般就被忽略了。

为进一步解释表层结构在决定语义上的作用，让我们考虑“John is tall for a pygmy”（就俾格米人而言，约翰算高的了）这类句子。这个句子预设了约翰是一个俾格米人，而俾格米人一般是很矮的。如果我们了解“Watusi”（瓦图西人），那么说“John is tall for a Watusi”（就瓦图西人而言，约翰算高的）就不正常了。另一方面，也可以想想如果我

们把“even”这个词插入这个句子会发生什么。如果把它放在“John”之前，我们就可以得到“Even John is tall for a pygmy”(就俾格米人而言，连约翰都算高的)，同样，其预设是约翰是个俾格米人，俾格米人很矮。但是再看看“John is tall even for a pygmy”(甚至对俾格米人而言，约翰都算高的)。这个预设是俾格米人是很高的，所以它是一个反常的句子，而根据我们的常识，如果我们说“John is tall even for a Watusi”(甚至就瓦图西人而言，约翰都算高的)，这就很正确。原因在于，“even”在“John is tall for a pygmy”这个句子中的位置决定了一个跟俾格米人平均身高有关的预设。

不过，“even”这个词的位置只是表层结构的问题。根据以下事实我们可以看出这一点：“even”这个词可以跟在深层结构上没有任何表达式的短语发生关联。再看下面这个句子，“John isn't certain to leave at 10; in fact, he isn't even certain to leave at all”(不能确定约翰是否在 10 点离开；实际上，甚至完全不能确定他是否会离开)，在这里，跟“even”这个词发生关联的是“certain to leave”，正如前文提到的，这个短语不出现在深层结构里。因此，在这种情况下，表层结构的属性在确立一个句子的预设时同样起作用。

代词化[1]现象再一次证明了表层结构在决定意义时的作用。因此如果我说“Each of the men hates his brothers.”，单词“his”可以指这些人中的任何一个。但是假如我说“The men each hate his brothers.”，单词“his”则一定指其他人，不会指句子中的任何一个人。不过，我们有足够的证据去说明“each of the men”和“the men each”来自同样的深层结构。同样，就像先前提到的，重音的位置在决定代词的指称上起着很重要的作用。让我们来看下面这个语段“John washed the car; 97
I was afraid someone ELSE would do it”，这个句子隐含着我希望 John 去洗车，并且我很高兴他这么做。但是现在请看下面的句子“John

① 接下来的例子来源于多尔蒂(Ray Dougherty)、阿卡马基恩(Adrian Akmajian)和杰肯道夫(Ray Jackendoff)。我的文章可以参见雅克布逊与川本茂雄主编的《一般语言学与东方语言学研究》。

washed the car; I was AFRAID someone else would do it.”，重音落在“afraid”上，这个句子隐含着我希望 John 不去洗这辆车。“someone else”的指称在两个例子中是不同的。有很多例子说明表层结构在决定代词的指称方面起重要作用。

使问题变得更为复杂的是，深层结构在决定代词化方面也起着重要的作用。接下来请看“John appeared to Bill to like him”（约翰好像喜欢比尔）这个句子，在这里，代词“him”应该是指 Bill 而不是 John。比较一下“John appealed to Bill to like him”（约翰请求比尔喜欢他），这里的代词“him”是指 John 而不是 Bill. 因此，我们能说“John appealed to Mary to like him”（约翰请求玛丽喜欢他），但不能说“John appealed to Mary to like her”（约翰请求玛丽喜欢她），在这里，“him”是指 John。我们可以说“John appeared to Mary to like her”，但不能说“John appealed to Mary to like her”，其中“her”指 Mary。同样，反身代词在“John appealed to Bill to like himself”中指 Bill，但在“John appeared to Bill to like himself”中则指 John。这些句子的表层结构大致是相同的，是深层结构的差别决定了代词的指称。

因此，代词的指称依赖于深层结构和表层结构。知道英语的人都掌握了一种利用深层结构和表层结构的属性确定代词指称的规则系统。再重复一遍，他们不能通过内省发现这些规则。实际上，这些规则至今尚不为人所知，尽管它们的一些属性是清楚的。

概括一下：语言的生成语法规定了结构描写的无限集合，每一个结构描写都包含深层结构、表层结构、语音表现、语义表现以及其他形式的结构。关联深层结构和表层结构的规则，即所谓的“语法转换”，在某些细节上已经被研究，而且能够被很好地理解。关联表层结构和语音的规则也能被很好地理解（我不想暗示这个问题是无可争议的，其实远非如此）。深层结构和表层结构似乎都能决定意义。深层结构能够提供述谓、修饰等语法关系，这些语法关系都能决定语义。另一方面，焦点与预设、话题与述题、逻辑成分的辖域和代词的指称等问题，似乎至少部分是由表层结构决定的。关联句法结构与意义表达式的规则根本不好

理解。事实上，“意义表达式”（representation of meaning）或“语义表
达式”（semantic representation）这个概念本身是极具争议性的。语法
对意义确定的贡献，与所谓的“语用考虑”（如事实和信仰的问题与说
话语境等）对意义确定的贡献，这两种贡献能否严格区分一点也不清
楚。关于“语音表达式”所引起的类似问题大概也值得一提。尽管后者 *98*
是语言学理论中建构得最好的也是较少争议的概念之一，然而，我们仍
可以提出以下问题：它是不是合法的抽象，对语言使用的深入理解是不
是可能不会显示出超出语法结构的因素以一种逃脱不掉的方式决定感知
表达式与物理形式，而且这种因素不能从将表层结构解释为语音形式的
形式规则中毫无扭曲地分离出来。

到目前为止，语言研究已经在某些抽象的基础方面有所进展。也就是说，我们从语言的使用条件中进行抽象，并考虑关联它们的形式结构与形式操作。这些形式结构是句法结构，即深层结构与表层结构，也是语音表达式与语义表达式，它们是通过合格操作与句法结构关联起来的某些形式客体。这个抽象的过程绝不是非法的，但是，我们必须理解它表达了一种观点，即一个有关心智本质的假说，那并不很清晰。它表达了一种工作假设，即我们可以从语言如何使用的问题中用抽象的方式继续研究“语言知识”，“语言知识”也常被称做语言能力。采用这个工作假设时所获得的成功，证明这个工作假设是合理的。在这个假设的基础上，大量的语言机制，我更想说的是心智本质，已经获知。但是我们必须意识到，当我们尝试研究语言使用的时候，研究语言的这种方法至少在部分上，是由我们的观念使我们失望这一事实强加给我们的。我们陷入陈词滥调，或如下观察之中：这些观察虽然很有趣，但并不适用于通过我们可以获得的知识工具对其进行系统研究。另一方面，我们能够把丰富的经验和理解带入形式结构及其关系的研究之中。在这一点上，我们可能面临着重要性与可行性之间的冲突问题，这类冲突我们在之前曾提到过。虽然我不相信一定如此，但相信这是有可能的。对语言形式机制的研究进行抽象是合适的，我对此相当的自信。我的自信基于这样的事实，即许多非常优美的结果是在抽象的基础上获得的。谨慎仍然是需

要的。语言研究下一步大的发展可能需要锻造新的知识工具，这个工具允许我们考虑大量已被扔进“语用学”这一垃圾桶的问题，以便我们可以继续研究如何用一种可理解的形式进行描述的问题。

如前所述，我认为对语言能力的抽象是合理的。更深入地说，我坚
99 信现代心理学无力应对人类智力问题，至少部分是由它不愿研究心智的抽象结构与机制造成的。注意，我们所描述的研究语言结构的方法有非常浓烈的传统味道。我认为可以真实地说，这个方法使这样的观点更加准确，这种观点为 17、18 世纪普遍语法的重要文献所固有，并且在语言和心智的理性主义与浪漫主义哲学中以各种方式得到发展。这个方法在很多方面偏离了更为现代的观念，依我看，现代的观念是相当错误的。现代的观念认为语言知识可以用习惯的系统，或用刺激—反应关系的术语，或用“类推”与“概括”的原则或用其他观念进行解释，这些其他的观念是 20 世纪语言学与心理学所探讨的并发展自传统经验主义的构想。我相信，所有这些方法的致命的不适应性来源于他们不愿意从事语言能力的抽象研究。如果自然科学受类似的方法限制，我们可能仍然处于巴比伦天文学时代。

再次出现于近期研究中的一个传统观念是“普遍语法”的观念，我想用一句话总结这个话题。有两种类型的证据表明，所有语言的语法都能满足深层次的形式条件。第一种证据由大量不同语言的研究提供。在试图为多种语言构建生成语法时，研究者反复被引向关于这种生成系统的形式与组织的类似假设。一个更有说服力的关于普遍语法的证据是由个体语言的研究提供的。它第一眼看上去可能很矛盾，对单个语言的深入研究为普遍语法提供相关证据，但是稍微想想这件事情就会知道这是一个很自然的结果。

为了看出这一点，请考虑一下使语言习得成为可能的心智能力的决定问题。如果语法（语言能力）的研究涉及对语言使用的抽象，则使语法习得成为可能的心智能力的研究涉及进一步的二阶抽象。从这里我看不到错误。我们可以描述决定未知属性的装置的内部特征的问题。这种装置接受儿童学习第一语言所获得的语料，并以之为“输入”；产生那

个语言的生成语法，并以之为“输出”。在这种情况下，“输出”是内部
表征的语法，所掌握的语法构成了语言知识。我们如果不墨守成规或心
怀偏见地研究语言习得装置的内部结构，就能得到一些结论，这些结论
尽管是初步的，但对我而言，却是重要的并且是有根据的。我们必须把
足够的结构赋予这种装置，以便语法能够在经验上受限的时间与语料的 100
基础上构建。我们必须满足经验上的条件，即相同语言的不同说话者，他们尽管经验与所受的教育都不相同，却都能获得非常相似的语法，同时，我们可以从他们沟通的难易程度和对新句子解释时新句子间的对应关系来决定这些经验上的条件。显而易见的是，儿童可以得到的语料是很有限的——与他以合适的方式所能直接理解和所能产生的句子的数量相比，他一生寿命的长度是很短的。了解所习得语法的特征与可获得的语料的有限性之后，我们能够构想出十分合理且非常强大的经验性假设，该假设跟语言习得装置的内部结构有关，语言习得装置根据给定的语料建构所假设的语法。当我们仔细研究这个问题，我相信，我们会把对可能语法形式进行限制的一种非常丰富的系统归功于这种装置；否则，将无法解释儿童在时间和语料获得的已定条件下，是如何构建这类经验上似乎很充分的语法的。此外，如果我们假设儿童不是天生地倾向于学习一种语言而非另一种语言，那么我们得到的关于语言习得装置的结论是关于普遍语法的结论的。这些结论可以被证明是错误的，比如说，它们不能解释其他语言的语法构造；这些结论也可以被证明是正确的，如果它们能解释其他语言的事实。总的来说，这一论点对我来说是非常合理的，如果仔细地研究下去，即使研究的是个别的语言，它也会引导我们发现关于普遍语法的强大的经验性假设。

我讨论了语言研究的一种方法，这种方法将语言研究看作理论心理学的一门分支。它的目标是展示和阐明使人类学习和使用语言成为可能的心智能力。众所周知，这些能力是人类特有的，并且任何其他生物体都没有与之具有显著相似性的能力。如果这个研究的结论接近正确，那么人类必须被赋予一组充足且明确的心智属性，使之能够在数量有限且颇有缺陷的语料的基础上决定语言的特殊形式。此外，他们创造性地利

用心智中表征的语言，这种语言尽管受规则限制，但可以自由地用来表达新的想法，这些新的想法只以差别较大的与抽象的方式关联过去的经验或当前的情感。如果这是正确的，那么通过刺激条件、强化训练的安排、习惯结构的建立、行为模式之类进行的人类行为的“控制”研究就没有什么前景了。当然，研究者可以设计一个受限制的环境，让这类控
101 制和模式能在该环境中被展示，但没有任何理由去猜测，用这种方法了解人类潜能的范围将会比在监狱或军队里或是在教室里观察人有更多的收获。这些探索常常会忽视人类心智的本质属性。如果我最后的这些“非专业”评述能获得谅解，我会非常满意这个结果。

# 第五章　语言的形式属性

## 语言的一般属性

尽管有多代学人进行过富有成效的学术研究，但本章所探讨的问题也只能得到一些非常初步的回答。很少有哪种语言能得到深度的描写，语言中只有那些被选定的方面得到了非常细致而成功的研究，能为语言具有普遍性这种结论提供证据支持的也只有这些成果。尽管如此，我们依然相信，概括地区分人类语言与符号操作、交际与自我表达等其他任意系统的某些属性与限制还是有可能的。 102

## 语言能力和语言运用

在最简单的描写层面上，我们可以说，语言是以特殊的方式关联着声音和意义的；原则上讲，掌握一种语言，就是能理解所说的，并能说出所想表达的。但也要知道，对语言的掌握做这样简单的刻画，除了十分不清晰外，还有严重的歧义性。很显然，一方面句子有语言规则所决定的固有意义，另一方面掌握某种语言的人也以某种方式内化了决定句子声音形式及其固有意义的规则系统，也就是说，他发展了我们所称的特殊的语言能力（linguistic competence）。同样清晰的是，实际所观察到的语言使用，即实际语言运用（performance），并非简单地反映由语言规则系统所建立起来的固有的音—义联系。语言运用同样涉及多方面的其他因素。我们不能简单地用决定话语音义属性的语言学原则来解释我们所听到的话语。在决定言语如何产生、识别与理解等方面，跟说话者与情境相关的语言外部的信念也起着重要作用。进一步地说，语言运
103 用受认知结构原则的支配（比如说，记忆力的限制）。认知结构原则，严格地说不属于语言。

要研究语言，我们必须试着分离一些跟决定实际运用的底层能力相互作用的因素。专业术语“语言能力”（competence）指的是理想化的说者—听者严格地根据其语言规则把声音和意义关联起来的能力。一种语言的语法，作为理想的能力模型①，它会在声音和意义（即语音表达式与语义表达式）之间建立某种关联。我们可以说语言 L 的语法生成的是成对（s，I）的集合，其中 s 是某个信号②的语音表达式，I 是由这种语言规则指派给该信号的语义解释。发现这种语法是特殊语言的语言学研究的主要目标。

语言结构的一般理论跟发现任何语法都必须满足的条件有关。这种一般性理论跟三类条件有关：可接受的语音表达式的类别条件，可接受的语义表达式的类别条件，以及生成成对语音表达式和语义表达式的规则系统的条件。在这三个方面，人类语言受严格的限制条件的支配。如果不顾语言以某种确定的方式关联声音和意义的事实，那么构建一个不满足这些条件、没有资格成为可能的人类语言的系统并非难事。人类语言是非常特殊的一类系统。关联声音和意义的系统成为这类系统，没有先验的必然性。我们在下文中会提到一些似乎是人类语言本质属性的非常严格的条件。

① “语法”这个词经常被含混地用来指规则的内化系统和语言学家对规则系统的描述。

② 为了更加精确，我们随后将讨论在某种意义上互相重复的那类信号。

语法生成成对（s，I）的集合，其中 s 为语音表达式，I 为与其关联的语义表达式。同样，我们可能会认为语言的运用模型是以特殊方式对声音和意义的关联。感知模型 PM，大概可以描述为一个装置，这一装置接收信号并将所接收信号作为输入信息（还有其他的信息），指派各种语法表达式并将所指派的各种语法表达式作为输出信息，如（1）。

（1）信号 → [感知模型] → 句法表达式

其他信息 → [感知模型] → 语义表达式

→ 语音表达式

心理学的中心问题是发现这类系统（即感知模型）的特征。很显 104
然，在理解信号时，听话者利用的是他个人语言的结构信息。换句话说，感知模型 PM 融合了语言的语法 G。句子如何被理解是言语感知的基本问题，很显然，对它的研究必须限制在极小的领域，除非它利用了感知模型的这种基本属性。但清晰地区分感知模型 PM 及其融合的能力模型 G 的功能和属性也很重要。语法 G 跟感知模型 PM 都关联着声音与意义，而感知模型 PM 利用的信息超过了由语法 G 决定的固有音义间的关联，它的操作受限于记忆、事件与感知策略的组织，而记忆、事件与感知策略的组织都不是语法的问题。相应地，尽管我们可以将语法 G 描述为关联音义而按照一定顺序执行的规则与操作系统，但我们无权将它当作对感知模型 PM 这样一个运用模型中的连续行为的描述。事实上，这样做也很荒唐。我们关于感知模型的说法同样也适用于产品模型（production model）。生成信号的语音表达式及其语义解释的语法规则不能构成产生句子的模型，尽管任何一个类似的模型都必须融合语法规则系统。如果这些简单的区别被忽视了，肯定会导致更大的混乱。

这一讲主要关注的是语言能力与刻画语言能力的语法；当说到句子的语义和语音解释时，我们无例外地用由底层系统决定的理想表达式来指谓它们。语言运用为语言能力的研究提供材料。我们上文所描述的语言能力是相互作用以决定语言运用的众多因素之一。一般来说，为集中注意力，我们希望在研究一个复杂生物体的行为时，必须离析作为语言能力系统的这类基本独立的底层系统，每个底层系统都有固有结构。

## 研究语言能力的第一步

回到底层能力的研究上来，让我们首先看一下人类语言的语法的一些非常明显的特征。首先，非常明显的是，语法生成的成对的语音和语义表达式的集合是无限的。从事实上或原则上来看，没有哪种人类语言会规定该语言中的某个句子为最长的有意义的句子。任意一种语言的语法都包含着许多装置，这些装置使之能够形成任意复杂性的句子，每个句子都有固有的语义解释。这不只是逻辑上的精确性，认识到这点很重
105 要。语言的正常使用基本上依赖于这种无界性（unboundedness），也依赖于语言包含生成任意复杂性的句子的装置这个事实。句子的重复是罕见的；遵循一种语言的语法的创造性，是日复一日日常运用中的规则。有一种观点认为人有“言语清单”（verbal repertoire），即库存了在合适场合根据“习惯”产生的话语。这种观念跟观察到的语言使用完全不一样，是荒诞的说法。还有一种观点认为说话者库存了可以插入词或语素的模式（patterns），这种观点也不能附加任何实质性的东西。尽管这种构想可以运用到问候、套话等当中，但是，它完全歪曲了语言的正常使用。对于这一点，读者根据无偏见的观察很容易搞清楚①。

为了发现一些语言运用者的语法，我们必须从掌握如下信息开始：句子解释的信息、语义、语法和语音结构指派给句子的信息。例如，对于英语研究，发现如下事实就很重要。请看句子框架（2）和“persuaded”、“expected”和“happened”等词：

---

① 通过句子数目以及所需模式数目的简单计算也可以。相关评论，请参见米勒、加兰特与普利波兰的《计划与行为的结构》(G. A. Miller, E. Galanter, and K. H. Pribram, *Plans and the Structure of Behavior*, New York: Holt, Rinehart and Winston, 1960, pp. 145）与米勒和我合著的《语言使用者的有限模型》（G. A. Miller and N. Chomsky, “Finitary Models of Language Users,” in R. D. Luce, R. Bush, and E. Galanter, eds., *Handbook of Mathematical Psychology*, New York: Wiley, 1963, Vol. II, p. 430）。

（2）a. John __ Bill that he should leave

b. John __ Bill to leave

c. John __ to leave

d. It is __ that Bill will leave

“persuaded”可以插入到（a）或（b）中，但不能插入（c）或（d）中；“expected”可以插入（b、c、d）中，但不能插入（a）中；“happended”只能插入（c）中。如果把“persuaded”插入（a），我们会得到一个有歧义的句子，这个句子的解释取决于“he”的所指，其中的一个解释会和（b）插入“persuaded”后的解释相近。当“expected”出现在（b）和（c）中，主语—动词关系在（b）中为“Bill”和“leave”所有，而在（c）中则为“John”和“leave”所有。“John happened to leave”和“It happened that John left”的意思大致相同，但“John expected to leave”和“It expected that John left”的意思一点也不同。像这样的一些事实可以用多种方式表述，我们会用一些技术来确保它们的精确性。这些是关于说英语者语言能力的事实，可用来作为发现他们内在语法的基础。

让我们更加仔细地考虑这些观察的地位。这些观察跟感知模型（1）
的输出直接相关，它们跟听话者指派给信号的结构相关。我们对（1） 106
的输出的刻画是基于这类证据的构造。所以，感知模型本身是个二阶构造（second-order construct）。进一步抽象来说，我们可以研究构成（1）的基础部分的语法，这种语法是感知模型的三阶构造。因此，上段引用的证据实际上跟语法直接相关。换句话说，我们必须预设各种抽象的合理性。在这种情况下，抽象的合理性好像没有问题，而且有大量的这类被引用的证据。我们再一次指出，如果严肃地研究复杂的组织，上述的理想化方法是不可避免的。

我们可以进一步执行抽象操作。请考虑以下习得模型 AM，该模型用语料发现该语料所属语言的语法。

（3）语料 → 习得模型 → 语法

决定习得模型装置如何选择语法的因素有：习得模型的内部结构、对习得模型的分析方法、习得模型对任何可能语法施加的初始限制。如果把语料及对应语法的信息给了我们，我们就可以试着确定习得模型装置的性质。尽管这些并不是我们以前使用过的术语，但语言学总是和这个问题紧密相关。现代结构主义语言学曾尝试着发展一种不依赖于任何特殊语言的一般性质的分析方法，更早些的而现在几乎被遗忘了的传统语言学也曾尝试着建构任何语法都必须满足的普遍限制的系统。这两种尝试，我们可以将其描述为不仅跟习得模型装置的内部结构相关，也跟使语言习得成为可能的"人类语言"天赋论相关①。

## 普遍语法

现在回到底层能力的研究上来，我们需要思考这样一个一般性的问题，即语音—意义关系是如何构建的。作为普遍语法探讨的初始问题，我们必须问声音和意义是如何表征的。既然我们通常是对人类语言感兴趣，那么这种声音和意义的表达系统就必须独立于任何特殊语言。换句
107 话说，我们必须发展普遍语音学与普遍语义学，让它们分别限制任何人类语言的可能信号集合与可能语义表达式集合。只有这样，才有可能说语言是信号与语义解释的特定配对，也只有这样才有可能探讨建立这种配对的规则。我们对语言基本属性的讨论自然分成三个部分：普遍语音学、普遍语义学与至关重要的普遍语法系统。前两个部分涉及理想的形式和语义内容的表达式，而后一个部分即普遍语法理论处理的则是自然语言中用来决定句子形式及其语义内容的机制。

发展上述意义上的普遍语义学与普遍语音学的重要性，早在现代语言学发展之前就已经被清晰地认识到了。比如说，威尔金斯（Wilkins）主教（1668）在他的《通向真实字母和哲学语言论文集》一书中，就尝试着开发普遍的语音字母表与概念的普遍分类。据此，任何语言的信号

① 很显然，先天心智结构（innate mental structure）的存在不是一个有争议的问题。我们需要问的只是对特定语言而言，先天心智结构是什么，其作用范围有多大。

和语义表达式都可以被分别表征。语音字母表根据的是依照发音部位、发音方式所发展起来的语音属性系统，每个语音符号都可以分析作这种属性的集合，按现代的说法，就是可分析作区别特征（distinctive feature）的集合。这是默认为通过语音符号所表征的表达式，物理信号由独立于语言的原则决定。概念被建议作为语义表达式的单位，它也可分析为某种类型的固定的属性（语义特征），如有生命—无生命，关系—绝对，施事—工具等。这是默认为，通过包含于话语中的概念和这些概念的语法关联方式（如主谓关系）[①]，句子的语义解释由普遍的、独立于语言的原则决定。类似于威尔金斯的先导性研究，尽管有一些明显的缺陷，但这种普遍性的路子是可行的。普遍语音学理论沿着上述路子进行了深入研究，也取得了很大成功，而与之平行的普遍语义学理论却与之相反，研究得很少。

## 普遍语法：普遍语音学

普遍的语音学理论试图建立一个普遍的语音字母表和一个规则系统。字母表定义可能的信号集合，特定语言的信号可从中抽取。如果这种理论正确，语言中的每个信号都可以表达为语音字母的符号序列。假 108
定两个物理事件被表达为相同的序列，那在任何语言中它们必定相互重复[②]。另一方面，两个物理事件可能被说一种语言的人视为重复，而被说另一种语言的人视为非重复。在这种情况下，普遍的字母表必须提供区别它们的方式。就普遍的字母表而言，表达式应该提供决定信号产生方式的必要信息，同时，它应该对应于感知表达式的精确层面。然而，我们再一次强调，除了理想化的语音表达式，实际的语言运用还涉及其

① 这种假设在威尔金斯的论著中是不明确的，但在17、18世纪的其他论著中有所发展。请参看我的《笛卡尔语言学》中的参考文献及讨论（N. Chomsky, *Cartesian Linguistics*, New York: Harper & Row, 1966）。

② 这是就重复的合适意义而言的。两个物理信号在某些方面有区别，但有些区别在特定语言中是无关紧要的，而其他区别在所有语言中都无关紧要。

他因素。

普遍的语音字母表的符号不是普遍语音理论的“基本成分”（primitive element）。基本成分包括了所谓的（语音的）区别特征，像浊化、前元音—后元音与重音等属性[①]。每一个特征都可当作一个尺度，用它区分两个或更多的特征值（有多少特征值需要区分，是一个待解决的问题，但对每个特征而言，这个数目显然很小）。严格地说，语音字母表的符号被当作特征集，每个特征都有规定的值。所以，信号被表达成这种集合的序列。

语言的三个明显特征可用这类语音理论进行表现。第一是其离散性（discreteness），即对任何给定长度的信号而言，只有数量有限的信号是非重复的。第二是语言的无界性，即信号的长度可以是任意的，以至于语言可包含无限多的意义上可解释的符号。除了这些形式属性，这类语音理论还反映这样的事实：信号的两个音段由普遍字母表的两个符号表达，可能在某些方面相似而在另一些方面不同；相同维度与不同维度的数目是固定的，维度上可能重要的点的数目也是固定的。比如说 pin 和 bin[②] 的第一个音段，区别在于清音与浊音和送气与不送气上，跟发音部位差异的关系不大；再比如 cocoa 中的两个辅音，其差别跟发音部位与清、浊都没有关系，而只跟送气与否有关。

109 普遍语音学理论中假设的区别特征在一些意义上是绝对的，而在另一些意义上是相对的，注意到这一点很重要。特征的绝对是说它们对所有的语言都是固定的。如果语音表达式为物理信号的识别提供充足信息，那特征值的规定也必须是绝对的。另一方面，当从重复与非重复的角度考虑的时候，特征又是相对的。比如说，根据前、后特征，假定可以用 1、2、3 指示绝对的特征值，我们会发现在语言 $L_1$ 中两段话语只

---

① 语音区别特征理论在雅克布逊等的论著《言语分析初步》中有发展（R. Jakobson, G. Fant, and M. Halle, *Preliminaries to Speech Analysis*, 2nd ed., Cambridge, Mass.: MIT. Press, 1963）。我和哈勒的《英语语音模式》对此有修正，我认为还要改进（N. Chomsky and M. Halle, *Sound Pattern of English*, New York: Harper & Row, 1968）。

② 注意观察：尽管语音音段的顺序是重要的事实，但没有理由假定由特定的语音符号串表征的物理事件可以分析为连续的部分，而且每个部分都跟特定的符号相关。

在前、后特征的 1、2 值上有区别，可用非重复进行区别，而只在 2、3 值上有区别的话语不能用非重复进行区别；而在语言 $L_2$ 中这种区别正好相反。每种语言将会用前—后特征来区分非重复，但绝对的特征值 2 在一种语言中为“前”，而在另一种语言中为“后”。

除了区别特征系统之外，普遍语音学理论也尝试着建构规则，以支配特定语言中可允许序列的选择与可允许变体的选择。比如说，据雅克布逊的观察，没有哪种语言为区别非重复性而既使用唇音特征又使用软腭音特征，所以他提出一个一般性的公式，把这两个特征当作单个的更为抽象特征的变体。建议将这类概括作为普遍语法的法则，特别是当它获得合理的论证支持时。

## 普遍语法：普遍语义学

普遍语音学这个学科发展得还不错，而普遍语义学就不能这样说了。这里，我们也想建立着包含语义特征和法则的普遍系统，并用这样的法则规定语义特征的相互关系与语义特征的可允许变体。事实上，决定如此特征和如此法则的问题在最近几年又成为重要的探讨话题①，有着成果卓著的发展愿景。那些用类似于生命度、活动等特征进行的概念分析（请参见 107 页），一眼就可以看出，是不充分的，而且有些特征仍旧非常抽象。比如说，英语中的短语“a good knife”（一把好刀）的意思是“a knife which cuts well”（一把好切的刀）。相应地，针对这种事实，在刻画“knife”这个概念时，一部分必须用特性功能（charac- 110

① 关于当前研究的评述，请参见卡茨的《语言的哲学》（J. Katz, *The Philosophy of Language*, New York: Harper & Row, 1965）。另一观点可参见文莱奇的《语义理论的探索》（U. Weinreich, “Explorations in Semantic Theory,” in T. A. Sebeok, ed., *Current Trends in Linguistics*, Vol. III of Linguistic Theory, The Hague: Mouton, 1966）；对这一观点的评论与该话题的更广泛拓展，请看卡茨的《语义学理论》（J. Katz, *Semantic Theory*, New York: Harper & Row, Publishers, 1972）。另外，最近还有大量的描写语义学著作，其中有些也隐隐约约地提到跟这里的讨论相关的问题。

teristic function)　（不只是物理属性）这一特征，一部分必须用“good”、“terrible”等修饰语决定的抽象的“评价特征”（evaluation feature）[①]。只有这样分析，“this is a good knife”（这是把好刀）与“this knife cuts well”（这把刀好切）之间的语义关系才能建立。相反，“this is a good knife for digging with”（这是一把用来开凿的好刀）与“this knife cuts well”（这把刀好切）之间的无关性则表明：句子的语义解释是由并不透明的语法关系决定的。

像在普遍语音学中一样，我们希望在普遍语义学中也建立起普遍原则，这种普遍原则既跟人类语言中可以表征的概念的可能系统有关，也跟概念间的内在关联有关。随着这些原则的发现，普遍语义学将会成为独立的学科。

## 普遍语法：普遍句法学

假定令人满意的普遍语音学理论与普遍语义学理论都业已建立，那么我们就可以将语言定义为句子的集合，其中的句子是特定类的音—义的配对。现在我们继续研究对人类语言进行定义的规则系统。但事实上，目前只有普遍语音学理论发展得足以支持这项事业，所以，我们必须以稍微间接的方式走研究语言结构的路子。值得注意的是，尽管“语义表达式”这一概念本身不够清晰，但我们能够发现解释该概念所必须满足的无数的经验条件。比如说下面的这个句子：

（4）What disturbed John was being disregarded by everyone.
　　困扰约翰的是被众人漠视。

一方面，这个表达式有两个明显不同的解释：一种解释是约翰困扰于众人漠视他这一事实，另一种解释是众人漠视困扰约翰的事物。在第一种解释里，“disregard（漠视）”跟“John（约翰）”的语法关系与它们在

① 这个概念的讨论，可参见卡茨的《语义学理论与“good”的意义》（J. Katz，Semantic Theory and the Meaning of ‘Good’，*Journal of Philosophy*，Vol. 61，No. 23，1964）。

"Everyone disregards John"（众人漠视约翰）中的语法关系相同（动宾关系）。在第二种解释里，"disregard"（漠视）跟"John"（约翰）既没有动宾关系也没有其他有意义的语法关系。另一方面，如果我们在"was"和"being"之间插入单词"our"，如"What disturbed John was our being disregarded by everyone"（困扰约翰的是我们被众人漠视），则"disregard"（漠视）跟"John"（约翰）之间就没有语法关系，现在动宾关系出现在"disregard"（漠视）与"we"（我们）之间（"we"是"our"的底层形式）。

这类例子可无限地描述下去。它们提供了"语义解释"这一概念必 *111*
须满足的充分性条件（比如说，必须正确反映解释与暗示的关系以及歧义属性），清晰地阐明了语言表达式的语义解释必须由它们语法上的相关部分决定的一些方式。

这些考虑引导我们为语义结构的研究设置更加严格但非常重要的直接目标。仍将语言当作句子的集合，让我们把每个抽象的句子当作语音表达式与某种抽象结构的配对［这种抽象结构我们称为深层结构（deep structure）］，这种抽象结构融合了跟语义解释相关的信息。我们可以研究特殊语言中决定这种配对的规则系统及这些规则的基本属性。这些底层的深层结构确实为满足语义解释的经验条件提供了一种方式，就这方面来讲，这项事业意义重大。语义学理论，随着它的发展，将既为丰富深层结构提供方式，又为关联深层结构和语义解释提供方式。完整的语法理论，它包含着普遍语音学、普遍语义学和普遍句法学，其经验上的价值将部分依赖于语义解释条件在多大程度上能够满足于该理论提供的装置和原则的系统性用法。

总结一下上述说法，让我们为语言结构的研究建立如下框架。语言的语法是决定音义配对的规则系统，它包含了句法部分（syntactic component）、语义部分（semantic component）与音系部分（phonological component）。句法部分定义了无限的抽象客体（D，S）的类别，其中 D 是深层结构（deep structure），S 是表层结构（surface structure）。深层结构包含了与语义解释相关的所有信息，表层结构包含了与语音解释相关的所有信息。语义部分与音系部分是纯粹解释性的，前者为深层结构指派语义解释，后者为表层结构指派语音解释。所以完整的语法跟语义解释和语音结构有关，这种关联以句法部分的规则为媒介，句法部分的规则定义成对的深层结构与表层结构。当然，这三个部分的研究是高度整合的，每个部分都可以研究到这样一种程度，以至于其他部分对它施加了一种什么样的限制都非常清楚。

这种表述虽然是非正式的，但比较接近于语法结构的精确理论。当我们发展出关于语法结构的精确理论时，比如说下文所描述的关于转换语法理论的特别看法，我们就能够为深层结构与表层结构提供技术意义。根据这些技术意义，我们就可以提出经验上的（而非概念上
112 的）问题，如深层结构与表层结构是如何促成并且决定语义解释与语音解释的。下文勾勒的理论将赋予深层结构与表层结构这两个概念以技术意义，根据所赋予的技术意义，对我而言，当前的信息似乎是说表层结构完全决定语音解释，深层结构完全决定语义解释中非常重要的部分。后者的松散性使得更加确定的表述成为不可能的事。事实上，我认为语义解释这一术语更合理的阐释会导出这样一个结论：表层结构也以严格而又重要的方式促成语义解释，但这个问题我在这里就不多说了。

普遍语法可以定义为：对所有人类语言的语法所必须满足的条件的研究。普遍语义学与普遍语音学，按照早先的描述，是普遍语法的一部分。根据这种定义，普遍语法只是语言结构的理论。这似乎跟传统的用法一致，然而最近研究的只是普遍语法的一部分。句法规则、音系规则、语义规则必须满足一定的条件，这些条件的构建问题在传统语言学中并没有以任何明晰的方式提出，尽管传统语言学的很多论著都隐含着通向研究这些问题的富有启发性的和有价值的步骤。①

以上所描述的语法可称为生成语法（generative grammar），以别于跟它目标不同的描写语法（如教学语法）。生成语法试图以清晰的方式

① 相关讨论请参见我的《笛卡尔语言学》（*Cartesian Linguistics*）。

刻画特殊语言中语音形式和语义内容的内在关联①。就研究目的而言，至少传统的学者语法可以算作生成语法，虽然它们没能达到目标，即没能确定句子是如何形成与解释的。一套好的传统语法，会对规则的例外做出完整的说明，但对常规结构（regular structure）的阐释只提供暗示与例子（除了一些细节，如词形变化表）。它隐秘地假定着聪明的读者会根据所出示的例子用他的“语言直觉”（即潜在的、无意识的普遍语法知识）确定常规结构，而语法本身并不表述语言的深层规则性。对研究语言结构而言，不管是特殊的还是普遍的，这种语法的价值都是有限的。如果语言结构的研究要提升到规则性和普遍原则的有效处理上来的话，是有必要将传统语法扩展到完整的生成语法上来的。然而，认识到这样一种事实也很重要，即生成语法这一概念本身是没有什么重大创新性的。所有语言都执行“有限手段的无限运用”（洪堡特语），这一事实早就被理解。生成语法的现代研究只是简单地尝试着给出一种清晰的解释，即解释有限的手段在特殊语言中是如何被无限运用的，并尝试着发现定义普遍的“人类语言”的深层属性（即构成普遍语法的属性）。 113

我们对这一问题的关注现在还仅仅停留在概念的阐释和目标的制定上。下面我们回到建构普遍语法假设的问题上来。

## 音系部分的结构

生成语法的句法部分定义（即生成）成对（D，S）的无限集合，其中 D 是深层结构，S 是表层结构。语法的解释部分为 D 指派语义表达式，为 S 指派语音表达式。

我们首先考虑向表层结构指派语音表达式的问题。像上文关于普遍

① 请参见 91 页。一般而言，对客体的无限集合进行递归性定义的规则集合可以说是生成这种集合。所以，算术推理的公理和规则的集合可以说是生成证明的集合与算术的定理集合（证明的最后一行）。同样，（生成）语法可以说是生成结构描写的集合，理想的情况是，每个集合都融合了深层结构、表层结构、（深层结构的）语义解释与（表层结构的）语音解释。

语音学的讨论一样，我们将语音表达式看作普遍语音字母的符号串，每个符号都分析作有特定值的区别特征。相同的观念如果用稍微不同的方式陈述的话，那么我们可以把语音表达式看作一个矩阵，其中“行”对应于普遍系统的特征，“列”对应于连续的音段（语音字母表中的符号），每个条目都是个整数，这个整数规定了所探讨的特定音段的特征值。我们需要确定以下问题：一是哪些信息必须被包含在表层结构中，二是语法的音系部分的规则怎样用这些信息来规定所描述的这类语音矩阵。

再思考例（4），为表述方便我们重新写作（5）：

（5）What ＃ disturb-ed ＃ John ＃ was ＃ be-ing ＃ dis-regard-ed ＃ by ＃ every-one.

粗略看来[1]，我们可以将（5）看作构成要素“what、disturb、ed、John、was、be、ing、dis、regard、ed、by、every、one”的序列，其
114 联结处用符号“＃”和“-”表达，如（5）所示。这些联结符号（juncture）指明了构成要素的组合方式，为音系部分的解释规则提供了信息。事实上，联结符号必须分析为特征集合，即单列矩阵（single-column matrix），其中“行”对应于联结系统中的某些特征，每个条目都是两个特征值中的一个，特征值我们表征为“＋”或“－”。同样，每个构成要素将分析为矩阵，其中“列”代表连续的音段，“行”对应于某种范畴特征（categorial feature），每个条目或为“＋”或为“－”。所以，（5）整个句子可看作条目为“＋”和“－”的单个矩阵。[2]

范畴特征包括语音系统的普遍特征与附加特征（diacritic feature），附加特征实质上指明的是规则的例外情况。在一些方言中“what”所对应的语音表达式为［wat］，所以，对应于“what”的矩阵包含三个音段，第一个规定为唇滑音（labial glide），第二个规定为低元音、后

① 这里所给的分析主要是为了讲解方便，为了经验上的充分性这个分析将会改进。

② 注意，每两个连续的构成要素都要由联结符号隔开，为保持构成要素的结构，将（5）的表达式当作单个的矩阵是有必要的。根据当前的目的，我们可以认为，构成要素的每个音段相对于所有的联结符号的特征而言是无标记的，每个联结符号相对于构成要素的每个特征而言是无标记的。

元音与非圆唇元音，第三个是清辅音、齿辅音与塞辅音（这些规定全用普遍语音系统提供的特征值"＋"和"－"表示）。在这种情况下，音系部分的规则会将这些用"＋"和"－"值表示的规定转化为用整数表示的更加详细的规定，即每个音段的语音特征（如舌位的高度、送气的程度等），它所显示的值达到预设的普遍语音理论所要求的精确程度，并在语言所准许的变异范围之内。在这个例子中，被指派的值将把（5）中"what"的底层矩阵中的分歧简单地修正为"＋"和"－"值。

上面所引例子非常简单。一般来说，音系部分的规则不但会对底层的"＋"和"－"值有较好的规定，而且会极大地改变特征值，并且可能还会插入、删除或重组音段。比如说，构成要素"by"被表征为包含两列的底层矩阵，其中的第二列被规定为高元音、前元音（用特征值进行规定）。然而，相应的语音矩阵将包含三列，第二列被规定为低元音、后元音，第三列为上颚滑音（这里的规定要求在语音矩阵中用整数值的条目表示）[①]。

（5）的表层结构被表征为矩阵，两个特征值中的一个出现在矩阵的每个条目中。只有两个特征值可以出现的事实表明底层的矩阵确实起着纯粹分类的作用。每个句子按有别于其他句子的方式进行分类，也按照决定音系部分的规则如何向特定位置指派语音值的方式进行分类。我们看到普遍语音系统的区别特征在构成表层结构一部分的底层矩阵中有分类功能（classificatory function），在构成所探讨句子的语音表达式的矩阵中有语音功能（phonetic function）。只在前一种功能中区别特征才一律两分，只在后一种功能中它们接受直接的物理解释。 *115*

刚刚所描述的底层分类矩阵并没有穷尽解释性的音系规则所需要的信息。除此之外，也有必要了解所探讨的句子是如何被划分作各种长度的短语以及这些短语的类别的。就（5）而言，音系解释需要如下信息：disturb 与 disregard 为动词，what disturbed John 是名词短语，John

---

① 这种分析的理由已超过这里的讨论范围，详细分析可参见我和哈勒的《英语语音模式》（N. Chomsky and M. Halle, *Sound Pattern of English*, New York: Harper & Row, 1968）。

was being 不是短语等。相关信息可以用带标记的括号在句子上标示出来[①]。包含在成对括号 $[_A$ and $]_A$ 中的单位为 A 类短语。比如说（5）中的序列“what ♯ disturbed ♯ John”将用括号“$[_{NP}]_{NP}$”封闭，表示它是个名词短语；构成要素“disturb”将用括号“$[_V]_V$”封闭，表示它是个动词；（5）中的整个表达式将用括号“$[_S]_S$”封闭，表示它是个句子；序列“John was being”不能用成对的括号封闭，因为它根本不是短语。再举个极为简单的例子，如句子“John saw Bill”可按以下方式表征为表层结构，其中每个由正字法表征的项目都可当作一个分类性矩阵：

（6）$\left[S\left[NP\left[N^{John}\right]N\right]NP\left[VP\left[V^{saw}\right]V\left[NP\left[N^{Bill}\right]N\right]NP\right]VP\right]S$

这个表达式表明“John”与“Bill”是名词（N），“saw”是动词（V），“John”与“Bill”是名词短语（NP），“saw Bill”是动词短语（VP），“John saw Bill”是句子（S）。语法的音系部分在解释句子的时候，似乎总是需要可以按上文所描述的方式进行表征的信息，所以我们假定句子的表层结构是用括号对构成要素和联结符号的分类矩阵的合适标记。

116 语法的音系部分将表层结构转化为语音表达式。我们已经粗略地规定了“表层结构”与“语音表达式”这两个概念，但仍然需要描述音系部分的规则与它们被组织起来的方式。

目前可获得的证据表明音系部分的规则是按照序列 $R_1$、……$R_n$ 的方式线性排列的，并且规则的序列按以下方式循环应用于表层结构。在应用的第一个循环中，规则 $R_1$、……$R_n$ 按这种顺序应用于无内部括号的表层结构中最大的连续部分。这些规则中的最后一个应用后，最内部的括号被删除，而应用的第二个循环被引进。在这个循环中，规则又一次按这种顺序应用于无内部括号的表层结构中最大的连续部分。然后最内部的括号被删除，第三个循环被引进。这种操作一直持续，直到到达音系操作的最大范围（简单的例子就是整个句子）。某些规则应用于词

---

① 这是显然的。比如说，“$[_A$… $[_B$…$]_B$… $[_C$…$]_C$…$]_A$”就是用括号对符号串的合适标记，就带标记的括号“$[_A]_A$、$[_B]_B$、$[_C]_C$”而言，下面没有哪一个是合适的括号标记：$[_A$… $[_B$…$]_A$；$[_A$… $[_B$…$]_A$…$]_B$。

内时会受限，只有当应用范围是完整的词时它们才能应用于循环。有些规则在应用的任何阶段都可以自由反复。注意：循环应用的原则是高度本能的。这实际上是说有个固定的规则系统，该系统根据组成部分的（理想的）形式决定着由其组成的较大单位的形式。

我们可以用英语中的重音指派规则说明循环应用规则。似乎有这样一个事实：英语的语音表达式必须允许重音的区别特征能取五六个不同的值，然而，所有音段在表层结构中却没有标记重音。也就是说，对英语而言，重音没有区别特征那样的范畴功能（除了最边缘的）。语音表达式的复杂重音曲线由规则（7）、（8）决定[①]：

（7）在名词中，向最左边的两个主重元音指派主重音（primary stress）。

（8）向最右边的重音峰（stress-peak）指派主重音，在某一范围内如果没有哪个元音比某一元音 V 更重，则该元音 V 在该范围内为重音峰。

规则（7）适用于有两个主重音的名词，规则（8）适用于任何种类的语言单位。这些规则按由（7）到（8）的顺序循环应用。根据规约，当主重音被指派到某一位置，所有其他的重音都弱化一个等级。注意，如果 117
某一范围内没有重读元音，则规则（8）会向最右边的元音指派主重音。

我们用（6）的表层结构说明这些规则。根据循环应用的基本原则，规则（7）与（8）首先应用于最内层的单位 $[_{N}\text{John}]_{N}$、$[_{V}\text{saw}]_{V}$ 与 $[_{N}\text{Bill}]_{N}$。规则（7）应用不起来，只能应用规则（8），首先向这些例子中的单个元音指派主重音，然后，最内层的括号被删除。下一个循环需要处理的单位是“$[_{NP}\overset{1}{\text{John}}]_{NP}$”和“$[_{NP}\overset{1}{\text{Bill}}]_{NP}$”，根据规则（8），简单地向单个元音重新指派主重音。然后删除最内层的括号，我们得到作

① 为了讲解的目的，这些被简化了。更精准的解释请参见我与哈勒的《英语语音模式》(N. Chomsky and Halle, *Sound Pattern of English*, New York: Harper & Row, 1968)。注意，我在这里的讲解有歧义地使用了“apply”（运用）这一术语，其一是说“available for application”（适用），另一是说“actually modifies the sequence under consideration”（实际上改变所考虑的序列）。

为规则应用范围的单位 $[_{VP}\ \overset{1}{\text{saw}}\ \overset{1}{\text{Bill}}]_{VP}$。规则（7）又不能应用，因为“saw Bill”不是名词；规则（8）向“Bill”的元音指派主重音，并把“saw”的重音弱化到第二级。删除最内层的括号，我们得到作为应用范围的单位 $[_{S}\ \overset{1}{\text{John}}\ \overset{2}{\text{saw}}\ \overset{1}{\text{Bill}}]_{S}$。规则（7）又不能应用，规则（8）向“Bill”指派主重音，并弱化其他重音，其结果是$\overset{2}{\text{John}}\ \overset{3}{\text{saw}}\ \overset{1}{\text{Bill}}$，作为重音曲线的理想表达式，这是可接受的。

思考一个稍微复杂的例子“John's black-board eraser”。在第一个应用循环中，规则（7）与（8）应用于最内层被括起来的单位“John”、“black”、“board”与“eraser”，规则（7）不能应用，规则（8）给每个例子中最右侧的元音指派主重音（前面三个例子都只有一个元音）。下一个循环涉及的单位有“John's”与“eraser”，但没有意义①。下一个循环的应用范围是$[_{N}\ \overset{1}{\text{black}}\ \overset{1}{\text{board}}]_{N}$。作为名词，这个单位受规则（7）支配，规则（7）向“black”指派主重音，并在第二级弱化“board”的重音。删除最内层的括号，下一个循环的应用范围是$[_{N}\ \overset{1}{\text{black}}\ \overset{2}{\text{board}}\ \overset{1}{\text{eraser}}]_{N}$。接着应用规则（7），向“black”指派主重音，并将其他重音弱化一个等级。在最后的一个循环里，规则的应用范围是 $[_{NP}\ \overset{1}{\text{John's}}\ \overset{1}{\text{black}}\ \overset{3}{\text{board}}\ \overset{2}{\text{eraser}}]_{NP}$。因为这是个完整的名词短语，不能应用规则（7）。规则（8）向最右边的主重元音指派主重音并弱化
118 所有的其他重音，其结果是$\overset{2}{\text{John's}}\ \overset{1}{\text{black}}\ \overset{4}{\text{board}}\ \overset{3}{\text{eraser}}$。按这种方式，复杂语音表达式由独立激发而且非常简单的规则决定，规则根据循环的一般原则进行应用。

这个例子有典型性，说明了几个很重要的方面。英语语法必须包含规则（7）和规则（8），前者用来解释名词“blackboard”（黑板）中的

① 在这个阶段，单词“eraser”为双音节。

重音曲线这一事实，后者用来解释短语“black board”（黑色的板子）中的上升曲线。严格地说，循环原则不是英语语法的一部分，而是普遍语法的一部分，它决定着英语或其他语言中特殊规则的应用，不管这些规则是什么样的。在上述例子中，循环应用的一般原则正如所示的那样指派复杂的重音曲线。有了循环原则和规则（7）与规则（8），人们就会知道[①]各种语言表达式的合适的重音曲线，这些语言表达式可以是“John's blackboard eraser”，也可以是他可能从未听过的。这是一个语言基本属性的简单例子。某些普遍原则必须跟特殊规则相互作用以决定全新的语言表达式的形式（和意义）。

这个例子也为某些较微妙又深远的假设提供了证据。毫无疑问的是，像英语里重音曲线这种现象是一种感知现实（perceptual reality）。比如说，经过训练的观察者能在记录他们母语中的新话语时达到很高的一致性。但没有理由认为这些重音曲线能够反映物理现实（physical reality）。这可能是因为重音曲线不能像感知到的细节那样表征在物理信号之中。这里没有矛盾。如果在物理信息中仅有两个重音层次被区分，则对于一个正在学习英语的人来说，他会有足够证据去建构规则（7）和规则（8）（如果“blackboard”和“black board”有对立的话）。假定这个人知道循环原则，那么即使重音曲线不是信号的物理属性，他也将能够感知到“John's blackboard eraser”的重音曲线。目前已获得的证据有力地表明这是英语中重音如何被感知的准确描述。

有一点很重要，就是必须明确这种描述中不存在任何神秘之处。原则上，设计这样一种自动机是没有问题的，这种自动机使用规则（7）和规则（8）、英语句法的规则和转换循环原则，并且甚至能够向根本没有表征重音的话语（比如以传统正字法拼成的句子）指派多层次的重音曲线。把这种自动机粗略地看作言语感知模型［请参见 103 页的（1）］，119
我们可以认为听话者运用物理信息中已选定的性质去确定形成了什么样的句子，并为之指派出深层结构和表层结构。无论重音是否和所呈现的

① 像早先一样，我们把“知道”看作“隐性的”（tacit）或“潜在的知识”（latent knowledge），这种知识通过适当的注意可能能够进入意识，但一定是出现在“不能控制的直觉”中。

信号的任何物理性质的信息相一致，任何人只要他全神贯注，都能“听”出由其语法中音系部分所指派的重音曲线。

宽泛地说，对言语感知的这种解释的假定是，话语的句法解释部分是详细“听”出语音表达式的先决条件。这样也排除了两种假定：一种假定是言语感知需要语音形式的全面分析，并且这种分析是有序的，即语义解释之后是句法结构的全面分析，句法结构的全面分析之后是语音形式的全面分析；另一种假定是所感知的语音形式是信号的点对点的精确表达式。需要记住的是：这里并没有证据表明这些已被否定的假设是正确的，也没有证据表明这些刚刚提到的能否定这些假设的观点有什么神秘之处。事实上，刚刚提到的观点貌似具有很高的可信度，因为一方面，它可以排除一些主张，即在识别话语的一些目前还不能觉察的物理属性时，其精确度甚至超出理想条件下实验可论证的东西；另一方面，它可以根据非常简单的假定对新话语①的重音曲线的感知进行解释，这些假定是规则（7）、规则（8）与循环应用的一般原则可以被感知系统利用。

关于各种感知模型的相对优势，有许多可说的。这个话题暂且不谈，让我们进一步思考这样一个假设：规则（7）、规则（8）与循环应用的一般原则可以被感知系统利用并按所提出的方式执行。很显然，规则（7）、规则（8）可能是从升降曲线等简单例子中学会的（如“black board”与“blackboard”的对立）。但问题是：人是如何学会循环应用原则的？在直面这个问题之前，有必要解决另一逻辑上先于它的问题：为什么假定原则完全是学会的？原则被执行的证据有很多，但这并不能推出原则是被学会的。事实上，很难想象这些原则是如何被所有说话者完全一致地学会的；是否有充足的证据在物理信号中被用来证明这个原则的正当性也根本不清楚。因此，最合理的结论似乎是：原则根本不是学会的，它只是学习者完成语言习得任务的概念才能（conceptual equipment）的一部分。普遍语法的其他原则也可做类似的论证。

---

① 还有其他方面。事实上，该观点是非常普遍的。必须记住，即使信号被严重扭曲，言语感知也很少被削弱，甚至根本没有被削弱。这一事实很难跟以下观点协调，即详细的语音分析是句法结构和语义结构分析的前提。

需要再次提醒的是，上述结论并不奇怪。原则上，设计这样一种自动机根本没有什么困难，它融合了普遍语法的原则，并用这些原则确定它所探讨的语言中的哪一种语言是可能的语言。从先验上说，假定这些 120
原则是学会的，这一假定并不比另一假定有更多的理由，即人们用直线、角、曲线、距离等来解释视觉刺激是学会的，或者说，其实连人们有两个手臂也是学会的。这完全是个经验事实的问题，目前没有任何关于一般的外部语言类的信息可用来支持如下假设：一些普遍语法的原则是学会的，或是天赋的，或是（从某些方面来说）两者兼备。如果语言事实似乎表明一些原则是不能学会的，则没有理由认为这个结论是矛盾的或是奇怪的。

回到对普遍语法的原则的详细描述上来，语法中的音系部分似乎是由一系列的规则构成的，如上文所述，这些规则按循环的方式应用，并向表层结构指派语音表达式。语音表达式是语音特征规定的矩阵，表层结构是构成要素所带的具有合适标记的括号，其中构成要素本身又是用范畴区别特征的标记进行表征的。目前所获得的证据都支持这些假设，这些假设又为解释语音事实中的许多奇怪特征提供了基础。

值得重视的是，语法中音系部分的这些属性没有先验的必然性。普遍语法的这些假设将可能的人类语言的种类限制在可设想的“语言”集合的一个非常特殊的子集中。我们手头所获的证据表明这些假设属于106 页提到的语言习得装置 AM，如（3），它们构成先天程式的一部分，儿童用它来解决语言学习问题。很显然，这种程式必须非常精确并且高度受限。如果不是这样，在时间、机会和变化等经验上已知的限制下，语言习得就会是难以理解的神秘现象。先前讨论所涉及的各种想法跟确定先天机制的性质这一问题直接相关，因此，这些想法非常值得认真研究和关注。

## 语义部分的结构

现在我们考虑生成语法的第二个解释部分：将深层结构转换成语义

表达式的规则系统，这些语义表达式传达的是所探讨句子的固有意义。尽管语义解释的很多方面依然模糊不清，但仍然可以直接探讨深层结构及其解释的理论，而且语义部分的一些性质也似乎非常清楚。尤其是，
121 正如我们先前所注意的那样，语义解释的很多经验条件是可以被清晰构造的。举例来说，110 页的例句（4）至少必须指派两个语义表达式，而其中一个从本质上来说必须跟指派给（9）和（10）的解释相同。

（9）Being disregarded by everyone disturbed John.

被众人漠视困扰了约翰。

（10）The fact that everyone disregarded John disturbed him[①].

众人漠视约翰的事实困扰了他。

进一步说，很清楚的是句子的语义表达式依赖于它部分的语义表达式，跟语音解释中的情况平行。比如在例（10）中，很显然，它的语义解释部分地依赖于“everyone disregarded John”（众人漠视约翰）的语义解释。如果后者在（10）中被“life seemed to pass John”替换，整个解释将按固定的方式改变。这是再清楚不过的了，而且它表明语义部分也存在原则，这种原则类似于音系学中的循环应用原则。

稍微仔细地看一下，我们会发现这个问题：就“组成部分”这个概念而言，语义解释必定比音系解释要抽象得多。所以，“everyone disregarded John”的解释不仅处于（10）的底层，也处于（9）与（4）的底层，而且采用完全相同的方式。不过（4）和（9）都没有包含“everyone disregarded John”这样一个组成部分，而（10）有这样一个组成部分。换句话说，（9）与（10）的底层都应该分别等同（或非常相似）于（4）底层的两个深层结构中的一个，尽管它们在表层结构与语音形式上有很大差异。由此可推断：我们不能指望深层结构跟表层结构在总体上非常接近。

在类似于例（6）这样的句子“John saw Bill”中，深层结构与表层结构的差异并不明显。在这种情况下，如果语义解释完全平行于语音

① 后者也有歧义，但跟（4）的歧义原因完全不同，它依赖于“him”的指称。我们将一直假定“him”指“John”。

解释的话，应该不会完全错误。这样的话，它与语音表达是相似的。所以，“saw Bill”的解释可以根据“saw”的解释[①]和“Bill”的解释推导。(6) 的解释可以由“John”的解释和“saw Bill”的解释确定。为了实现类似的解释，我们不仅必须知道 (6) 的括号标记中的成分，还要知道被表征的语法关系；也就是说，我们必须知道，“Bill”是“saw”的直接宾语，“John”与“saw Bill”在“John saw Bill”中有主—谓关系。同样，在更复杂的例子“John saw Bill leave”中，我们必须知道主谓关系不仅存在于“John”和“saw Bill leave”中，也存在于“Bill”和“leave”中。

注意，至少在像 (6) 这样简单的句子中，我们已经有了表征这类语义解释所需要的语法关系的机制。假定：我们将“……的主语”关系定义为名词短语与句子之间的关系[②]，其中名词短语为句子的直接成分；将“……的谓语”关系定义为动词短语与句子之间的关系，其中动词短语为句子的直接成分。主谓关系可以定义为句子主语与该句谓语之间的关系。按照这些术语，在“John saw Bill (leave)”中，“John”是主语，“saw Bill (leave)”是谓语，它们之间有主谓关系。按同样的方式，我们可以用非常合适且令人满意的方式对直接宾语关系（根据动词短语中的直接成分动词与名词短语进行定义）与其他语法关系做出定义。现在回到 (6)，这种观察隐含着：带标记的括号起深层结构的作用（正如带标记的括号起表层结构的作用一样），它包含的仅仅是成分的信息与语义解释所需的语法关系的信息。 122

我们注意到在“John saw Bill leave”中，主谓关系不仅存在于“Bill”和“leave”中，也存在于“John”和“saw Bill leave”中。如果

---

① 但这个解释依赖于“see”的解释和“过去时”的解释；因此，这些独立的词项在深层结构中必须表征出来，但在表层结构中不必有所体现。

② 如果没有包含短语 X 且被短语 Y 包含的短语 Z，则短语 X 是包含短语 X 的短语 Y 的直接成分。所以，名词短语“John”是句子“John saw Bill leave”的直接成分［见 (6) 中的分析］，但是名词短语“Bill ”不是“John saw Bill leave”的直接成分，“John saw”不是句子的直接成分，因为它不是短语；“John ”不是“John saw”的直接成分，因为后者不是短语。注意，这里针对语法功能与语法关系提出的定义，大体来说，只有限定在深层结构中才能说得通。

(6）或跟它非常相似的语言表达式（请参见121页第一个注释）被当作深层结构，语法关系跟之前的定义相同，则 John saw Bill leave 的深层结构将不得不像（11）那样（有许多细节被删去）：

(11）[S [NP [N John] NP [VP [V saw] V [S [NP Bill] NP [VP [V leave] V] VP] S] VP] S

(11）中带标记的括号表达了“John”与“saw Bill leave”之间、“Bill”与“leave”之间所存在的主谓关系，像所需要的那样。

现在转向更复杂的例子。句子（9）与（10）[也是（4）的一种解释] 在其深层结构中都得包含（12）这种表达式。

(12）[S [NP everyone] NP [VP [ disregards] V [NP John] NP] VP] S

如果这个要求满足了，我们就能够解释这样一个事实，那就是，(4）(= what disturbed John was being disregarded by everyone）的意义，其中之一可解释为（9）(= being disregarded by everyone disturbed John)，这个事实很显然部分地是由如下事实决定的：“John”是“dis-
123 turbed”的直接宾语，“everyone”与“disturbed John”是主谓关系，尽管这些关系都没有在（4）或（9）的表层结构中显现出来。

许多这样的例子将我们引导到语义部分是如何运作这一观念上来。完整的生成语法中的解释成分应用于深层结构，并为它指派语义表达式，这些语义表达式是根据普遍语义学中仍旧还有些模糊的概念建构的。这个深层结构是最小的“意义负载”成分的带标记的括号。解释规则循环应用，深层结构中短语X的语义解释由以下要素决定：X的直接成分的语义解释与X及其部分的构型中所表征的语法关系。

表面上，语法中的这两个解释部分在操作方式上几乎完全相同，它们应用的对象在本质上种类相同（带标记的括号）。但是句子的深层结构在一些重要方面跟它的表层结构非常不同。

注意，如果“名词短语”、“动词短语”、“句子”、“动词”这些概念在普遍语法中可以得到一种独立于语言的刻画，那么上文所定义的语法关系也会得到普遍的刻画（同样，其他语法关系我们也会以相同的方式进行定义）。看起来这也许是可能的，这些刻画的方法看起来也很清楚

（见 139 页）。我们可以提出这样的问题，语法中的语义部分是否包含像英语音系部分的规则（7）与（8）这样的特殊规则，或者语义解释的原则在本质上是否属于普遍语法。但是，我们将撇开这些及其他跟语义部分相关的问题，转而讨论语法中不解释的部分，即所谓的“句法部分”。注意，就像在音系部分一样，解释原则可以指派给普遍语法而不是特殊语法，没有理由假定它们是学会的或它们在原则上能被学会。

## 句法部分的结构

语法的句法部分必须生成配对（D，S），其中 D 是深层结构，S 是与之关联的表层结构（关于“生成”请参见 112 页注释）。表层结构 S 是一串带标记的构成要素和联结符号的括号，深层结构也是带标记的括号，它决定着一套成分及其组合的语法功能和语法关系。很显然，句法部分必须包含有限数目的规则（或规则程式），这些规则必须被组织起
来以生成无限数目的深层结构与表层结构的配对（D，S），对应于语言 124
中的每个被解释的句子（即语音结构与语义解释）[①]。原则上，该系统有各种组织方式。比如说，它可能是由生成深层结构与表层结构的独立规则与关联两者的相容性条件（condition of compatibility）组成，也有可能是由生成表层结构的规则与将表层结构映射到相关深层结构的规则组成，也有可能是由生成深层结构的规则与将深层结构映射到相关表层结构的规则构成[②]。选择哪种组织方式是事实问题，而不是决策问题。我们必须问：对各种语言现象而言，哪种组织方式使最深层的概括与最深远的解释成为可能？和普遍语法的其他方面一样，我们这里正在处理的是经验问题，关键证据可能很难获得，但我们不能据此得出结论，即

① 事实上，我们可以将语言理解为将语义解释指派给所有可能的句子（在普遍语音学和语义学的理论中，这是清晰的概念），包括那些偏离语言规则的句子。但这是一个我们在这里不能深入的问题。

② 关于句法部分是如何组织的问题不应跟发展运用（造句或感知）模型的问题搞混，不过时常会搞混。事实上，刚刚所描述的各种组织可以用作各种运用理论的基础。

原则上，问题没有对错。

对这些可选的组织方式而言，目前所获得的语言事实似乎一贯都指向这样的一种结论，即句法部分是由生成深层结构的规则与将深层结构映射到相关表层结构的规则构成。我们把规则的这两种系统分别称为句法的基础部分与转换部分。基础系统（base system）可进一步分为两个部分，即范畴系统（categorial system）与词库（lexicon）。句法的这三个子部分，每部分对运用都有特殊的功能，并且存在严格的决定其形式与相互关系的普遍原则。语法的一般结构可用图（13）进行描述：

（13）

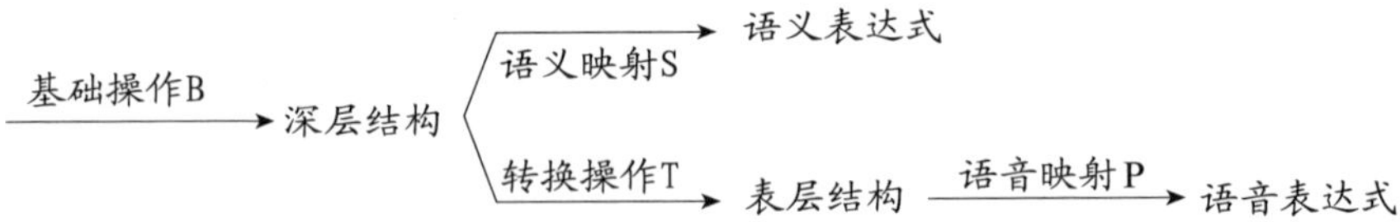


语义映射 S 由语义部分执行，转换操作 T 由转换部分执行，语音映射 P 由音系部分执行。由基础系统（通过基础操作 B）生成深层结构，这是由范畴系统与词库决定的。

词库是词条的集合；每个词条相应地可理解为各种类型特征的集合，
125 如我们已经简略提过的音系特征和语义特征。音系特征可以理解为位置索引（即第一、第二等）；除此之外，在不规则的情况下，每个特征都简单地指示着某个普遍的区别特征（distinctive feature，在这里可视为范畴功能）的标记或关于附加特征（diacritic feature，见 114 页）的标记。因此，像早先描述的那样，位置索引的音系特征构成了带有“＋”或“－”值条目的区别特征矩阵。语义特征构成了“字典中的定义”。如前所述，其中的一些语义特征至少是很抽象的。此外，各类语义特征之间可能有各种各样的内在联系，这种关联有时被称为“语义场结构”（field structure）。词条还包含句法特征和规则，句法特征决定了所讨论的词条可能占据的位置，规则应用于包含该词条的结构并将其转化为表层结构。通常来说，词条包含所探讨词项的所有信息，这些信息不能用一般规则来解释。

除了词条之外，词库中也会包含一些冗余规则，这些冗余规则将会根据一般的规则修正词条的特征内容。举一个例子来说，元音是有响度的（voiced）与人类是有生命的，这些都是事实，不需要在特定的词条中特别提及。毫无疑问，词条的大多冗余信息都是由一般的规约提供的（即普遍语法的规则），而不是由特定语言的冗余规则提供的。

词典考虑个体词条的所有属性，包括特殊的属性或者冗余的属性。基础的范畴部分决定深层结构的其他方面。看来，范畴部分是所谓的简单的或者是上下文自由的短语结构语法（context-free phrase-structure grammar）。这样的一个系统是什么样的，看一个简单的例子就很容易明白。假设我们有规则（14）：

（14）S → NP VP

VP → V NP

NP → N

N → △

V → △

根据（14）中的这些规则，我们按以下方式构造出了（15）的推导过程。首先写下符号 S，把它作为推导式的第一行，我们将（14）中的第一条规则解释为 S 可以被 NP VP 替换，得到（15）中的第二行推导式。用同样的方式来解释（14）中的第二条规则，我们得到（15）中的第三行推导式，其中 VP 由 V NP 替换。以同样的方式解释规则 NP→N，我们将该规则应用于（15）中的第三行推导式中的两个 NP，得到（15）中的第四行推导式。最后，我们通过应用规则 N→△和 V→△得到（15）中的最后两行推导式。

（15）S 126

NP VP

NP V NP

N V N

△ V △

△△△

我们也可以用树形图（16）清晰地表征推导式（15）中的必要成

分，如：

（16）

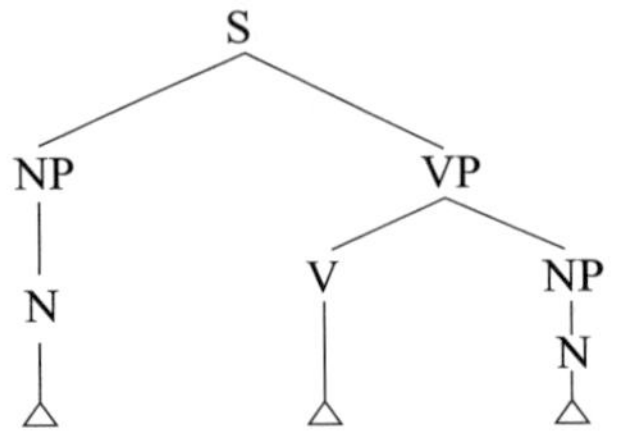


在树形图（16）中，每个符号都支配着在构成（15）的过程中被替换的符号。事实上，我们可能把（14）中的规则当作简单描述（16）这样的树形图的构造方式。很显然，（16）是（17）中括号标记法的另一种表达。

（17）［S［NP［N △］N］NP［VP［V△］V［NP［N△］N］NP］VP］S

（16）中被符号 A 支配的成分（如 V NP 被 VP 支配）在（17）中用括号标记法封闭在“$[_A]_A$”里。如果我们有这样的一个词库，它告诉我们当符号△受 N 支配时（即可封闭在“$[_N]_N$”里），“John”与“Bill”可以替换符号△，当△受 V 支配时，“saw”可以替换△，则我们可以扩展（15）中的推导式以推导出“John saw Bill”，相关结构如（6）所示。事实上，（6）是由（17）通过替换推导出来的，如“John”替换第一个△，“saw”替换第二个△，“Bill”替换第三个△。

注意，规则（14）有效地定义了语法关系，相关定义可参见 121～122 页。因此，（14）中的第一条规则定义的是主—谓关系，第二条定义的是动—宾关系。同样，语义上非常重要的其他语法功能和关系也可用这种形式的规则定义，也可用所指出的方式进行解释。

以一个更加正式和一般的方式来重述这些见解，基础的范畴部分是一个形式为“A →Z”的规则系统，其中的 A 是一个范畴符号，如 S（句子）、NP（名词短语）、N（名词）等。Z 是一个符号或多个符号构成的序列，它可能还是范畴符号，也可能是终端符号（终端符号不出现
127 于任何基础规则的箭头的左边）。根据这种系统，我们可以形成推导式。推导式是一连串满足如下条件的“行”：第一行只是个符号 S（代表句子）；最后一行只包含终端符号；如果 X、Y 是两个连续的行，则 X 的

形式必须是“……A……”，Y的形式必须是“……Z……”，其中“A →Z”是一条规则。推导式以显而易见的方式为终端符号串带上括号标记。所以，如果连续的行是“X ＝……A……”与“Y ＝……Z……”，其中Y通过规则“A → Z”由X推导，则我们可以说由Z（或者Z自身，如果Z是终端符号）推导的符号串用“$[_A]_A$”封闭。同样地，我们也可以用树形图表征括号标记，在树形图中，（这个例子中）以A标记的节点支配连续的节点，这些连续的节点由Z中的连续符号标记。

我们假定范畴部分的终端符号之一为空符号△。非终端符号中有很多代表词汇范畴，特别是N（名词）、V（动词）、ADJ（形容词）。只有当Z为△时，词汇范畴A才能出现于规则“A→Z”的箭头左边。词条通过不同种类的规则将被插入推导式以取代△，这扩展了由范畴部分提供的推导式。△指示词库中的词项可以出现的位置，除了△，范畴部分的终端符号也可以是be、of等之类的语法成分。由范畴部分的规则引进的一些终端符号有固有的语义内容。

由基础规则生成的带标记的括号被称为基础短语标记（base phrase-marker），基础规则，也就是范畴部分的短语结构规则与上一段所提到的词汇插入规则。更一般地说，我们这里用术语“短语标记”指由带标记的括号正确括起来的任何成分串[①]。转换部分的规则以某种固定方式更改短语标记。这些规则按“$T_1$，……，$T_m$”的序列安排。这列规则以循环的方式应用于基础部分的短语标记。首先，它应用于受S支配的构型，即“[s……] s”构型，该构型不包含S的其他出现场合。当转换规则应用于所有这些构型之后，下一步就会应用于受S支配的构型，包含规则已经应用的且只受S支配的构型。这种过程一直持续到规则应用于完整的短语标记，该短语标记在基础短语标记中受S的第一次出现的支配。这时，就有了表层结构。转换操作的顺序条件可能比较松散——对转换操作集合｛$T_1$，……，$T_m$｝可能有某种顺序条件，也可

① 可能需要更概括的概念“短语标记”，但我们在这里将撇开这个问题。

能是在循环的某个阶段，如果转换不违反这些条件，一系列转换就可以应用——但我在这里不能深入探讨这个问题。

128 句法部分的属性可以通过例子更清晰地说明（这个例子自然必须过分简化）。考虑英语的子部分，它的词库（18）与范畴部分（19）如下所示：

（18）词库：it，fact，John，Bill，boy，future （名词 N）
dream，see，persuade，annoy （动词 V）
sad （形容词 ADJ）
will （情态动词 M）
the （限定词 DET）

（19）S → （Q） NP AUX VP
VP → be ADJ
VP → V （NP） （of NP）
NP → （DET） N （that S）
AUX → past
AUX → M
N，V，ADJ，DET，M → △

在（19）中，圆括号用来表示该成分在规则中可能出现也可能不出现。所以（19）中的第一行是两个规则的简写形式，一种规则中的 S 可重写为“Q NP AUX VP”，另一种规则中的 S 可重写为“NP AUX VP”。同样，（19）中的第三行实际上是四个规则的简写形式。（19）中的最后一行代表五种规则，其中的每一个规则都将左边的一个范畴符号重写为空的终端符号。

这个范畴部分提供了如下的推导式：

（20）a. S
NP AUX VP
NP AUX be ADJ
N AUX be ADJ
N past be ADJ
△ past be △

b. S

NP AUX VP

NP AUX V NP of NP

DET N AUX V N of DET N that S

DET N M V N of DET N that S

△ △△△△ of △ △ that S

△ △△△△ of △ △ that NP VP

△ △△△△ of △ △ that NP AUX V

△ △△△△ of △ △ that N AUX V

△ △△△△ of △ △ that N past V

△ △△△△ of △ △ that △past △

这些推导式按上述方式建构，可用带标记的括号法表示。为清晰起见，我们将用等价的树形图表示： 129

（21）

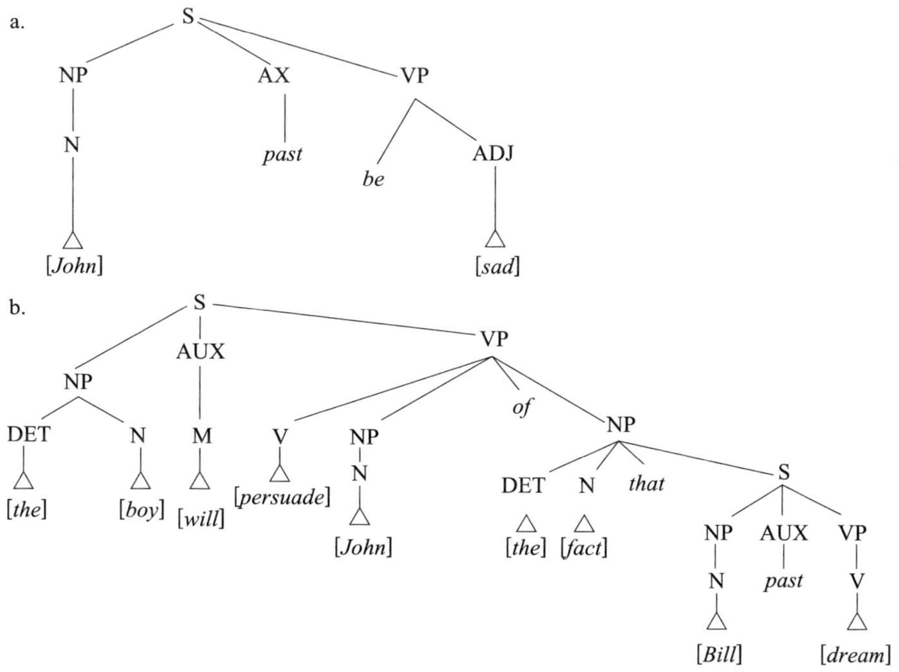

我们现在用词库完成基础推导式（20a）与（20b）。词库中的每个词条包含着句法信息，这些句法信息识别推导式中词条可以替换的△的出现。比如说，（18）中五行项目可以替换△的出现，在（21）的树形图中△分别受 N、V、ADJ、M、DET 等范畴符号的支配。

但限制比这还要窄得多。（18）中的动词（第二行），只有“persuade”可以替换受 V 支配的△的出现，但 V 的这个出现在 VP 中由“NP of NP”紧随其后，我们可以得到“…persuade John of the fact.”，但得不到“…dream (see，annoy) John of the fact.”。同样，（18）中的名词（第一行），只有“fact”可以出现于“DET __ that S”语境中（如“the fact that John left”）；只有“it”可以出现于“__ that S”形式的 NP 中[1]；只有“fact、boy”与“future”可以出现于“DET __”形式的 NP 中（“the fact”、“the boy”、“the future”）。忽略细节，这种限制的一般属性相当清楚。因此，如果假定词条包含了合适的词汇特征，通过在（21）中插入被封闭在括号中的项目，则可以将（20）中的基础推导式扩展为（22）这种终端符号串。

（22） a. John past be sad

b. the boy will persuade John of the fact that Bill past dream

130 对推导式做其他选择的话，我们也可以构成像（23）这样的终端符号串。

（23） Q the boy will dream of the future

it that John past see Bill past annoy the boy

John will be sad

John past see the future

我们按如下方式构成完整的基础推导式：先使用范畴部分的规则，然后根据词条的句法特征，用词条替换空符号△的特定出现。相应地，我们得到如（21）所表征的那样的带标记的括号，其中词条按允许的方式替换了△的出现。这些都是基础短语标记。

---

① 这可能不清晰，我们直接回到例子。

请注意，向基础短语标记引进词条的规则，它在特征上完全不同于范畴部分的规则。我们用来构成（20）的规则（19）是非常基本的。每一个这样的规则都允许符号串“……A……”中的某个符号 A 被重写为某个符号串 Z，这种重写在推导式中不依赖于 $A$ 的语境与 $A$ 的来源。但在引进词条以替换△时，我们必须考虑△所出现的短语标记的被选择的方面。例如，如果△在短语标记中受 N 支配而不是受 V 支配的话，它的一个出现可以被“John”替换。因此，词汇插入规则，像范畴部分的规则一样，确实不适用于范畴和终端符号串，但适用于（21）这样的短语标记。应用于短语标记，并以某种方式改变短语标记的规则，用当前的术语可称之为（语法）转换。因此，词汇插入规则是转换规则，而范畴部分的规则是简单的重写规则。

现在让我们回到例子（22a）和（22b）。首先考虑（22a），其基础短语标记为（21a）①。我们立刻看到（21）只包含句子“John was sad.”的深层结构所需要的信息。显然，符号串“past be”只是构成要素“was”的表达式，就像“past see”表征为“saw”与“past persuade”表征为“persuaded”一样。通过应用将“past be”转化为构成要素“was”的规则，我们得到句子“John was sad.”的表层结构。此外，如果我们用前面（121～122 页）所描述的方式定义语法功能和语法关系，则（21）表示“John”和“past be sad”之间存在主谓关系，它也包含了意义负载项“John、past、sad”的语义信息；事实上，我们可以假设，“past”本身就是一个普遍的有固定语义内容的终端符号；也可以假设，像词条的语音特征一样，从上面讨论的表达式的普遍系统中，选择词条“John”和“sad”的语义特征。总之，（21a）包含语义 131
解释所需的所有信息，因此，我们可以把它当作句子“John was sad.”底层的深层结构。

这个例子的正确性在于其非常普遍的正确性，即由范畴部分和词库生成的基础短语标记是决定语义解释的深层结构。在这种简单的情况

① 所以，如其所示，我们假定（21a）与（21b）插入合适的词项扩展成完整的短语标记。

下，只需要一个规则就可以将深层结构转化为表层结构，如将“past be”转化为构成要素“was”的规则。这个规则很显然是同样适用于形式为“past V”的任意符号的规则的特殊情况，因此它确实是非常简单的转换规则（用刚刚给出的术语来说），胜于我们在范畴部分所发现的那类基本规则。这种观点可以概括化，即把深层结构转化为表层结构的规则是转换规则。

假定我们构成的是一个非常类似于（20）的推导式，而不是（20a）这个推导式。该推导式的短语标记如下：

（24） S

Q NP AUX VP

Q NP AUX be ADJ

Q N AUX be ADJ

Q N M be ADJ

Q △ △ be △

Q John will be sad

我们想让符号 Q 表示有固定语义解释的普遍终端字母，即相关句子为疑问句。假定句法的转换部分包含着这样一种规则，它能将“Q NP AUX……”形式的短语标记转化为相对应的“AUX NP……”形式的短语标记（即转换操作只用 Q 替换 AUX，其他短语标记不变）。该规则作用于（24）这样的短语标记，可得到句子“Will John be sad?”的带标记的括号，即形成该句的表层结构。

假定我们用重写 AUX 为 past 的规则取代（24）。上段的疑问句转换所给出的结果将是终端符号串为“past John be sad”的短语标记，跟（24）中给出的结果“Will John be sad?”相同。很显然，我们必须修正疑问句转换规则，使得它不仅仅倒置“past”，而且在某些情况下也能倒置符号串“past be”，以至于能最后推导出“Was John sad?”。当这些规则被正确应用的时候，这种修正实际上很直接。

在（24）中，无论我们选择 M 还是“past”，生成的基础短语标记都有资格充当深层结构。根据先前提出的定义，“John”跟“will

(past) be sad”的语法关系，在（24）中跟在（20a）中完全相同，这也是经验上的充分性的要求。当然，表层形式并不直接地表达这些语法 132
关系；正如我们早先观察到的那样，重要的语法关系很少在表层结构中直接表达。

现在让我们转向更复杂的例子（20b）—（21b）—（22b）。（22b）的基础短语标记是（21b），它表达了句子“The boy will persuade John of the fact that Bill dreamt”的语义解释所需的信息，这个句子就是由（22b）推导出来的，其中就用了将“past dream”转化为“dreamt”的转换规则。因此，（21b）可以看作这个句子背后的深层结构，正如（21a）为“John was sad”的深层结构一样，也如对应于（24）的短语标记为“Will John be sad?”的深层结构一样。

假设在重写（20b）中第三行的 NP 时，我们所选的不是“DET N that S”而是“N that S”［请看（19）的第四行］，则（18）中出现于 N 的位置的唯一词项为“it”。因此，我们推导出的是（25）而不是（22b）：

（25）The boy will persuade John of it that Bill past dream.

这两个句子中相关成分的语法关系与语义内容都没有改变。现在，假定句法的转换部分包含有如下效应的规则：

（26）a. it 在 that S 之前被删除

b. of 在 that S 之前被删除

按（26a）和（26b）的顺序依次对（25）进行操作，并用把“past dream”转化为“dreamt”的规则，我们推导出“The boy will persuade John that Bill dreamt.”的表层结构。对应于（25）的基础短语标记为这句话背后的深层结构。

注意，规则（26a）更为普遍。假设我们选择名词短语 NP“it that Bill past dream”做“past annoy John”的主语，这也受规则（18）（19）准许。由此得到：

（27）it that Bill past dream past annoy John

应用规则（26a）（与形成动词过去式的规则），我们得出“That Bill

dreamt annoyed John."。我们也可以应用有（28）效应的转换规则：

（28）形式"it that S X"的短语标记被重组为对应的形式"it X that S"的短语标记。

对（27）应用规则（28），我们得到"It annoyed John that Bill dreamt"。在这种情况下，（26a）是不适用的。因此（27）有两个表层结构，一个取决于（28），另一个取决于（26a）；由于具有相同的深层结构，这两个表层结构同义。在（25）这种情况下，（28）是不适用的，因此，我们只有一个对应的表层结构。

考虑其他的转换规则，我们可以进一步探讨例（25）。假定内嵌句
133 中选择的不是"Bill"，而是第二次选择"John"。英语和其他语言都有一个一般性的转换规则，即对重复项进行删除。应用该规则和其他显而易见的辅助性规则，我们将由深层结构推导出（29）：

（29）The boy will persuade John to dream

该深层结构包含而且必须包含一个子短语标记，该子短语标记表达了"John"为"dream"的主语这一事实。事实上，在这种情况下，深层短语标记会稍微有些不同，不过这种不同在这种概略性的描述中可以忽略。

现在假定我们添加了一个转换规则，它以非常明显的方式将形式为"NP AUX V NP"的短语标记转化为相应的被动形式①。将这个规则应用于跟（21b）非常像的短语标记，如（25）与（29），我们将会得到句子"John will be persuaded that Bill dreamt (by the boy)"与"John will be persuaded to dream (by the boy)"的表层结构。在各种情况下，语义解释都是对底层短语标记的解释；在某些情况下，重要的语法关系在表层结构中会被完全遮蔽。因此，在句子"John will be persuaded to dream"中，"John"为"dream"的实际主语这一事实，在表层结构中没有显示出来，但在底层的深层结构中却被直接表达出来了，像我们之前所观察到的那样。

从这些例子中，我们可以看到一系列的转换是怎样形成非常复杂的

① 注意，这个转换将修改它所应用的短语标记，其方式比上文讨论的还要彻底，但原则仍然相同。

句子的，句中成分之间非常重要的关系并没有以任何直接的方式呈现。事实上，只有在人为的简单例句中，深层结构和表层结构才会对应得紧密些。在日常的普通句子中，语法关系非常复杂，因为在将底层结构转化为表层结构的过程中应用了一长串的转换。

我们所用的例子都是生硬的和不自然的。只用较少的基本语法，就可以提供非常自然的例子。例如，我们可以用更能让人接受的句子取代由（26）通过规则（27）或（28）形成的句子，如“That you should believe this is not surprising.”和“It is not surprising that you should believe this.”等。事实上，我们所用例子的不自然，正好阐明了一个简单但又常常被忽视的观点，那就是一个句子的固有意义及其语法功能是由规则决定的，而不是由使用条件、语境和内部成分的频率等决定的[①]。因此，上面的几段例子在一些说话者的经验中（或者说，在语言 *134*
的历史中）可能从不会产生，但是它们作为英语句子的身份，理想语音和语义解释是不会受这一事实的影响的。

因为一系列的转换会造成短语标记的重大修改，所以我们对以下事实的发现不必感到惊讶：单一的结构[②]可能源于两个完全不同的深层结构，即某个句子具有歧义［参见110页例句（4）］。歧义句能够特别清晰地表明表层结构作为深层关系的表达式是不充分的。[③]

更普遍的是，我们可以很容易地找到这样的成对的句子，它们在本质上有着相同的表层结构，却有着完全不同的语法关系。这里只举一个例子，请比较（30）中的句子：

---

① 尽管这些因素可能会影响运用。因此，它们可能影响物理信号，并在决定人们如何解释句子方面起作用。在产生和理解句子时，听—说双方都利用理想的语音解释与语义解释，但其他因素也会起作用。说话者可能只对让自己所说的被听懂感兴趣，听话者可能只对确定说话者的意图感兴趣（这可能跟他所生成的句子或句子片段的字面语义解释不同）。我们必须再一次坚持区分运用与能力的必要性，如果其中的某一个需要认真研究的话。

② 更准确地说，两个表层结构足够接近，以至能决定相同的语音表达式。

③ 作为研究工具，现代语言学也偶尔使用语言的这种属性。最先概括讨论如何使用歧义阐释句法结构某些概念的不充分性的是霍凯特的《语法描写的两种模型》（C. F. Hockett，Two Models for Grammatical Description，*Word*，Vol. 10，1954，pp. 210－31，reprinted in M. Joos，ed.，*Readings in Linguistics One*，4th ed.，Chicago：University of Chicago Press，1966）。

（30） a. I persuaded the doctor to examine John.

我劝医生检查约翰。

b. I expected the doctor to examine John.

我希望医生检查约翰。

它们的表层结构在本质上是相同的。例句（30a）跟例句（29）的形式相同。（30a）由一个和形式（31）大致相同的深层结构推导而来：

（31） *I past persuade the doctor of it that the doctor AUX examine John*

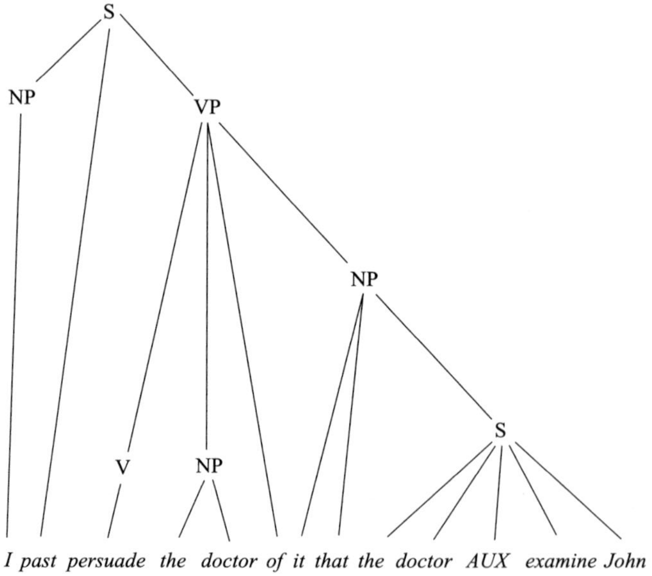


135 这个深层结构在本质上和（21b）是一样的，通过与例句（29）有联系的转换过程，我们由它推导出例句（30a）。但是在例句（30b）中，没有像"I expected the doctor of the fact that he examined John"、"... of the necessity（for him）to examine John"等有关的结构，而在例句（30a）中有。相应地，没有理由将（30b）分析为由（31）这样的结构推导而来，（30b）底层的深层结构应该像（32）这样（再次省略细节）：

（32） *I past expect it that the doctor AUX examine John*

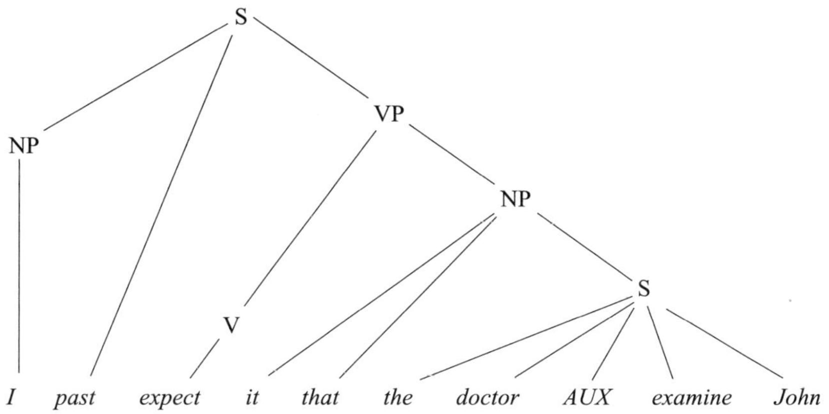


有很多其他事实支持（30a）与（30b）的这种分析。比如说，我们可以根据（32）这样的结构形成“What I expected was that the doctor (will, should, etc.) examine John”，所用规则跟由“NP-V-NP”结构“I saw the book.”的底层结构推导出“What I saw was the book”的规则相同。但我们不能形成对应于（30a）的“What I persuaded was that the doctor should examine John”，因为（31）这一底层结构不是转换所需要的“NP-V-NP ”形式。对（32）应用规则（26a），我们推导出“I expected that the doctor (will, should, etc.) examine John.”。通过使用得出（29）的相同规则，我们推导出（30b），其中内嵌句包含的是“to”而不是“that”，在这种情况下，内嵌句不包含范畴 AUX 的其他表达式。

忽略无关细节，我们看到（30a）由（31）推导而来，（30b）由（32）推导而来，所以，尽管（30a）与（30b）的表层结构几乎等同，但它们的深层结构却非常不同。深层结构中必须有这种区别的说法也根本不是显而易见的①。但如果我们考虑以下效应，就会很清楚，如用被动形式“John to be examined by the doctor”替换（30a）与（30b）中的“the doctor to examine John”，分别得到待考察的（33）与（34）：

（33） a. I persuaded the doctor to examine John ［＝30a］ *136*

① 事实上，英语的现代语法学者与传统的语法学者好像都没有关注这种现象。

我劝那个医生检查约翰。

b. I persuaded John to be examined by the doctor.

我劝约翰由那个医生检查。

(34) a. I expected the doctor to examine John [=30b]

我希望那个医生检查约翰。

b. I expected John to be examined by the doctor.

我希望约翰由那个医生检查。

(34) 中句子的语义关系完全不同于 (33) 中句子的语义关系。我们可以通过考虑真值中的关系看出这点。(34a) 和 (34b) 在真值上必然相同：如果"我希望那个医生检查约翰"，那就是"我希望约翰由那个医生检查"，反过来也是如此。但是 (33a) 和 (33b) 在真值上没有必然的关系："我劝那个医生检查约翰"，并不意味着"我劝约翰由那个医生检查"，反过来也如此。

实际上，从某种非常清晰的意义上说，内嵌句中主动与被动的转换在 (30b) 中而不是在 (30a) 中保持意义不变。这种解释直接来自对这些句子底层的深层结构的考虑。用被动形式替换 (32) 中的主动形式，我们接着推导 (34b)，其方式跟由 (32) 推导 (30b) 相同。但要推导 (33b)，我们不仅要对 (31) 中的内嵌句进行被动化，而且必须选择"John"而不是选择"the doctor"作动词"persuade"的宾语；否则，删除重复的名词短语的条件将不能得到满足，像 (29) 的推导一样需删除重复的名词短语。所以，(33b) 与 (33a) 的深层结构完全不同。不仅是内嵌句需要被动化，而且 (31) 中的宾语"the doctor"也必须换成"John"。因而，这种语法关系是完全不同的，相应地，语义解释也不同。这一直是事实，在这两种情况中，被动化不会改变意义 (这里是就相关的"意义"而言的)。在 (30a) 中，当"the doctor to examine John"被换成"John to be examined by the doctor"时，意义会发生变化，意义的变化是由语法关系的变化引起的，现在深层结构中动词短语的直接宾语是"John"，而不是"the doctor"。就 (34a) 来说，它没有对应的变化，因此当它的深层结构变为被动语态时，意义保持不变。

例子（30a）和（30b）再次说明：表层结构在表征语义上的重要的语法关系时表现不充分（而且，总体来说是不相干的）。有的带标记的括号传达的是语音解释所需的信息，有的带标记的括号传达的是语义解释所需的信息，一般来说两种括号标记很不相同。例子（30a）和（30b）也说明了把一个人的“语言直觉”变成意识可能非常困难。我们已经看到，英语语法作为能力的体现（参考 102 页的注释），为了描写的充分性，必须向（30a）和（30b）中的句子指派不同的深层结构。每个说话者内化的语法的确都能够区分这些深层结构，我们可以从如下事实中看出：任何英语说话者都有能力理解用被动形式替换（30）中两句 137
的内嵌句有什么后果。但即使仔细地观察说母语者，都可能会忽略他内化语言能力的事实。

这些例子或许能够展现语言句法结构的特点。总结我们关于句法部分的观察，得到的结论是，它包括一个基础与一个转换部分。基础生成深层结构，转换规则把深层结构转化为表层结构。基础的范畴部分定义了语言中重要的语法关系，把合理的顺序指派给底层短语，而且以各种方式决定应用哪种转换①。词库详述了各个词项的独特属性。基础的这个部分似乎能够一起为语义解释提供相关的信息，从我们使用这个术语的角度看，也受制于前面所提到的条件。转换规则将短语标记转化为新的短语标记，影响了各种重新排序与重新组织。会受影响的变化种类是极其有限的；但是，我们在这里将不会深入讨论这个问题。然而，顺次应用转换，可能会非常彻底地影响基础短语标记的组织。因此，转换提供了种类繁多的表层结构，它们与它们起源的并且表达语义内容的基础结构没有直接或者简单的关联。

非常重要的事实是：由深层结构到表层结构的映射不是一步达成的，而是可分析为一系列连续的转换步骤。对由深层结构到表层结构的映射有贡献的转换，可以用许多不同的方式联合在一起，这取决于它们

① 这种决定是否是唯一的，目前尚无定论。

应用的深层结构的形式。既然这些转换顺次应用，每个转换就都要为下个转换的应用产生一类结构。在我们的形式描述中这个条件被满足，因为转换应用于短语标记并将它们转化为新的短语标记。这里有一个很好的经验证据，即决定语音形式的表层结构实际上是短语标记（即构成要素的括号标记）。因而可以断定，在我们的形式描述中，最初应用转换的深层结构自身也应该是短语标记。

原则上，一套语法关系可以用很多种方式表现出来。我们选择的是短语标记的方法，短语标记是由基础规则生成的。选择短语标记的方法的一个主要原因正好是如下事实：转换必须顺次应用，所以也必须应用
138 于它们自身所产生的客体，最终应用于跟表层结构有着相同形式属性的短语标记[①]。

## 结论性观点

刚刚所呈现的语法理论需要各种评论。我们早就指出，一种语言的语法，为了经验上的充分，它必须准许有限手段的无限使用。我们把这种递归性赋予句法部分，生成无数成对的深层结构和表层结构。现在我们将语法的递归性进一步局域化，把它赋予基础的范畴部分。基础规则引进作为推导式起头的初始符号 S，例如（19）中的第 4 条规则。在深层结构中除了构建并列结构涉及的规则之外，用这种方式引进“命题内容”可能是语法中唯一的递归策略。并列规则所引发的问题超出了我们这里的讨论。

人类语言为什么应该有这种设计，特别是它们为什么应该用这类被描述为将深层结构转化为表层结构的语法转换？为什么它们不以更直接

① 这里还有其他的支持理由。一方面，总的来说，语法关系不是词间的关系，也不是语素间的关系，而且是短语间的关系。另一方面，经验主义的探讨一致地显示出在底层结构中有一个最理想的短语顺序，这与底层结构由上面讨论过的基础系统生成的假设相一致。

的形式来利用深层结构呢?[①] 提出这样的问题是合理的，对此，可以立刻想到两个理由。我们已经观察到，词汇的插入条件本质上是转换的而不是短语结构的（请参见 130 页）。更普遍的是，当我们认真研究一门语言的时候，我们会发现很多的非短语结构的限制（例如，132 页与 136 页的删除等同项所涉及的限制）。因此，转换不仅将深层结构转化为表层结构，还有一种“过滤效应”，即排除一些潜在可能的而又不合格的深层结构。[②] 除此之外，我们将会自然地倾向于根据语言交际必须满足的经验上的限制，以此来寻求一种对使用语法转换的解释。即使是最简单的事实，如声音的不可复原性，也会影响到言语，但言语不需要影响仅为书写设计的语言系统（如 138 页注释提到的人造系统）。书写系统提供的是“外部记忆”，后者以非常重要的方式改变感知问题。我 *139*
们希望为满足言语交际条件而设计的系统在某种程度上能适应记忆的负担。事实上，语法转换很重要的特点就是以明确的方式减少了短语标记中语法结构的数量，其后果可能是使相当受限的短时记忆中的言语感知问题变得容易[③]。这个观察为进一步研究提出了一些有前景的方向，但在今天可理解的基础上并没有什么实质性的东西可以满怀信心地去论说。

对于一个更深远的要点需要进行一些说明。我们在本章开头就注意到，如果要成功地研究语言运用和语言能力，则必须严格地区分它们。

---

① 就此而论，我们有趣地发现，这种上下文无关的短语结构语法的理论（请参见 125 页）在充分性上非常接近于为了不同的目的而设计的“人造语言”，例如，为了数学或逻辑而设计的“人造语言”或电脑语言。

② 因此，在某些情况下，像潜在的“半语法句子”，这种句子按所指出的方式违反了语法规则。这暗示了解决 24 页注释中所触及的问题的方法。

③ 关于这个问题的有些推测以及关于一般问题的探讨，详见米勒（G. A. Miller）和我的《语言使用者的限定性模型》，该文载于卢斯、加兰特和布什主编的《数理心理学手册》的第二卷，该书 1963 年由纽约的威立出版社出版（G. A. Miller and N. Chomsky，“Finitary Models for the User，” in R. D. Luce，E. Galanter，and R. Bush，eds.，*Handbook of Mathematical Psychology*，New York：Wiley，1963，Vol. II.）。转换可能促进运用这一观点隐含在英维（V. Yngve）的《语言结构的模型和假设》中，该文发表于《美国哲学学会学报》（V. Yngve，A Model and a Hypothesis for Language Structure，*Proceedings of the American Philosophical Society*，1960，pp. 444 - 66）。

我们目前已经探讨了语言能力的一些模型。这些模型具有吸引力，但是把它们同样当作语言运用模型的话，则显得有些荒谬。因此我们建议，在造句的时候，说话者经过以下连续步骤：从初始符号 S 开始一行又一行地建构基础推导式，接着插入词项，然后运用语法转换形成表层结构，最后依据前面讨论的循环原则按照特定顺序运用音系规则。任何这样的假设都是毫无根据的。事实上，这意味着：说话者在选择词项之前（决定将要说什么之前），先选择了句子结构的一般属性，但这样一种观点不但看起来无理无据，而且和我们可能有的关于造句底层操作的含糊直觉完全相反。关于语言运用（产出或感知）的理论将不得不将关于语言能力的理论（语言的生成语法理论）作为最基本的部分进行融合。但语言运用模型可按不同的方式构建，这跟固有的假设即语言运用以语言能力为基础是一致的。对于这个话题，还有很多内容值得探讨，不过这就超出了本章的范围了。

正确规定语法的各部分及其子部分的属性，沿着这章勾勒的线索，我们为任何人类语言的结构都建构了一个高度受限的假设。我们说了很多次，在先验的基础上，没有必要认为语言必须有这类的结构。进一步说，除了上文所描述的限制以外，语法似乎还可以有非常严格的限制。比如说，也许（事实上，就像传统假设认为的那样）基础结构在两种语言之间只有很细微的差异；并且，通过充分限制基础结构的可能范围，也许能够为在范畴部分的规则中起“非终端符号”作用的范畴给出一个
140 非常普遍的定义。正如之前的观察，这能为语法关系提供一个独立于语言的定义，并且增加了语义解释中存在最深层的普遍原则的这种可能性。

提到这些可能性，我们必须注意那些广泛传播的观点，它们认为现代语言学的探讨不仅完全驳倒了传统的普遍语法规则，还表明寻找一些这样的原则从一开始就是欠妥的。不过在我看来，这样的结论是基于对传统普遍语法的严重误解，也是基于对现代研究结果的错误解释。根据那时能获得的信息，传统的普遍语法试图去证明，从一种语言到另一种语言，深层结构的差异是非常小的。表层结构可能会高度不同，这是从来没有被怀疑过的。它还假定语法学、语义学和语音学的范畴是普遍

的，并且受多种限制。事实上，现代的“人类语言学”没有为“深层结构的一致性”这一假设提供任何证据，至于范畴的普遍性，传统的看法在描写工作的实践中被普遍接受[①]。

现代语言学与人类语言学无论是在理论上还是实践中都很少关注深层结构。大量的表层结构在其描写工作中被揭示出来，像传统的普遍语法所预测的那样。然而，一个好的例子可以专为以下结论提出：传统普遍语法最根本的错误就在于它没有充分地限制它为人类语言所提出的普遍条件——为解释经验事实必须假设非常严格的条件。

我们之前用阐释性的例子讨论英语的结构，这种讨论必然是非常浅显的，而且只局限于非常简单的语言现象。但即使是讨论我们所涉及的话题，也需要非常直接的语言知识和建构得相当好的生成语法理论。相应地，只有当这类已阐释的问题获得认真的研究时，才能对普遍语法理论做出贡献。

在这些情况下，即使是今天，支持普遍语法假设的证据也非常少，这毫不奇怪。普遍语法假设，可以有信心地去构建，而证据却只能来自对世界上很少的语言所做的非常少的研究。所以普遍语法假设是高度尝试性的。另外，证据的不充分性也不能被扩大。这确实如此，也没有矛盾，即单个语言也能为跟普遍语法相关的结论提供强有力的证据。当我 141
们重新考虑语言习得问题（参见 106 页）时，这会变得更加明显。儿童很可能是根据相当有限的证据获得其语言的生成语法的[②]。为解释儿童的这种成就，我们必须假定非常丰富的内部结构——一种对其语言习得有贡献的非常受限的普遍语法理论。

例如，之前我们曾建议：为解释英语重音曲线的感知，我们必须假

① 普遍语音学的传统理论在很大程度上被接受为现代研究的基础，并且被大大地完善和扩充。请参见 65 页注释中所引文献。

② 更进一步地说，是非常差劲的那类证据。因为大量正常的言语是由错误的开始、不连贯的短语和其他偏离理想能力的变异构成的，所以儿童对于形成句子的规则的结论很可能是基于由在很大程度上破坏规则的话语。这不是“规范语法”的问题。关键是人的正常言语在很多方面偏离他自己内化的语法规则，这种偏离跟许多因素有关，这些因素跟决定运用的底层能力相互作用。相应地，作为语言学习者，他根据语料习得一种语法，而这种语法把很多语料认定为变异的或不规则的，这就是这种语法的基础。

定语言使用者利用循环应用原则。我们也注意到他几乎没有足够的证据来支持这一原则。因此，做如下假定似乎是合理的：这个原则只是先天程式的一部分，所以，虽然他所能获得的证据是有限的、片段式的，但他可用该程式进行解释。换句话说，那是普遍语法的一部分。同样，如果我们准备解释我们所提到的那些事实，则很难想象什么样的“归纳原则”可以引导一个孩子准确无误地去做关于深层结构与语法组织的假定，这种语法组织似乎是有必要的。探讨这类原则并没有特别好的根据。做以下假定似乎很合理：英语的这些属性，实际上就是普遍语法的事实。儿童的习得问题不是那显然不可克服的归纳技巧，即由有限的语料归纳出转换生成语法，而是另一种技巧，即由它发现他直面的是哪种可能的语言。按这种方式论证，我们即使研究的是单个的语言，也能得出关于普遍语法的结论。

将语料呈现给儿童，他一定会通过检查种类相当有限的假设（语法），以确定这些假设跟这些语料之间的兼容性。选择已定种类的语法后，他将控制由该语法生成的语言①。因此他会知道大量的他从未接触
142 过的现象，从任何明确的意义上说，这些现象跟他所接触过的现象没有“相似性”和“类似性”②。比如说，尽管（33）和（34）是全新的句子，但他会知道这些句子中的关系；尽管这些语音表达式是全新的且缺乏物理基础的，但他会知道什么样的重音曲线会指派给话语；如此等等，还有无数其他类似的例子。知识和经验之间的不同可能是人类语言最显著的事实。对此进行解释是语言理论的核心问题。

从当代语言学研究中浮现出来的基本结论似乎日渐清楚，那就是如果要解释语言使用与语言习得等事实，则必须利用关于生成语法形式的

---

① 我们详尽地提出语言习得的“瞬时模型”，这种模型肯定是错误的，不过粗略地看，是可以接受的，且可被认为是合理的。这不是否认一个好的学习结构值得研究的观点。问题是经验能引起知识和信念变化的可能性的范围是什么。如果范围过窄（对于我而言，上文提到的那类考虑已经暗示过），则这类已经暗示的粗略看法将会成为任何富有成果的学习研究的前提。如果“瞬时模型”得到经验上的充分支持，有很多问题立刻随之而来：比如说，抽取假设的策略是什么，在一个阶段所获得的一系列假设如何依赖于那些在上一个阶段被检验的假设，等等。

② 另外，换句话说，在某种意义上就是它们由相同的理论进行假设。

非常严格的初始假设。更进一步地说，直到目前为止，没有证据表明人类语言的各种生成语法是最棒的。毫无疑问，我们这里粗略描述的普遍语法理论也将会被证明在各方面不正确。但它的基本缺陷不可能是它准许自由地建构语法，也不可能是人类正常情况下需要的语言种类实际上比该理论所暗示的语言种类要少得多。尽管生成语法今天仍然屹立于学术之林，但它对人类语言结构施加的限制非常少。如果这种基本结论能够被稳固地确立，甚至被大大地加强，这对于理论心理学将是非常有启发性的贡献。今天很难像 17 世纪那样敞开地争论这个问题，语言学的中心问题和关键问题是用特殊语言中的经验证据来改进普遍语法的原则。在本章中，我试着提出了一些建构得比较好的原则，也试着解释了一些与这些原则相关的经验问题。①

① 除了前面的注释中提到的著作以外，在下面这些著作中也可以查询到本章所触及的话题的进一步发展，如我的《句法结构》与《句法理论的若干问题》（N. Chomsky, *Syntactic Structures*, The Hague: Mouton, 1957; N. Chomsky, *Aspects of the Theory of Syntax*, Cambridge, Mass.: MIT Press, 1965），哈勒的《俄语中的语音模式》（M. Halle, *Sound Pattern of Russian*, The Hague: Mouton, 1959），卡茨、波斯特的《语言描写的一体化理论》(J. Katz and P. Postal, *An Integrated Theory of Linguistic Descriptions*, Cambridge, Mass.: MIT Press, 1964)。还可参见福德与卡茨主编的《语言结构：语言哲学读本》(J. Fodor and J. Katz, eds., *Structure of Language*: *Readings in the Philosophy of Language*, Englewood Cliffs, N. J.: Prentice-Hall, 1964)。关于这里所谈的英语结构的更多信息，可参见李斯的《英语名物化的语法》（R. Lees, *Grammar of English Nominalizations*, New York: Humanities Press, 1963）与罗森鲍姆的《英语述补结构的语法》(P. Rosenbaum, *Grammar of English Predicate Complement Constructions*, unpublished Ph. D. dissertation, MIT, 1965)。更多材料请参见所引文献。

# 第六章　语言学与哲学

143 语言学和哲学的研究方法和关注对象在很多方面具有相似性。因此坚持认为这两个学科具有明确的区分，或者其中一个学科对从另一个学科中获得的见解采取漠视的狭隘态度，这些都是不明智的做法。两个学科之间的相互借鉴可以带来丰硕的成果，这样的例子我们可以举出很多。芝诺·万德勒（Zeno Vendler）在他最近的专著《语言学与哲学》一书中甚至提出，“结构主义语言学这门科学”为分析哲学提供了“新的技术手段”，而这些现象只是“自然延续了历经日常语言哲学家直至奥斯丁（J. L. Austin）时期的发展线路”。基于以下将要说明的原因，对语言学能否按照万德勒所勾画的方式为哲学做出贡献，我持怀疑的态度。但是，我认为他说明了使用语言学的特定概念去研究分析哲学中所出现的问题，是可以带来有益的结果的。

从另一方面看，当语言学家将注意力转向意义和使用的问题时，毫无疑问，他们可以从针对这些问题的长期的哲学研究传统中获益，尽管我认为此时我们也应该持怀疑的态度。

为了方便这一话题和其他话题的讨论，请让我举一个当今研究前沿所讨论的问题作为例子。在任何语言的描写研究中，一个核心的问题是指定一系列的规则从而生成我们所说的话语的“表层结构”。我所说的“表层结构”指的是将话语分析为短语的层级结构，同时每一个层级属于一个特定的范畴。从某种明显的意义上来看，这个层级结构可以通过话语的带括号标记（labeled bracketing）加以表征。以下面的两个句子为例：

（1）John is certain that Bill will leave.

（2）John is certain to leave.

显而易见的是，这些话语的表层结构可以通过带括号标记进行表征，即：

（1）′[S [$NP^{John}$] [$VP^{is}$ [$AP^{certain}$ [$S^{that}$ [$NP^{Bill}$] $VP^{will\ leave}$]]]]] *144*

（2）′[S [$NP^{John}$] [$VP^{is}$ [$AP^{certain}$] [$VP^{to\ leave}$]]]

短语通过成对的括号加以限定，而赋予每一对括号的标记则说明被限定短语的范畴。因此在例（1）中，“certain that Bill will leave”是一形容词短语范畴的短语。在例（1）和例（2）中，“John”的范畴为名词短语。例（1）中的“will leave”是一个动词短语。例（1）和例（2）则属于句子范畴的短语。人们也许会质疑这些分析的具体细节，但是可以肯定的是，在描写的某个层面，这样的分析以及类似的表征组成了句子（1）和句子（2）结构上的重要特性。更为普遍的是，语言中每个句子都会具有一个与此基本类似的表层结构。比如，我们可以找到有力的证据来说明在较为普遍的音系规则的作用下，话语的语音形式基本上是通过这种方式的表征决定的。

如果接受以上的内容，研究英语的语言学家就会尝试制定一系列生成无数表层结构的规则，为英语中的每一个句子都找出一个对应的表层结构。与之相对，语言学理论所要关注的问题是这些结构在所有具体的语言中是如何生成的，另外，语言学理论还要尝试制定普遍性的原则，从而支配表述这些语言事实的规则系统。

考虑到我们如今已经获取的证据，我认为我们可以合理地提出每一种语言的表层结构都是由“深层结构”生成的。我所说的“深层结构”更为抽象，同时从“深层结构”到“表层结构”的生成是通过特定类型的形式化操作，即“语法转换”完成的。每一个转换操作都会将一个带括号标记的表达式映射到另一个带括号标记的表达式中，而深层结构本身也是带括号标记的表达式，无数种深层结构都是由一系列“基础规则”（base rules）规定的。转换操作根据一些固定的规约和原则有序地应用于深层结构，并最终生成语言中句子的表层结构。因此，表层结构可用一套定义无数种深层结构的基础规则与一套语法转换生成。

我们可以举例加以说明。再看例（1）和例（2），这两句底层的深层结构基本上可以通过例（1）″和例（2）″加以表征：

(1)″ 与(1)′相同

(2)″ $[S[NP[S[NP^{John}][VP^{to\ leave}]]]\ [VP^{is}[AP^{certain}]]]$

我们可以认为深层结构表达了这样的事实：在例（1）中，“John”的谓
145 语是“is certain that Bill will leave”；在表层结构极为相似的例（2）中，“that John leaves”这一命题的谓语是“is certain”，此时两句中的“certain”具有完全不同的意义。通过深层结构中的构型，我们可以很容易地定义主语和谓语的概念，从而表达预期的意义。从例（2）″生成例（2）′的操作包括“外移转换”（extraposition）和“it-替换”（it-replacement）。在前一个操作中，与例（2）″极为相似的结构生成结构式（3）。在后一个操作中，与（3）极为相似的结构生成例（2）′，但此时需要用“to”替换“will”，并且删除“that”。

(3) $[S[NP^{it}][VP^{is}[AP^{certain}]\ [S^{that}[NP^{John}]\ [VP^{will\ leave}]]]]$

在不考虑细节问题的前提下，“转换生成语法”理论认为所有的表层结构都是由更为抽象的深层结构通过上述类型的转换操作形成的，同时每一个转换操作都会将一个带括号标记的表达式映射到另外一个带括号标记的表达式中。句子（1）和句子（2）具有相似的表层结构，但是在深层结构中则具有很大的不同。句子（2）和句子（3）具有相似的深层结构，但是在表层结构中则具有很大的不同。语言的深层结构在种类上具有很大的限制性，同时还可能存在一些严格限制可能规则类别的普遍性条件。

再看语义阐释的问题。从这些极具代表性的例子中可以发现，表层结构对语义阐释并没有多大的指示作用，而深层结构则具有很大的启发性。继续这样的推理，我们可以通过下述方式将以上勾画的理论进一步细化。普遍语音学通过界定区别性特征的类别以及这些特征进行组合的特定条件，可以具体说明语音表征的可能类别。与此相同，我们可以假设存在一个“普遍语义学”的系统，其功能是界定一种自然语言中语义表征的可能类别。需要注意的是，在不知道组成成分的情况下，我们也完全可以进行普遍语义学的研究。与此相同，我们可以通过考虑长度各异的不同句子的数量、押韵和谐音现象以及多次重复条件下句子间隙漂移消失等内容，而得出令人信服的关于普遍语音学的结论，而无需考虑这一系统中可能的区别性特征的概念。在任何情况下，如果仍然认为这种研究方法具有合理性，那么我们就可以认为语言包含特定的规则，从而将深层结构和从普遍语义学中提取的表征联系起来。同样，语言还包含特定的音系规则，从而将表层结构和从普遍语音学中提取的表征联系起来。

在上述理论发展的这一节点，语言学家可以转而关注分析哲学的研究成果，特别是关于指称的不透明现象（referential opacity）的诸多研
究。在以上的解释中存在一个必要的经验性假设，即表层结构对意义没 146
有任何作用。表达式 P 对句子 XPY 意义的贡献必须在 P 潜在的深层结构中决定。对于指称的不透明现象的研究可以让我们发现大量的语料，从而说明不同表达式之间的替换会如何改变意义，即使这些表达式之间的语义关联极为紧密。以上所概述的研究方法需要保证在上述每一个案例中都会存在深层结构的对应性区别，从而导致意义的不同。如果不追究这一内容，我只能简单地指出这些例子的属性让人感觉这样的研究方法可能很难获得成功。但是无论如何，对于语言学理论这一方面的研究必须考虑哲学研究过程中所积累的大量证据。

我在前面已经提到过，在哲学研究过程中所提出的见解可能与语言理论核心内容的研究具有相关性。同样，语言学中的概念对于哲学家的研究也可能有所帮助。尽管如此，因为很多不同的原因，我认为我们不应该对这两个学科中成果的交换抱有太大的期望。在已经提到的案例当

中，我提出的观点是一个研究领域中偶然发现的副产品可能对于另外一个学科所关注的核心课题具有参考价值。除此之外，事实说明这两个学科都没有使用具有精细化和专业化属性的研究手段。因此，可以认为在这两个领域中，我们都有可能去收集并分析与该领域中的研究课题直接相关的信息。所以，当一个领域将另外一个领域中的研究结果作为基础时，这可能属于偶然现象。

基于这样的原因，我认为万德勒也许对他所提出的方法抱有过大的期待，即“受由结构主义语言学这门科学所整理的语言事实的吸引”。我相信现代语言学确实有值得赞扬的成就，而其中一些与哲学问题确实存在关联，但是我们需要记住的是这些成就很少可以归功于现代科学，更不用说现代技术了。在语言研究中，语料的收集是非正式的。关于数据收集和数据分析的复杂技术在设计上并没有难度，它们已经在行为科学中获得了广泛应用，但是现代语言学（语音学除外）则较少使用这些复杂的技术以及实验性的方法。我认为支持这一非正式程序的证据比较具有说服力。这些证据基本上可以让我们意识到：对于如今看起来极为关键的理论性问题而言，在不使用上述技术的条件下获得大量关键性的语料根本不是难事。因此，我认为现在处于最好发展时期的语言学缺少行为主义科学的众多特征。很明显的是，语言学中解释性理论的发展并不应当获得“科学性”这一崇高的称谓。我认为这些学术性的阐释是非
147 凡的，并且具有启发性。然而，除了可以归功于现代逻辑和数学的特定见解，这些成就在多年之前就应该被人们发现。事实上，要不是我下文将要讨论的一些经验主义假设在语言学中占据了主导地位，我猜想人们也许早就发现了这些成就，受过教育的人会把当前语言学所取得的这些崭新而又激动人心的成果视作理所当然。

哲学家可以提出很多关于语言的问题，而语言学家无法回答这些问题，可能也不会存在可以回答的希望。比如，关注知识问题或者因果关系（这是万德勒的例子）的哲学家可能会对“知道”（know）和“导致”（cause）等单词的具体特征研究感兴趣。因为语言学对这些语料并不拥有优先获取的特权，因此假如对语言学知识的了解可以为哲学研究

提供实质性帮助的话，那么这将是一件偶然性的幸运事件。语言形式对语言学家而言具有重要性，这不是因为语言学家对语言形式的概念或者命题表达的内容（如果存在的话）存在兴趣，而是因为语言形式可以为语言属性的基本假设提供证据。因此，语言学之所以对句子（1）、句子（2）以及句子（3）的分析感兴趣，是因为这一分析可以为深层结构和表层结构的属性以及将两者进行联系的语法转换操作提供线索。只有在上述语料可以在关于语法组织的一些有趣假设的基础上得到解释，而与其他假设不一致的情况下，这些语料才能体现出对语言学的重要性。这些语料本身不会比出现在非洲矿井底部感光片上的特定记号更有趣。这些记号对于基本粒子理论而言是关键性的，同理，句子（1）到句子（3）对语言理论也很重要。如果哲学家得出的结论或收集的语料对于语言学而言具有重要性，我们也可以对这一可能性做出相同的评价。

为了具体说明问题，让我们再次研究例（1）到例（3）中的句子。可以想象，对于关注不同确定性概念（various concepts of certainty）的哲学家而言，这些句子以及一些类似的句子可能是有趣的。而目前这些例子对语言学家具有吸引力则完全是因为其他方面的原因。因此有趣的是，句子（1）具有一个对应的名词化表达式，但是句子（2）却没有对应的名词化表达式。例（4）是句子（1）的名词化句式，但是我们不能根据句子（2）而形成例（5）：

（4）John's certainty that Bill would leave

（5）John's certainty to leave

这一区别具有更为广泛的普遍性，再看句子（6）和句子（7）：

（6）John is eager to leave

（7）John is easy to leave

与（6）对应，我们可以构建名词化的例（8），但是我们不能构建与句 148
子（7）对应的例（9）：

（8）John's eagerness to leave

（9）John's easiness to leave

需要注意的是，句子（6）与句子（1）相同，它们的深层结构与表层结构极为相似。而句子（7）和句子（2）相同的原因是它们的深层结构与表层结构极为不同。事实上，句子（7）的表层结构可以通过从（2）″以及（3）到句子（2）的操作形成，其生成的过程基本上可以通过例（10）加以展现：

（10）a. [$_S$ S for one to leave John]$_S$ is easy [与（2）″相同]

b. it is easy [$_S$ for one to leave John]$_S$ [与（3）相同]

c. John is easy to leave（=7，与 2 相同）

例（1）、例（2）以及例（4）到例（9）所体现的概括性内容是一个名词短语可以通过对应的基础结构（base structure），而不是表层结构的方式形成。因此，（4）对应句子（1）″，而（8）对应（6）[更合理的说法是对应（6）底层的深层结构，正如同句子（1）′是（1）的底层结构]，但是并不存在对应于表层结构例（2）和例（7）的名词化表达式例（5）和例（9）。这样的普遍性考察结果可以通过更多的其他例子加以说明。这些内容非常有趣，因为它们支持了深层结构在句子的心智表征中起作用的假设。我们发现当我们以此以及相关的假设为基础研究英语语法时，我们可以轻松地描写这些句子的类型，因为它们存在上文所讨论的名词化短语。我们无法以自然的方式通过表层结构来描写这一类型的句子，其原因是，正如我们已经看到的，具有相似表层结构的句子在构建名词化表达式的形式化过程方面具有完全不同的表现。我们可以继续尝试从更深的层面，通过制定普遍语法的原则来解释这些事实，这个原则会说明我们所讨论的名词化短语只能与深层结构形成对应关系。

总结以上内容，以上讨论的例子对语言研究非常重要，其原因在于它们为语言结构的特定理论提供了支持性的证据，而不是因为这些表示确定性的概念本身具有吸引力。语言研究对这些语料的收集很感兴趣，而关注确定性研究的哲学家却几乎无法从中获益。

除去偶发事件和个人历史的作用，只有在语言属性的结论对哲学家所关注的问题具有影响力的情况下，语言学才会对哲学体现出相关性。
149 我们无法预测将来这种相关性会体现到何种程度，也许事实会说明，将来关于语义结构和句法结构的语言学研究可以为特定类型的哲学研究提供坚实的基础。比如，有人认为具有跨语言学的有效性的动词的系统性分类跟哲学研究可能具有潜在的相关性。但是就目前而言，这只是对未来的期望，而不是当前的现实。我仍然认为，某种关于语言属性的有根据的结论确实与传统的哲学问题有关，但其相关性与之前提到的方式完全不同。具体来说，我认为这些结论跟知识是如何习得的这一问题相关，也跟人类知识的属性是如何由心智的某些一般性特征所决定的这一问题相关。在本文的剩余部分，我将要做的是重申对于这一问题的一些观点，而这些观点已经在其他很多地方都有讨论。[①]除此之外，我还将考虑哲学家们针对这些观点提出的一系列其他问题和反对意见。[②]

在研究人类认知过程时我们可以采用如下的策略。人们可以获取物理的刺激，并对这一刺激进行特定方式的解读。我们可以假设人们可以建构一个特定的“知觉对象”（“percept”）用来表征关于刺激来源的特定结论（一般是无意识的）。如果能够描写知觉对象的特征，那么我们就可以继续研究解读的过程。换句话说，我们可以继续提出一个将刺激作为输入项并将感知对象作为“输出项”的感知模型，这一模型可以满足已有的特定经验性条件，从而限制刺激以及对这些刺激的实际配对。比如，一个理解了句子（1）和句子（2）的人知道（不论他是否意识到这一点）句子（2）中所表述的命题是肯定（certain）的，而在句子（1）中，某个人对于某事是坚信（certain）的，此时这两个“certain”具有完全不同的意义。如果我们有兴趣研究语言的感知——具体来说，就是句子的理解过程——我们可以按呈现意义差别的方式从描写知觉对象开始。在指出（1）″和（2）″可以具有上文提到的不同解读时，我们已经使用了这一方式，而这也是知觉对象的基本组成部分。在此之后，我

① 参阅我在天赋观点研讨会上的报告，刊于《综合》（*Synthese*，Vol. 17，No. 1，March 1967，pp. 2－11），也可以参阅该文第11页引用的文献。

② 具体来说，有尼尔逊·古德曼以及希拉里·普特南在研讨会上的报告（刊于《综合》第17卷第1期，1967年3月，12～28页）以及亨利·希兹（Henry Hiż）与吉尔伯特·哈曼（Gilbert Harman）的评论性文章《语言学近期的一些问题》（Some Recent Issues in Linguistics），这篇文章刊于《哲学期刊》（*Journal of Philosophy*，Vol. 64，No. 2，February 2，1967，pp. 67－87）。后两篇文章基本是对我的《句法理论的若干问题》第一章内容的批评性分析（N. Chomsky，*Aspects of the Theory of Syntax*，Cambridge，Mass.：MIT Press，1965）。

们可以探讨在已知输入项，即刺激 1 和刺激 2 的情况下，听话人是如何建构这些知觉对象的。

一个关联刺激和感知对象的感知模型可能会包括特定的信念系统，用于解读刺激的特定策略以及其他因素——比如记忆的组织结构。对于
150 语言而言，称谓信念底层系统的技术术语就是“语法”或者“生成语法”。语法是一个规则系统，它生成无数种“潜在的知觉对象”，每一个潜在的知觉对象都具有自己的语音、语义以及句法表现，这类结构构成我们所讨论的语言。知觉对象本身属于一阶结构（first-order constructs），我们可以通过实验和观察确定它们的特征，而形成知觉对象的底层语法属于二阶结构（second-order construct）。要研究这个二阶结构，我们无需关注涉及语言使用和语言理解的其他因素，而应该将注意力转移到语言使用者以某种方式内化的语言知识[①]上来。

在关注这一系统之后，我们就可以探索这一系统的习得方式与习得基础。换句话说，我们可以尝试提出第二个模型，即一个将特定语料作为输入项并得出输出项的学习模型。此时的输出项就是信念系统，属于感知模型内在结构的部分内容。同时，这个输出项被表征为获得这个信念系统的生物体的“最终状态”（final state）。我们所要探讨的是，这个最终状态是如何通过天赋性因素、成熟过程以及生物体—环境之间的相互作用而成功获得的。

简而言之，我们可以由探讨“感知到了什么”这一问题开始，转而研究感知。当我们关注信念（在我们的研究中，信念就是指语言知识）在感知中的作用时，我们就可以尝试描写“学到了什么”这一问题，并转而研究学习。当然，我们也可以决定研究其他课题，或者以不同的方式继续当前的研究。现代心理学决定将其研究对象限制在行为和行为的控制之上，出于什么原因我印象不深。我不想在此继续探讨这一问题，我只想陈述这样的观点：实践证明这样的研究无法带来丰硕的成果，而对学科的目标做出如此的限制也不理智。如果在方法论上遵守限制，让

① 如果语言没有心智表征，那么它就不会客观存在，因此，在这种情况下，我们无需区分“信念系统”和“知识”。

自己的研究工具变得极其狭隘，以至于不允许出现“感知到了什么”和“学到了什么”这些概念，那么我们就不能指望对学习和感知做出有价值的研究。

我认为当我们按照以上所勾画的路线来研究人类语言时，我们会得到有趣的研究结果。至少在句法学和语音学的研究中，我们可以对任何人类语言中知觉对象的表征系统做出普遍性的解释。除此之外，在建构表达语言知识的生成语法方面，我们也取得了实质性的进步。语言知识是学习模式的“输出项”，也是感知模型的基本组成部分。我相信存在有力的证据可以说明人类语言的生成语法包含一个具有高度限制性的基础规则系统、根据基础规则将构成的深层结构映射到表层结构的一系列 151
语法转换操作以及通过具有普遍性的语音字母表将语音解释赋予表层结构的一系列音系规则。除此之外，也存在有力的证据说明一些具有高度限制性的原则决定了这些规则的运作、排序的条件以及具有合成性和复杂性特征的组织结构。讨论这些内容的文献有很多，此处我不再对之做出评述。我想要强调的是，并不存在先验性的必要性让语言按照这些研究中所提出的高度具体的方式进行组织。因此，假如这个关于语言结构的理论是正确的，或者是基本正确的，那么关于人类学习的理论中就会出现一些重要的问题。具体来说，我们会追问，在可以获得的有限语料的基础上，儿童如何可能建构一个我们可以归结于儿童自身的语法。这一语法包含特定的选择、规则的排列以及制约这些规则应用的限制性原则。换句话说，一个学习的模型必须具有什么样的先天结构从而可以复制这一成就？很明显，我们必须以特定的方式尝试定义先天结构的特征，从而满足以下两种类型的经验性条件。第一，作为天赋性的特征，我们认为生物体必须包含一个具有足够丰富性的结构，从而解释这样的事实，即我们假设的语法是在获取语料这一已知条件的基础上获得的。第二，我们认为生物体一定不能包含一个具有过度丰富性的结构，从而与语言的已知多样性产生矛盾。我们不能将语言知识作为一个天赋性的特征赋予儿童，因为我们知道儿童既可以学习英语，还可以学习日语。我们也不能认为儿童只具有形成关联的能力，或者运用结构主义语言学中分析程序的能力，因为（当我们精确地表述这些观点时，其内容更容易得到展示）儿童所生成的结构并不是我们所假设的生成语法的结构。在上文陈述的经验性限制条件下，我们可以自由地构建天赋性结构的理论，并且按照经验性结果对它们进行测试。这样的分析只是定义了研究的问题。当我们提出一个具体的理论后，实质性的问题才会出现。

通过研究句子以及句子的结构描写、言语符号以及言语符号所引发的知觉对象，我们可以得到关于生成语法的具体结论，而生成语法则是语言运用、言语以及言语理解中的一个重要元素。接着我们可以关注下一个更为抽象的层面，我们会提出这个生成语法是如何习得的问题。从形式化的视角来看，每个正常人所内化的语法都可以描写成他自己语言的理论。这一理论具有高度的复杂性和抽象形式，同时通过生成句子［“潜在的感知对象”（“potential percepts”）］的结构描写最终决定语音和意义的关联。每个句子都有语音、语义与句法方面的信息。从这个视角来看，我们可以将儿童对语言知识的习得看作一种理论构造。在获得
152 非常有限的语料后，儿童就以这些语料为样本构造出自己语言的理论来（这些语料实际上属于极有缺陷的样本，换句话说，就是其中大部分的语料是不相关或者不正确的，必须被排除掉——因此儿童学习语法规则，它能将他所听到的大部分语料确认为错误的、不准确的或者不合适的）。儿童最终的语言知识显然远远超越了他所获得的语料。换句话说，他以某种方式所发展的理论具有预测性的范围，而作为这一理论基础的语料组成一个可以忽略不计的部分。语言的正常使用常常涉及的是新句子，这些新句子与儿童的经验中所遇到的句子并不具有完全的相似性或者类似性。除此之外，不管这些正常的语言使用者在个体经验和个人能力方面具有多大的不同，他们都会按照极为相似的方式完成语言理论系统的构造任务。这些事实是人类学习的理论必须面对的。

我认为这些事实说明关于人类智能的理论具有明显的理性主义味道。使用皮尔士在“不明推论式的逻辑”讲座中提出的术语，学习理论的问题是陈述“为不明推论式指定规则并对可接受性假设提出限制”的条件。如果“人类的心智对想象某种正确理论具有自然的适应性”，那

么我们所考虑的这种知识习得就是可能的。心理学家（或者语言学家）所要面对的问题是制定一些原则以限制可接受的假设。在很多其他地方我已经对此进行了详细的说明，此处不再重复。基本上来说，我认为我们有理由假定普通语言学的原则组成了“对可接受的假设提出限制”的内在条件的部分内容，它涉及规则的属性、规则的组织结构、这些规则产生作用的原则以及这些规则应用以及形成的表达式类型。如果这一想法是正确的，那么讨论这些原则是如何学会的，就会跟讨论儿童如何学会呼吸，或者如何长出两只手臂一样没有意义。恰恰相反，学习的理论需要尝试定义儿童所使用的特殊策略的特征。通过这些策略的使用，儿童可以决定他所面对的语言是“可接受的语言”中的某个特定语言。当我们刚才提及的原则得到精确的描述时，它们就会构成关于知识习得的先天基础的经验性假设，这样的假设可以通过多种方式加以测试。特别是，我们可以探索这样的问题：上述假设是否满足上文所论述的限制条件？换句话说，这一假设是否能够提出一个具有足够丰富性的先天结构来解释知识的习得，同时这一结构又不具有过度的丰富性从而不会被语言的多样性所证伪？我们还可以提出很多其他问题，比如，作为语言知识习得的基础，这一假设所提出的框架是如何在人类（或者动物）智能的其他领域与“为不明推论式制定规则”的原则发生联系的。

我所要说明的是，如果我们要决定语言学对于哲学的相关作用，必须研究如下方面的研究成果：语言的属性、语言使用和理解的方式以及 153
语言习得基础。我认为这些成果对心理学理论有重要作用，特别是这些成果有力地证明了关于心理过程的解释。在某种程度上，从理性主义对这些问题的推断来看，这一心理过程是我们所熟知的。这些心理过程也支持了这样的结论，即先天结构对感知的作用很大，另外，一个极具限制性的初始结构决定了什么可以被视为“语言经验”（“linguistic experience”），也决定了在经验的基础上会出现什么样的知识。我同样认为，在很多其他地方我也曾经论述过，近些年来在语言学、哲学以及心理学领域中普遍存在经验主义的理念。如果这些经验主义的理念得到较为精确的表述，它们就会被精细的语言研究所否定。如果哲学是哲学家研究的对象，那么无论是古典哲学还是现代哲学，这些研究成果都与之相关。

此时，我想要转而关注对上述观点的批评性分析，它们出现于近期的哲学文献中。具体来说，是关于149页注释中提到的内容。

古德曼对这一问题的讨论存在问题。首先，他对历史材料存在误解；其次，他未能对知识习得问题的真实属性予以正确的表述；最后，他批评了上文提到的研究成果，但是他对于得出这些研究成果的文献缺乏了解。

他对历史材料的误解跟洛克（Locke）和洛克讨论天赋论时所批评的研究者有关。古德曼认为“洛克明确指出”天赋论的信条是“错误而无意义的”。我不再详细论述这一问题，因为洛克对天赋论的批评“采用了最为粗鲁的方式，而且没有得到任何知名学者的赞同”，这已经是历史研究者们的共识。[①]赫伯特勋爵（Lord Herbert）明确指出如果缺乏合适的刺激，先天机制将会“处于潜伏的状态”；先天机制属于“原则，如果这些原则不存在，我们就不会拥有任何的经验”，但对于普通人，更不用说对于那些“固执、愚蠢、懦怯以及草率”的人和“疯子、醉鬼以及婴儿”等人而言，这个机制又不会永久地处于意识当中。笛卡尔与其他学者都详细地论述了这些观点，他们多次强调天赋论观点和原则决定了经验的性质以及从经验中所得到的知识，但是它们通常都没有被人们意识到。洛克的论点没有针对先天结构的“意向性”属性，而这一点正是理性主义学说主要支持者所一致坚持的内容。因此，洛克的观点并
154 不能让人信服。看起来他肯定误解了赫伯特、笛卡尔、少数笛卡尔派哲学家以及卡德沃斯等人的真实观点。

让人惊讶的是古德曼指责那些将“天赋论观点确认为能力”的人采用了“诡辩术”。如果他愿意，古德曼可以使用洛克在误解理性主义理念的情况下所定义的“观点”和“天赋论观点”，但是当其他学者按照其真实展示的方式考察并发展了这一理念时，古德曼不能将他人的观点

---

① 多佛版的洛克《人类理解论》（*Essay Concerning Human Understanding*）是弗雷泽（A. C. Fraser）所编，该书1959年由多佛出版社（Dover）重印，请参阅多佛版的第38页。

斥为“诡辩”。特别让人感到惊讶的是，古德曼谈到了使用“观点”以及“正常使用”这些术语的必要性。我们想不到古德曼会用这类“日常语言的观点”反对专业术语的使用。除此之外，正如托马斯·里德所指出的，如果我们以非专业性的方式使用“观点”一词，那么不仅笛卡尔的立场会沦为谬论，洛克和休谟的立场也会沦为谬论。这样的观察是正确的，但是它也只是说明了下述观点的荒谬性，即一个专业术语必须通过日常话语中同义的非专业性称谓的“日常使用”才能进行理解。

再回到知识习得的实质性问题上来，在语言习得的具体案例下，古德曼对这一问题进行了表述。他合理地区分了两种情况：初始语言与第二语言习得，但是他对这两种情况的分析仍然存在很大的改进空间。

首先看第二语言的习得问题。按照我的理解，古德曼认为第二语言习得不会带来任何问题①，因为“一旦语言可以被获得，可以被用于解释和教学，(由天赋性程式所决定的) 有限性就会被超越”。古德曼对这一问题的表述在两个方面误解了现实状况。首先，当谈到天赋性程式的提出只是为了对语言习得提供“有限性”时，人们容易产生误解。我们提出的观点实际上是天赋性程式使以下情况成为可能，即在有限的语料基础上习得一个丰富而又极为具体的系统。举一个例子，我们面对的一个问题是要解释 (第一或者第二) 语言使用者获得的语料是如何让他获得音系规则 (将语音表征赋予表层结构的规则) 循环性应用的事实。音系规则首先应用于表层结构中最内层的短语，之后应用于较大的短语，直至最后达到音系过程中的最大领域。在一般情况下，这一最大领域为完整的句子。事实上，有充分的证据说明这些规则是循环性应用的。但是，尽管归纳的程序具有普遍的有效性，这样的证据与用作从语音数据归纳出循环性应用原则的基础的证据并不属于同一类型。特别是，大部

① 参阅他发表于《综合》专题论文集中的文章 (*Synthese*, Vol. 17, No. 1, March 1967, p. 24)。因为他的文章采用了对话的形式，我们很难判断是否误解了他的立场。尽管如此，我认为不存在阐释这些观点的其他途径。

155 分这类证据是通过分析知觉对象得来的，也就是通过研究某个已经掌握语言的人解释言语符号的方式得来的。似乎这种解释会强加一个在言语符号中没有直接显现的特定结构，比如在重音曲线的决定上。[①]显然，在刚刚知道并使用音系规则循环应用的原则之后，儿童是无法从获得的语料中得到关于这一原则的知识的。这是一个极端的例子，但是它很好地说明了一个问题：在与大量其他矛盾性语法保持一致的有限语料的基础上，我们需要解释一个丰富而又高度具体的语法是如何形成的。无论正确与否，我们提出了一个天赋程式作为经验性的假设，并以此来解释细节的一致性、确定性和丰富性特征以及语法的结构。事实上，这些内容是已经掌握语言的个人所建构和使用的。因此，古德曼表述中的“有限性”一词是极为不恰当的。

更为重要的是，我们必须认识到除了极为初步的基本原理，人们不是通过“解释和教学”进行第二语言语法结构的学习。原因很简单，没有人会对这一结构具有足够明确的知识，从而可以进行解释和教学活动。比如，我们可以考察之前提到的英语中的名词化特征，即一些特定类名词化表达式只与深层结构而不与表层结构对应。将英语作为第二语言学习较好的人，足以对例（1）到例（10）中的语料做出判断，但是他们并不是通过“解释和教学”获得这一知识的。据我所知，直至最近，还没有人注意到这一现象。与第一语言学习者相同，第二语言学习者在缺乏解释和教学的条件下已经构建出特定的事实。这个例子同样是非常典型的。在第二语言学习者获得的知识当中，只有很小的部分是通过直接教学而获得的，即使稍加注意第二语言习得的事实，也足以发现

① 对于这一问题的讨论可以参考我的论文《语言学中的解释性模型》，该文载于内格尔、萨普斯与塔斯基主编的《逻辑、方法论以及哲学科学》，该书 1962 年由斯坦福大学出版社出版（N. Chomsky, “Explanatory Models in Linguistics,” in E. Nagel, P. Suppes, and A. Tarski, eds., *Logic, Methodology, and Philosophy of Science*, Stanford, Calif.: Stanford University Press, 1962）。对这一问题新近而更为深入的讨论，可以参考我和哈勒编著的《英语的语音模式》以及书中引用的文献（N. Chomsky and M. Halle, *Sound Patterns of English*, New York: Harper & Row, 1968），同时也可以参考我的论文《音系规则的一些普遍性特征》，该文发表于《语言》（N. Chomsky, Some General Properties of Phonological Rules, *Language*, Vol. 43, March 1967, pp. 102 - 28）。

这一现象。因此，尽管第二语言习得需要同第一语言习得区分开来，但是这种区分并不是古德曼所建议的区分。“一旦会某种语言，其他语言的习得就会变得相对容易”这一论述可能是正确的。但是，对这一事实的解释仍然属于一个难以解决的问题，它与解释第一语言习得的问题并没有显著性的不同。

再来看更为重要的第一语言习得的问题，天赋性程式的经验性假设指向的就是这一问题。古德曼认为并不存在解释第一语言习得的问题， 156
因为“初始语言的习得就是第二符号系统的习得”：根本性的步骤已经得以进行，在现有的框架下，只需要详细阐述已有的细节而已。如果可以说明语法的特定特征——如深层结构和表层结构的区别、语法转换操作和音系规则的具体特征、规则排序的原则等——都已经以某种形式存在于先于语言之前而获得的符号系统当中，他的观点也许还具有一定的说服力，但是我们毫无理由地相信他会接受上述观点。古德曼的观点以“符号系统”这一术语的隐喻化使用为基础，一旦我们尝试对这个术语进行精确的定义，他的观点就无法成立。如果可以说明“先于语言的符号系统”与自然语言同样具有某些重要的特征，那么我们可以认为自然语言的这些特征可以通过“类比”进行习得。当然，那时我们就要面对解释“先于语言的符号系统”是如何获得这些特征以及类比是如何建立的问题。这样的问题有些不切实际，因为目前我们没有理由相信它的假设是正确的。古德曼的论点有点像一个“演示”，这个“演示”说明并解释复杂器官的进化没有问题，因为每个人都知道发生了有丝分裂(mitosis)。我认为这只是蒙昧主义的观点，只有在无法应对事实时我们才会持这一观点。

除此之外，古德曼对第一语言习得和第二语言习得的讨论还存在不合逻辑的推论。提醒大家的是，古德曼认为第二语言习得较为容易，其原因是可以用第一语言来进行解释和教学。他接着指出“初始语言的习得就是第二符号系统的习得”，因此与第二语言习得基本相同。他所说的第一符号系统指的是“先于语言的基础性符号系统，其中各类不同的体态语、感觉材料以及知觉材料都起到符号的作用”。显而易见的是，无论这一符号系统具有什么样的内容，它都不能以在第二语言教学过程中使用第一语言的方式，被“用于解释和教学”。因此，即使从古德曼的立场来看，他的观点也存在不一致性。

古德曼坚持认为“即使获得一个大家都能认同的‘糟糕’语言（‘bad’ language），我们所讨论的观点也不能通过实验加以验证……至今我们都无法合理表述这一观点至能够被他人引用的程度”。古德曼的前一个观点是正确的，他所说的“实验”指的是如下的情况：“将一个刚出生的婴儿隔离起来，让他不受任何与语言相关的文化的影响，并尝试对这个婴儿灌输一种人工的‘糟糕’语言”显然我们无法进行这样的实验。与此相同，在人类心理学的其他领域我们也无法进行类似的实
157 验。虽然这样的实验无法实施，对此我们也无需感到气馁。很多其他方式——如之前已经提到的以及在文献中广泛探讨的方式——都可以帮助我们获取关于语法特征的证据，此时关于这些语法普遍性特征的结论就可以通过实验加以测试。任何这样的假设都可以即刻正确或者不正确地说明“糟糕”语言所具有的一些特征。这样的假设会带来经验性的主张，而这一主张可以通过下述方式得到证伪，如某些语言中发现的反例，或者说明在语言习得的真实情况下，我们所讨论的这些特征并没有在语言学习者形成的系统中出现。在语言学中，与其他任何领域相同，只有通过这些间接的方式才有可能找到与这些重要假设相关的证据。在某些原因的作用下，古德曼提到的直接实验几乎是不可能的。虽然这是一个不幸的事实，但这也是大部分研究的特征之一。

古德曼接着提出的观点也是不恰当的，即“我们至今都没有表述出‘糟糕’语言的任何普遍性特征”。有很多专著与论文关注普遍语法特征的描述及其经验性结果的检验，而每一个普遍语法特征都会对“糟糕”语言进行具体的描述，这一点上文已经提到。我们可以自由地认为这些尝试是错误的、不充分的、不可信的，或者是被事实所否定的等等，但是我们不能随意地否认它们的存在。当古德曼谈到“引证的关于语言的证据无法让人留下印象”时，我认为我们不得不下这样的结论：他做出上述评论是出于他的无知，而不是出于对该领域已经完成的研究工作的

缜密分析。

在讨论“糟糕”语言的属性时，古德曼只提到了一个案例，即人工语言绿蓝—蓝绿语（Gruebleen）。这一语言“与常见的英语唯一的区别在于绿蓝—蓝绿语包含谓语‘绿蓝色’（grue）（适用于‘在 t 时刻前被检验为绿色或者没有经过上述检验且为蓝色的对象’）和‘蓝绿色’（bleen）（适用于‘在 t 时刻前被检验为蓝色或者没有经过上述检验且为绿色的对象’）以替代英语中的谓语‘绿色’和‘蓝色’”。古德曼指出：即使在这种情况下，对通常情况下哪些才是“绿蓝—蓝绿类语言和英语类语言的差别”这一问题，我们必须“痛苦地认识到它很难回答”。我认为这是一个极其边缘化的问题，因为很多人已经表述并研究了“英语类语言”的深层次特征。但是，既然他引用了这个例子，我也乐意指出他所提及的困难在很大程度上是因为他提出的问题具有模糊性。因此，找到不属于英语类语言而只属于绿蓝—蓝绿语的特征并不是难事，即使是某些共性特征。比如，我们可以看古德曼在《外形的结构》（*Structure of Appearance*）中所理解的谓语“匹配”（match），所不同的是此时这一谓语应用于物体而不是可感受性的特质。因此，“当且仅当两个物体通过直接比较而没有体现出明显区别的情况下”，这两个物体才是
匹配的。[1] 绿蓝—蓝绿语具有有趣的特征，即如果物体 A 在 t 时刻前被 158
检验，物体 B 在 t 时刻后被检验，同时 A 和 B 都被检验为绿蓝色（或者蓝绿色），那么我们就会知道这两个物体是无法匹配的。但是如果不存在一个 t 时刻，当物体 A 在 t 时刻之前被检验而物体 B 在 t 时刻后被检验，且 A 和 B 都被检验为绿色（或者蓝色），那么我们就可以推测 A 和 B 是无法匹配的。但是如果 A 和 B 都为绿色（或者蓝色），那么它们可能匹配，也有可能无法匹配。事实上，从颜色词的领域来看，毫无疑问的是自然语言的一个普遍性特征是它们属于“英语类语言”，而不是

① N. Goodman, *Structure of Appearance*, 2nd edn. Indianapolis: Bobbs-Merrill, 1966, p. 272. 我所讨论的绿蓝—蓝绿语和英语之间的区别不能与一个伪区别（pseudodistinction）发生混淆。在“匹配”这个概念不同用法的基础上，武廉（J. Ullian）正确地驳斥了这个伪区别，参阅《哲学评论》（*Philosophical Review* July, 1961）。

“绿蓝—蓝绿类语言”。因此，从这个具体的方面来看，要进行绿蓝—蓝绿类语言和英语类语言之间的一般性区分并非难事。当然，因为古德曼的特殊目的，以上的分析并不能满足他的要求，因为人们可以建构绿蓝—蓝绿类语言的其他问题，而这些问题是这一特征没有考虑到的。只要古德曼没有对“英语类”和“绿蓝—蓝绿类”这些模糊的概念提出具体的表述，我们自然就无法满足他提出的找到一个普遍性特征以区分两类语言的要求。同时，提出的任何具体区别都将会导致归纳过程中新问题的出现。这样的一个关于归纳方法局限性的评价很是有趣，但是它与明确说明普遍语法特征的问题并没有太大的相关性，同时他与其他的科学研究事业也没有太大的相关性，比如，在特定条件的范围内明确说明决定人类胚胎会发育出腿而不是翅膀的遗传性条件这一问题。

顺便说一下，我并不认为以上所提到的特征可以用来解释为什么每个语言学习者（事实上包括老鼠、黑猩猩等）都会使用绿色而不是绿蓝色作为概括的基础。毫无疑问的是，这是感觉系统的特定属性所决定的简单结果。从古德曼的视角来看，这样的结论没有任何吸引力，但是不能因为这个原因而否认它是正确的。

再回到主要问题上来。有趣的是，在论述的某个阶段，古德曼非常正确地评价道：即使“对于那些我找不到合理解释的异常事实”，“仅这一点并不能强迫我接受……一个具有内在矛盾且无法理解的理论”。现在让我们再次讨论让古德曼感到极为愤慨的天赋观的理论，并且探讨这一理论是否“无法理解”或者“具有内在矛盾”。

首先看可理解性的问题。对我而言，在与环境进行任何相互作用之前，一个生物体或者自动机“最终状态”的某个方面可能会是它“初始状态”的一个方面，这一点并不是无法理解的。“最终状态”的这个方
159 面可能通过内在的过程得到发展，其启动机制也许来源于生物体与环境的某种类型的相互作用。同样，这一点也不是无法理解的。但是请考虑在理性主义下的推理哲学中而不是洛克的讽刺性描绘中发展起来的学说。比如，笛卡尔认为三角形的概念是天赋的，因为“真正的三角形的概念……要比画在纸上的复杂的三角形图形更容易地被我们的心智所构

想”。因此，当儿童首次看到复杂的图形时，他会“理解真正的三角形，而不是图形本身”。卡德沃思（Cudworth）详尽阐述了这一观点：“每个不规则和不完美的三角形与最为完美的三角形一样，都具有完美性。”我们用“规则图形”这一概念把感觉的意象解释为一种“期待”，而这种“规则图形”来源于心智生成的“规则、模式与模型”。正如我们用物体的特定概念、物体之间的关系、原因与结果的特定概念、格式塔特征与可能的人类行为之间的“间隙”（space）的功能等来解释所有感知的语料。这一观点与现代心理学对这一观点的详细阐述都不是无法理解的，尽管它们可能是被误导的或者是错误的。与此相同，下面的观点也不难理解，即语法的形式存在某种天赋的条件，这种条件决定着语言经验的组构内容以及在经验的基础上出现的知识内容。再次需要说明的是，我们可以轻易地设计出一个按照上述方式运作的自动机。尽管这个观点可能是错误的，但是它不是无法理解的。

无论古德曼对以上表述的内容持什么样的态度，有趣的是，至少在这篇论文中，好像他也乐于接受在某种程度上成熟的心智包含理念的观点。某些这样的理念，用古德曼的话说，就是“作为最初的设备植入到心智当中的”，这话显然不是无法理解的。他的论点并不反对“理念存在于心智中”这一概念，而是反对这些理念先于个体经验而“存在于心智中”的假设。显然，如果一个假设是可以理解的，那么另一个假设也应如此（但是正如我们已经注意到的，这两个假设都没有正确地对待经典的理性主义观念或者这一观念的现代变体）。另一方面，对于那些认为经验主义学说不受任何质疑和挑战的人来说，这种解决知识习得问题的研究途径无疑会是“矛盾的”。但是，这样的做法等于将经验主义学说当成宗教信仰的具体教义。显然，我们没有理由受传统的限制，以致拒绝从它们自身的特点来考察知识习得的对立性观点。

下面再让我们看一下希拉里·普特南（Hilary Putnam）在同一期专题论文集中发表的论文。尽管他的论文更为直接地讨论了这些尚在争论中的问题，但我认为他的结论仍然是不确定的，主要是因为他对所习得的语法的性质存在错误的假设。具体来说，他极大地低估了并在某些地方错误地描写了结构的丰富性，即语法形式和语法组织的特殊而又详尽的属性。这些属性必须用“语言习得模型”（language acquisition
160 model）加以解释。“语言习得模型”属于正常的说话人和听话人所获得的内容，对不同的说话人和不同的语言来说可能也是一致的。

首先，普特南假设在语音结构的层面，普遍语法唯一可提出的属性是语言具有“一个包含音位的简短清单”。他指出，这种语言之间的一致性并不需要复杂的解释性假设，它可以简单地通过“记忆跨度和记忆能力等参数”加以解释，没有哪个“极端的行为主义者”会否定这些参数具有先天属性。但是事实上，人们已经提出了有力的经验性假设来说明普遍性区别特征的选择、音系规则的形式、音系规则的排序和组织、句法结构与语音表征的关系等内容，而这些内容都无法从记忆限制的角度获得令人信服的解释。普特南的解释主要基于我的《语言学中的解释性模型》（见 155 页的注释），该文详细地论述了音系规则循环应用的原则。如果这一原则是正确的，那么它将会引发一些非常重要的问题。我们需要探索的是儿童是如何获得关于这一原则的知识的。掌握这些知识是一个了不起的成就，因为前面提到，语言学家提出这一原则的证据是从知觉对象的研究中获得的，而儿童是根本得不到这些证据的。在普通音系学当中，我们还可以提出很多针对其他方面的类似问题。无论如何，如果我们详细论述的关于语音结构的观点是正确的或者基本正确的，那么这个层面上的各种语言的相似性与儿童获得的知识的丰富性，将的确属于非凡的事实，并且需要解释。

在语音结构层面之上，普特南认为语言唯一重要的特征包括：第一，语言中存在专名（proper names）；第二，语法包含短语结构成分；第三，存在对短语结构成分生成的句子进行“简化”的规则。他主张短语结构成分的特殊性质由专名的存在所决定，而短语结构的存在可以通过这样的事实加以解释：“某个运算法则复杂性的常见测量手段……会导致……特定的结果”，即短语结构系统提供“对于任何运算系统而言都最为简单的运算法则”。因此，语言包含简化规则的事实并不奇怪。据此，普特南得出结论：我们必须假设的是仅有内在性条件可以应用于所有合理的“运算系统”，没有哪个行为主义者会对这一结论感到意外。

但是，以上三个结论都因为一个错误的假设而被破坏。首先，很显然的是语言中会存在多种不同的短语结构语法，而这些语法与其中的一个范畴为专名的假设保持一致。事实上，目前人们对于自然语言内在性
基础系统的一般特征存在较大争议，而专名作为一个原始范畴在很多语 161
言中的存在根本无法解决这一争议。[①]

对第二点内容而言，对运算的复杂性和速度进行测试的所有手段并不能表明短语结构规则是“最为简单的可能运算规则”。目前唯一与这一问题具有间接相关性的已有研究成果都是处理上下文无关短语结构语法及其自动机理论的解释的。当我们排除词项及其需要满足的分布条件时，上下文无关短语结构语法是生成深层结构的合理模型。但是除了这一根本性的差距之外，唯一的已有成果将上下文无关短语结构语法与非确定性的下推存储自动机进行关联。就运算的速度和复杂性而言，这些并不具有显著性的特征。从这个视角来看，它们也根本不是“自然的”。从运算的时间和空间条件来看，我们可以认为与之相似但在形式上却没有联系的实时确定性自动化操作（real-time deterministic automaton）似乎更为自然。简而言之，并没有研究成果可以说明从任何运算的角度来看，短语结构语法都是最优的（当然，也不存在关于基础结构这一更为复杂的概念的研究成果，基础结构是语法的一部分，有较为丰富的属性，可用上下文无关短语结构语法与词库处理）。

但是继续讨论这个话题是没有意义的，因为在任何情况下，问题的关键不是短语结构语法的“简单性”，而是包含短语结构部分的转换语法的“简单性”，转换语法对深层结构的生成起作用。也绝对不存在能

---

① 顺便要说的是，专名并非存在于所有的语言当中。尽管这一点几乎不重要，但是事实是很多语言并没有作为原始范畴的专名，而是通过较为复杂的递归性程序形成专名。请参阅马修斯的《希达察句法》第 191 页的注释（G. H. Matthews, *Hidatsa Syntax*, The Hague: Mouton, 1965）。

说明这些系统优于从这个研究视角研究的各种自动机的数学概念如“运算的容易性”或者“运算的简单性”。事实上，这些系统从来没有从严格的数学视角被考虑过，尽管存在研究这些系统形式化属性的初步尝试。[①] 造成这一混乱的根源是因为普特南误解了语法转换操作的属性。正如普特南所假设的那样，这些不是对短语结构规则生成的句子进行“简化”的规则，而是从底层的深层结构生成表层结构的操作，其中深层结构部分地是由短语结构规则生成的。自从提出转换生成语法的概念
162 以来，虽然这一理论已经发生了极大的变化，但是其中的一个假设总是保持不变，即短语结构规则只能生成抽象的结构，然后这一抽象结构通过语法转换映射到表层结构。这样的转换操作是一种特殊类型的结构依存型操作，人们从来没有在语言学之外的领域对它进行过研究，特别是我所熟悉的数学的任何分支学科。为了展示转换语法具有“最为可能的简单性”，我们需要证明一个最优的运算系统可以将一个符号串作为输入项，并且可以决定它的表层结构、底层的深层结构与使得这两个带括号标记的表达式产生联系的转换操作顺序。没有关于运算容易性和简单性的已知内容能够说明这是正确的。事实上，也从来没有人提出过这一问题。我们可以设想某类记忆组织可能非常适应转换语法，但这是一个完全不同的问题。[②]既然语言包含转换语法这一事实（如果这是事实），我会自然地假设人类心智结构具有更为普遍的基础。研究语言的一个主要科学性原因是因为这一研究可以为心智的一般属性提供一些深刻的见解。假如转换语法具有这些具体的特征，那么我们可以说明它们是“自然的”。因为现在它可以让我们在更为一般的

---

① 可以参阅彼得斯与里奇的《论转换语法的生成能力》[S. Peters and R. Ritchie, “On the Generative Capacity of Transformational Grammars,” *Information Sciences*（待刊）]，以及金博尔的《通过与常规语言的交集由转换推导定义的谓语》(J. P. Kimball, “Predicates Definable over Transformational Derivations by Intersection with Regular Languages,” *Information and Control*, Vol. 2, 1967, pp. 177 - 95)。

② 对于这一问题的思考，可以参阅米勒以及我的《语言使用者的限定性模型》第二部分，该文载于卢斯、布什以及加兰特主编的《数理心理学手册》第二卷（G. A. Miller and N. Chomsky, Finitary Models of Language Users, Part II, in R. D. Luce, R. Bush, and E. Galanter, eds., *Handbook of Mathematical Psychology*, New York: Wiley, 1963, Vol. II)。

框架中提出关于知识习得的先天条件这一问题，这才是真正的进步。但是我们必须强调的是，我们没有理由假定“合理的运算系统”会自然地按照转换语法所建议的特定方式进行组织，这与普特南的断言相反。

我相信以上的论述足以回应普特南的主要观点，即使对行为主义者而言，我们所提出并研究的语言共性也“不会让人感到诧异”。现在再看他的第二个观点，即使存在让人感到意外的语言共性，它们也可以通过比天赋的普遍语法更为简单的假设加以解释，即假定语言具有共同的来源。语言的共源说不能很好地表达我们所讨论的问题。正如之前我们已经注意到的，我们所面对的经验性问题是在获得语料的已知条件下，如何设计一个关于初始结构的假设，并且这个初始结构需要具有足够的充分性，以至于可以解释习得特定语法的事实。对于这一问题而言，语言具有共同来源的说法与此是毫不相关的。通过使用所赋予的天赋性能力，儿童需要在能获得的语料的基础上发现语法。具体来说，让我们再看之前讨论过的两个例子：名词化短语和基础结构之间的关联与音系规则的循环性应用。儿童在特定语料的 163
基础上掌握这些原则（如果我们关于语法的结论是正确的），但是他们对语言的来源一无所知。即使他们了解语言的来源，他们也无法使用这些信息。共同来源的问题跟我们所讨论的经验性问题的相关性，只体现在已有的语言可能并不是“可能语言”的“合适样本”（fair sample）上。在这种情况下，我们可能会因此错误地提出一个关于普遍语法的狭隘程式。当然，我们必须记住这种可能性。但是，考虑到我们目前的问题，即找到一个具有足够丰富性的程式来解释受到经验支撑的语法发展现象，这一可能远不在我们需要考虑的范围内。这一程式的发现可能会为由经验决定的语言普遍性特征提供解释，尽管这些特征的存在并没有解释儿童是如何获得一个具体的语法的。

我认为普特南关于语言学习容易性的讨论是离题的。语言学习是否存在关键期是一个非常有趣的问题①，但是这个问题与我们所讨论的问题并没有多少联系。假设普特南以下的论述是正确的，即“当然……600个小时（使用直接教学法的教学）可以让任何成人轻松地使用一门外语进行交流和阅读”，那么此时我们面临的问题是如何解释在有限语料的基础上，学习者可以成功地获得具体而又详尽的知识，从而使得他们能够轻松地使用语言，且形成并理解一系列的结构，而他们所获得的关于这些结构的语料只能组成一个微不足道的样本。

最后，让我们看一下普特南提出的语言习得问题的替代方案。他认为无需提出天赋性框架的假设，而应该尝试通过“一般性多目的学习策略”来解释学习者获得的成就。“一般性多目的学习策略”必须具有天赋性特征，而不是制约所获得知识的形式的一般性条件。显然，这是一个经验性的问题。如果坚持认为其中的一个（或者两者的特定组合）是一定正确的，那么这将是完全的教条主义。普特南尽管没有陈述具体的理由，但他确信语言习得的天赋性基础一定与习得其他类型知识的基础相同，语言习得并不存在特殊之处。通过研究人类能力的具体领域，比如语言，我们可以采用一个非教条主义的方法研究这个问题，之后再尝试设计一个可以解释这些能力得以发展的假设。如果我们发现不同类型的案例都涉及同样的“学习策略”，并且这些学习策略可以解释习得的
164 能力，那么此时我们就有足够的证据相信普特南提出的经验性假设是正确的。从另一个方面来看，如果我们发现需要假定不同的天赋系统（不论是否涉及程式或试探法），那么我们就有理由相信一个妥当的心智理论需要包括不同的“机能”（faculties），而每个机能都会具有独特或者部分独特的性能。从目前我们可以获得的证据来看，我无法理解绝对坚持两种结论中任何一个的做法。但是，相当明确的是，普特南并没有理由证明他最终的结论，即“借助‘天赋观念’只会推延学习的问题，而

① 关于这一问题相关的证据，可以参阅莱尼伯格编著的《语言的生物基础》(E. H. Lenneberg, *Biological Foundations of Language*, New York: Wiley, 1967)。

不会解决这一问题”[①]。如果普遍语法的天赋性表征是语言习得的基础（或者部分基础），事实也可能确实如此，那么在这种情况下，借助天赋观念确实可以解决（或者部分解决）学习的问题。从另一方面来看，如果的确存在解释语法知识习得的一般性学习策略，那么普遍语法天赋性表征的假设不会“推延”学习的问题，而是对这一问题做出错误的解答。这是一个对或错的经验性问题，而不是研究状态的方法论问题。当前，我认为能够成为可能的唯一具体观点是上文所勾画的内容。当提出某些“一般性学习策略”时，我们可以在经验范围内研究这些替代性方案的充分性。

亨利·希兹的评论性文章主要关注的是语言能力和语言运用的区别。这样的专业性术语可以通过两种方式解释。在前系统的层面上，人 165
们当然可以通过宽泛的、有些模糊的与仅仅是暗示的方式来说明概念在一个更一般的框架下起什么样的作用与发展这样的概念为什么有用等问题。在这个层面上的讨论是完全合理的，但通常也会出现大量令人误解的地方。在第二个层面上，我们可以按该领域现状所允许的精确方式发

① 普特南的另外一个假设也没有存在的理由，即普遍语法中提出的“权重函数”构成“学习理论试图解释的……某种事实，而不是所寻求的解释”。没有人会说人类胚胎长出手臂而不是翅膀的遗传性基础是“学习理论试图解释的某种事实”，而不是对人类行为其他事实进行解释的基础。权重函数是否是通过学习获得的，以及权重函数是否是学习的基础，这些属于经验性问题。我们没有理由以先验的方式认为这些问题可以通过学习而不是遗传性禀赋，或者两者的某种叠加加以解释。普特南文中还存在一些次要的观点需要我们进行评论。比如，他认为既然人们“需要经过训练才能发现”某些特定的模糊性，那么“语法可以‘解释识别模糊性的能力’的说法就不像乔姆斯基所认为的那样令人印象深刻”。问题是他误解了这一观点，与这一观点相关的概念是语言能力，而不是语言表现。普遍语法要解释的是为什么在“猎人的射击”（the shooting of the hunters）（普特南使用的例子）这一短语中，“猎人”可以做主语或者做宾语，但是在“玉米的生成”（the growth of corn）中，我们只能将“玉米”理解为主语（这种情况的解释要依赖名物化操作与深层结构的关系，这一点之前已经予以说明）。是否经过训练与这里的问题并不相关。产生争议的问题是语言表现中涉及的内在的语音—意义的相互关系，但这只是众多因素中的一个。普特南关于主动—被动关系具有转换性的假设也存在错误的观点。说话人并不只是知道它们是有联系的，这显然是荒谬的。说话人同样知道“约翰明天会离开”（John will leave tomorrow）以及“约翰在前天的三天后会离开”（John will leave three days after the day before yesterday）是有关联的，但是这并不能说明这两句存在转换关系。有很多文献讨论了句法方面的论据，比如可以参阅我所著的《句法结构》与《句法理论的若干问题》。

展这一概念，而无需考虑动机或者一般性的蕴涵。在这个层面，我们所要确定的问题不是讨论了什么概念，而是为什么需要发展这一概念。

在前系统的层面上，我曾尝试从语言使用和习得的模式这一角度来解释我所指的“语言能力”，具体解释的方式上文已经有所交代。在系统层面，语言能力表现为递归地列举句子的结构描写的生成语法，每个句子都有语音、句法与语义方面的信息。我们没有必要强调，我们如今可以提出的任何上述语法都是不完整的，这不仅是因为我们对特定语言的知识存在缺陷，也是因为我们对以下内容的很多方面的理解有限和存在不足：语音表征、语义表征与联系语音和语义表征的结构和规则类型。

再看希兹的论文。并不奇怪的是，希兹和我在前系统层面的理解存在一定程度的不同。希兹指出我所使用的“语言能力”这一概念“可以被理解为内省法是语言知识的来源这一说法”。对于语言研究而言，我的确认同内省法是获取语料的一个理想来源，但是这一结论不是从研究语言能力的决定中得出的。人们可以（我认为这是不理智的）拒绝使用这样的证据，并仍旧尝试发现表征“学习到了什么”并在语言使用中起重要作用的生成语法。这样的决定没有意义，它与天文学家的这种拒绝相同，在科学发展的某个阶段，天文学家可拒绝把望远镜所看到的当作研究数据。但是，这样的决定与语言能力和语言运用的区分没有任何关系。我完全相信，人们可以在没有太大损失的条件下设计出操作和实验的程序以消除对内省法的依赖。但就这一领域的现状而言，我认为这样做只是浪费时间和精力。显然，任何这样的程序首先需要通过内省法获得的证据加以验证。如果我们提出一个关于合语法性的测试法，但是这一测试法无法通过合理的方式反映之前我们提到的区别，我们就会对验证合语法性的测试程序失去信心。我认为当前的研究不会因为缺乏准确的语料而受到很大的妨碍，我们所受到的妨碍是我们不能对那些毫无争议的语料提供满意的解释。不同意这一观点的人可以通过展示见解和理解的获得来支撑他的观点，这些见解与理解的获得来自语料收集和分析
166 技术的改进，如建立合语法性的操作技术。这样的技术预先用语感测试进行判断，被证明是正确的，在困难和模糊的情况下人们可以依赖于

它。无论如何，这一观点与研究语言能力的决定没有任何关系。

希兹认为我之前提到的说法是矛盾的，即语言学“试图具体说明说话人真实知道的知识，而不是他对其知识所做的陈述”。希兹认为这是“知识的一种怪异的意义”。对我而言，这是一种非常正常的意义，而不是自相矛盾的用法。一个具有英语知识的人可能对他所具有和不断使用的知识做出各种类型的错误陈述，而自身却意识不到这些错误。正如之前所提到的，当我们研究语言能力即说话人和听话人关于他们语言的知识时，我们可能使用他们的陈述和他们的行为作为证据。但是需要注意的是，我们不能将“证据”和我们在证据的基础上试图发展的以及我们通过证据试图证明的抽象结构混为一谈。希兹指出，规则如果要构成对我所说的语言能力的解释，需要满足五个条件，而我则可以明确地否定其中的三个：一是说母语者感觉到由规则生成的句子属于他们的语言，二是这些句子具有被指派的结构，三是说话人的感觉是正确的。因为语言运用——特别是对句子的判断——显然涉及语言能力之外的诸多因素，我们不能把说话人的判断可以准确地解释他的知识当作绝对的原则。让我感到惊讶的是，希兹在引用我关于说话人对他的语言知识可能做出错误的报告这一观点后，会对我的观点立刻做出这样的解释。

至少从讨论的目的来看，希兹乐于接受这样的观点：生成语法，作为一个将结构指派给句子的规则系统，可以用来描写语言能力的特征。他接着指出语言学家在语法的选择中受到特定的“语言的一般原则”的指引；他还指出这样的一般理论即普遍语法，它如果正确地选择了特定的语法，就会具有解释性的价值。希兹的这些看法是正确的。但希兹之后的看法则是不正确的，他把普遍语法等同于“语言习得理论”当作我的观点。其实不然，我的观点是，普遍语法是语言习得理论的一部分，正如同语言能力是语言运用理论的一部分。在语言习得中，除了在决定所习得的能力的属性上起着一定的作用的程式和权重函数外，还存在很多其他的因素——如果我的观点是正确的程式和权重函数。希兹错误理解了我对普遍语法和语言习得之间关系的看法，这与误解我对语言能力和语言运用之间关系的看法相同。在这两种情况下，被忽略的都是必须涉及的其他因素。除此之外，在语言习得的情况下，必须强调的是我所提出的模型至多只能被当作学习理论的一个初步的近似物。因为我提出的是一个即时的模型，在具有相对固定性的语言能力系统的建立之前，
167 它不试图体现以下因素的相互作用：儿童可能建构的尝试性假设、用这些假设进行解释的新语料、以这些解释为基础的新假设等。我认为即时的模型是一个合理的初步近似物。但是，与研究策略的任何其他方面相同，这一模型必须从能否提供解释和深刻的见解这个角度进行最终的评估。

希兹把语言与心智问题的经典表述当作"让人费解且具有误导性的历史包袱"。我不同意这样的判断。我已经在其他地方有所讨论，此处我将不再提出新的分析。①我觉得理性主义心理学和语言学的贡献本身具有很大的吸引力，并且与上一个世纪诸多的研究成果相比，它们与目前的研究更具有相关性。如果发现我们所涉足的学术史"让人费解且具有误导性"，那么我们完全可以忽视这些内容。我看不出这里存在什么问题。

在结束这一讨论之前，我需要指出希兹的下述观点并不正确，即舍伯里的赫伯特（Herbert of Cherbury）将自己局限于"宗教知识"。同样，托马斯·里德（Thomas Reid）也不能被描绘成关注发展天赋共性（innate universals）这一理念的人。除此之外，希兹说我"号召"笛卡尔与其他学者"支持"我的"天赋共性论的立场"，这话肯定会让人误解。相反，我的观点是他们的学术贡献并没有得到充分的领会，我们可以通过对他们的认真研究学到更多。

我认为普遍语法是基于对几个语言的详细考察而不是"对更多案例的考察"，希兹反对这样的做法。我当然同意我们应该尽可能地研究更

① 这些讨论可以参考我的《语言理论的当前问题》的第一部分、《句法理论面面观》第一章的第8部分与《笛卡尔语言学》（N. Chomsky, *Current Issues in Linguistic Theory*, The Hague: Mouton, 1964; N. Chomsky, *Aspects of the Theory of Syntax*, Cambridge, Mass.: MIT Press, 1965; N. Chomsky, *Cartesian Linguistics*, New York: Harper & Row, 1966）。

多的语言，但是我们也要有所警惕。从各种语言中提取大规模的与目前所表述的普遍语法概念保持一致的语料，这样做很容易，但是没有意义。如果一个人关注普遍语法的原则，他就应该尝试找出对这些原则产生影响的具体语法的特征，而搁置他能够确定的大量的无关材料。只有详尽地研究具体语言，才有可能发现研究普遍语法的关键性证据。从这个视角来看，这样的研究，比如马修斯（Matthews）对于希达察语（Hidatsa）的研究（见 161 页的第一个注释），其价值远远超过对多种语言的表面性研究。如果有人感到语料的基础过于狭隘，那么他需要做的是，去证明那些被忽视的语料可以反驳已经制定的原则。否则，我们的批评就不会有说服力，这与人们批评现代遗传学将其理论表述建立在少数生物体的详尽研究之上相同。

希兹还认为即使普遍语法的原则是正确的，也只能说明“各种语言具有共同的历史来源”，我已经论述过这一假设为什么缺乏解释力。 168

希兹认为（语言学家）对于语法特定部分的决定“不是通过普遍性理论而是通过个别语法的内在有用性”，并认为我没有把这一点说清楚。因为我无法理解“内在有用性的”（internal usefulness）的含义，因而对此我没有任何评论。这个问题之所以被搞混淆了，是因为他错误地解释了我所使用的“简单性”（simplicity）概念。当我谈到“语法的简单性”时，我所指的是受到经验性证据支撑的“权重函数”，权重函数负责选择普遍程式所能允准的特定形式的语法，而不是另外一个同样具有合理形式并与经验性语料匹配的语法。我没有用“简单性”这个术语指理论中没有被很好理解的属性，理论的这方面属性会导致科学家们选择这种而不是那种理论。能够定义“语法简单性”的评估手段属于语言理论的一部分，我们必须在经验的基础上，通过考察输入性语料和习得语法之间的真实关系来发现这些评估手段。所以说，“语法简单性”这一概念所起的作用类似于物理常量（physical constant）所发挥的作用。我们要在经验的基础上建立“语法简单性”这一概念，并且不存在我们可以依赖的先验性见解。在认识论和哲学科学的一般性语境下定义“理论的简单性”的问题，与在经验基础上确定导致儿童在语言习得过程中选择这种而不是那种语法的语法属性的问题，两者毫不相干。我已经多次强调了这一点内容，比如可以参考我的《句法理论面面观》一书中第一章的第七部分。

最后需要评论的一点是，希兹指出“在解释我们为什么会将如此这般的结构赋予一个句子时，指出这个句子如何改变相邻句子的解读要比归因于天赋性的普遍观念和心理现实更为容易”。在这里，他混淆了两个完全不同类型的解释。如果我要解释昨天下午三点钟约翰·史密斯为什么将“猎人的射击”（the shooting of the hunters）理解为射击猎人的行为，而不是猎人的射击行为，我当然会考虑情景语境（而不是局限于“相邻句子的解读”）的作用。如果我有兴趣解释为什么这一短语可以接受上述两种解读，而“玉米的生长”（the growth of the corn）只能接受一种解读（即玉米的生长，而不是种植玉米的行为或者过程），那么我首先所要诉诸的对象将是英语的特殊语法，更深层次的则是导致获取特定语料的儿童建构这种语法的语言共性。因为我们解释的对象完全不同，因此认为一种方式的解释要比另外一种方式的解释更为“容易”的看法是没有意义的。

哈曼的评论也同样关注是语言能力和语言运用的问题。他一开始就
169 将一个我从未有过并且在多个场合明确予以批驳的观点归结于我，即“语言能力是语言被语法规则描写的知识”，并且语法描写这一“语言能力”。显然，假定说一种语言的人可以通过陈述规则的方式知道这些规则的观点是荒谬的。在指出这一荒谬的观点由我提出之后，哈曼接着分析这一观点所意味的混乱，并努力应对由此产生的解释上的难题。尽管他的确引用了一些我明确驳斥的评述，但是他所引用的内容没有哪一点可以说明这一观点来源于我。因此，对于他论述中的这一部分内容我不再做出评论。

在哈曼的框架中，知识有两种类型：知道什么（knowing that）和知道如何（knowing how）。显然，语言知识不是“知道什么”的问题。因此，对于他来说，语言知识肯定是“知道如何”的问题。一个典型的说话人“知道如何理解其他说话人”，他的语言能力是他能“说出并理

解由（描写语言的）语法描写的语言”。我不知道哈曼希望通过“知道如何理解”这一措辞表达什么样的内容。但是，显而易见的是，他所使用的“语言能力”这一术语与我在他所评述的著作中的说法并不相同。就我的“语言能力”而言，能够使用并理解语言的能力不仅涉及“语言能力”（即对语言的生成语法的掌握是语言的隐秘知识），而且还涉及其他多种因素。在我的用法中，语法是我称之为“语言能力”的东西的形式表征。我不反对哈曼以不同的方式使用这个术语。但是当他坚持认为他所使用的术语是我的用法，自然就会出现混乱。同样，我认为没有必要去详细追溯这一错误解释对他造成的种种困难。

根据哈曼的论述，“说出和理解语言的能力”是一种技能，与骑自行车的人具有的技能相同。考虑到他坚持认为语言知识属于“知道如何”类型的知识（因为它显然不属于“知道什么”类型的知识），这样的结论并没有出乎我们的意料。但是，他没有说明使用语言的能力（暂不考虑我所指的语言能力，即组成这种能力的一个要素）和骑自行车的能力在哪个方面存在相似性，我也同样无法找到这些相似点。那么合理的结论应该是，我们没有理由认为语言知识可以用“知道如何”进行特征刻画。因此，我认为他提出的类比没有意义。语言知识不是一种技能，也不是一系列的习惯，或类似的东西。语言知识无法在这样贫乏的框架下以一种有益的或者翔实的方式进行讨论。对于这一结果，我并不感到惊讶。总体来说，我认为“知道什么”和“知道如何”这两个概念并不能构成知识分析的所有范畴。考虑到哈曼坚持采用这样的框架，那他发现很难理解我与其他关注语言知识的学者的讨论，就不会让人感到惊讶了。

哈曼试图说明我的如下观点存在极为重要的不连贯性：在习得和使 170
用语言知识时（即在发展“一个生成系统的内在表征”或者在使用和理解言语的过程中使用这一内在表征时），儿童（在语言习得的情况下）会使用一个限制语法选择的天赋程式，或者（在语言使用的情况下）会使用内化语法。我不太清楚他的观点。按照我的理解，他的思路应该按照如下方式进行。哈曼认为这个内化的系统必须被呈现于“另外一种更为基础的语言”中，在使用这一天赋程式学习这种语言之前，或者在使用这一语法来理解言语之前，儿童必须理解这种更为基础的语言。他指出这就会导致恶性循环（vicious circle）或无限回归（infinite regress）的出现。因此，如果我们要说儿童可以不通过学习而直接知道这种“更为基础的语言”，那么为什么不说他可以不通过学习直接知道“他所说的语言”，这样就出现了恶性循环。或者，如果我们说儿童必须学习更为基础的语言，那么此时的问题是这种更为基础的语言是如何学习的，这就导致了无限回归的出现。这样的观点是完全无法成立的。让我们考虑语言习得的情况。即使我们假设先天程式必须呈现于“天赋的语言”之中，上述两个结果都不会出现。按照哈曼的说法，儿童必须知道这个“天赋的语言”，但是这并不意味着儿童必须“说出并理解这种语言”（无论它的意义是什么）或者必须学习这种语言。我们的假设是，当儿童进行语言学习的任务时，他们可以使用这一程式，这样来看无限回归就不会出现。再看恶性循环。我们不能假设儿童不学习就直接知道他说出的语言，原因非常简单，即这样的假设是错误的，我们不能认为每个儿童在出生时都具有完美的英语知识。但另一个方面，我们又没有理由不去假设儿童在出生时都具备完美的普遍语法知识，即儿童在习得语言时所使用的固定程式，使用的具体方式在之前已经有所说明。这样的假设可能是错的，但是它完全可以理解。如果有人坚持将这种知识描写成“一种更为基础的语言的直接知识”，只要我们明白它的意思，我没有理由反对这样的说法。但是，我要指出的是我们完全没有理由去怀疑儿童具备这样的直接知识。这里不存在循环论证，也不存在无限回归。与此相同，如果我们考虑语言使用的情况，我的观点同样也不存在不连贯性或者不合理性。我们假设在语言使用（说出或者理解）的过程中，语言的使用者利用了内在表征的语法。这样的假设中显然不存在无限回归或者恶性循环。我们可以较为容易地建构一个按照这一方式进行运作的模型（比如说一个计算机程序）。哈曼认为这样的表述存在甚至暗示着无限回归与恶性循环，但是我认为哈曼的这一观点没有任何基础。

哈曼在他的文章的第二部分转而讨论我的另外一个观点，即当前语言学的研究成果支持具有明确理性主义味道的语言观和心智观，而这与 171
近几年在语言和心智研究中占支配地位的经验主义观点是矛盾的。哈曼认为要从语料推断出语法，语言学习的模型必须具有关于语言运用理论的详细信息。这是一个有趣的观点，值得进一步研究。哈曼声称这种方法必然正确，而任何其他方法都无法为知识习得的问题提供任何深刻的见解。我不同意他这种未经论证的教条主义的断言。我认为普遍语法过去几年的研究确实可以说明或者部分支持知识习得方式这一有趣而非经典的研究方法。如果没有任何证据可以说明这样的研究方法缺乏启发性，那么我认为我们没有理由不去继续研究普遍语法的原则如何在可获得的语料的基础上选择特定语法。

现在让我们回到理性主义者和经验主义者考察语言和心智问题的研究方法上。正如哈曼所指出的，如果我们描写一个天赋程式，而这个程式偏向于（或者局限于）语法的一种特定形式，而这一特定形式属于“人们所运用的归纳原则”的部分内容，并且将“灵活多样的经验主义”（resourceful empiricism）定义为使用上述“归纳原则”的信条，那么“无论关于语言（或者其他任何事物）的事实被证明是什么”，我们自然都无法反驳“灵活多样的经验主义”的说法。当然，“灵活多样的经验主义”这一新的信条需要跟“归纳的原则”结合。对于语言习得的任务而言，“归纳的原则”似乎更为具体，同时不具备普遍的有效性。

我对如此定义的“灵活多样的经验主义”概念不感兴趣。我所关注的问题在于是否存在“不同类型的观点和原则，这些观点和原则以一种具有一定限制性和高度组织性的方式决定习得知识的形式”，换句话说，会不会“习得装置的结构受限于某些基础性的外部处理机制……和某些分析性的数据处理机制或归纳原则”（《句法理论面面观》47 页的注释）。我曾经指出，“区分这两种研究知识习得问题的方法，从历史的角度看是准确的，从探索的角度看也是有价值的”，即使对单个人的研究来说这两种方法肯定“不会总是区分得很清晰”（同上，52 页）。特别是，我曾经试图说明我们可以对这些方法进行表述，从而使得前一种研究方法既可以与经典理性主义的主要观点结合，也可以与我所描述的现代理性主义结合；并使得第二种研究方法既包含经典经验主义的学说，也包含知识习得的理论（或者信仰，或者习惯）。知识习得的理论在现代研究的广泛领域获得了发展（奎因的质量空间概念与关联作用和条件作用下的知识形成概念；赫尔关于原始的非条件反射、条件反射与习惯结构的研究；采用切分和分类等分析程序与将语言理解为“习惯系统”
172 的分类语言学等)。[①]毫无疑问，我们没有必要采用这样的框架来看待语言习得研究的多种尝试。我只能说这样的看法应该是有益的而且准确的，我们可以较为精确地表述这些替代性的选择，并用其经验结果进行探讨。哈曼对“灵活多样的经验主义”进行了定义，从而可以包含上述两种研究方法。因此正如他所指出的，这样的观点不受任何事实发现的影响。但是我认为这只是一个意义不大的术语性建议，而无法掩盖上文所提到的研究方法的区别以及从事和评估这些研究的重要性。[②]

① 哈曼正确地注意到我忽视了“有关归纳的众多哲学文献”，我的探讨也局限于分类语言学的程序研究之上，并且将这些程序研究作为“仅有的具有充分的明确性从而可以支持严肃性研究的观念”。但是，他没有说明有关归纳的文献中是否存在与我所考虑的问题具有相关性的内容，我这样做的原因是这样的内容并不存在。有关归纳的文献非常有趣，但是这些文献关注的是完全不同的内容，它们甚至无法间接提及分析的程序以及信念的习得和证实，从而不可能解决我所讨论的问题。比如，关于归纳的文献并没有提出任何见解来说明以上作为范例的原则（音系规则的循环性或者名物化的规则）是如何在可及性语料的基础上通过归纳而获得的。但是，在语言习得的研究中，我们必须面对诸如此类的问题。

② 有两个与之相关的小问题。哈曼认为切分和分类的程序与短语结构语法只存在“脆弱的历史联系”。实际上，这种联系非常紧密。哈里斯在他的《结构主义语言方法论》一书中曾尝试说明在受到一个简单的归纳步骤的强化后，上述程序的系统性使用可以导致生成无限数量句子的系列规则的出现（Zellig Harris，*Methods in Structural Linguistics*，Chicago：University of Chicago Press，1951）。哈里斯提出的这些“从语素到话语”的公式，尽管与短语结构语法并不相同，但是具有类似的效果。设计“短语结构语法”这一概念的目的在于表述通过哈里斯类型程序在语料库中的应用而出现的最具丰富性的系统。哈里斯与 20 世纪 40 年代其他的方法论者发展了一种语言分析的研究方法，而这一方法至少可以追溯到索绪尔。除此之外，哈曼正确地指出了在我提到“仅有的具有充分的明确性从而可以支持严肃性研究的（经验主义）观念”时，我并没有提到哈里斯和希兹关于共现关系的研究方法。他认为这个方法“从内在特征来看与分类程序相似”。我不明白这一看法具有何种意义。无论如何，我认为我们没有理由认为这样的程序可以导致或者提供支持或者反对生成语法假设的证据。

总结上文，至少从目前的发展状况来看，我怀疑语言学能为具有重要意义的分析哲学提供一个“新的技术手段”。但是，我认为语言研究可以澄清并部分充实人类知识的某些结论，而这些知识与心智哲学的经典问题具有直接相关性。在这样的领域当中，我认为我们可以期待在未来数年中，语言学和哲学可以进行合作，并带来丰硕的研究成果。

# 第七章　生物语言学与人类的能力

173 我想谈一谈人们现在所说的“生物语言学视角”，这个研究视角半个世纪之前就在几个研究生的讨论中开始成形。当时，这些研究生受到二战后早期生物学与数学等学科发展的很大影响，包括那时刚刚为美国人所知晓的动物行为学研究。其中的一个研究生为埃里克·莱尼伯格(Eric Lenneberg)，他所著的《语言的生物基础》于1967年出版，该书至今仍然是这一领域中影响深远的基础性文献。当然诸多学科的交互作用不断进行，其中包括跨学科的研讨会和国际性会议。1974年举行的会议意义最为重大，这次会议的名称采用了“生物语言学”(biolinguistics)这一术语，而这也是人们第一次使用这一术语。那次会议上所讨论的主要问题至今仍然属于具有活力的研究课题。

在这次会议上，有一个被称为“从生物学的视角提出的基本问题”不断出现，它是说，对于认知系统而言，明显的语言原则包括一些刚刚发现的语言原则，在何种程度上具有独特性。从生物学视角来看，一个更为基础的问题是，无论是否能够在其他领域和生物体中发现同源成分(homologous element)，语言能在何种程度上获得原则性的解释。近年来，质问这些问题并对语言中的这些问题进行研究的努力被称为“最简方案”（the minimalist program）。但是在语言学和其他的一些研究领域当中，对于生物系统而言，人们提出的问题并不依赖于理论劝导。这些问题的答案不仅对于理解自然和生物体及其子系统的运作，而且对于研究它们的成长和进化具有根本性的作用。

生物语言学的视角将一个人所掌握的语言的各个方面——语音、语义和结构——作为心智中某个成分所处的状态。在这一视角下，人们将“心智”理解为18世纪的科学家所认同的意义。当时，牛顿推翻了以物质世界直觉性概念为基础的“机械论哲学”（mechanical philosophy），一致性的心智和身体问题不复存在。正如化学家和哲学家约瑟夫·普利斯特里（Joseph Priestley）所指出的，我们只能将世界中“称为心智的”特定方面作为“大脑中诸如器官结构”的结果。大卫·休谟指出，思维是“大脑中小小的震荡”。正如一个世纪后达尔文所评价的那样， 174
我们没有理由解释为什么“作为大脑分泌物的思维”被人们认为“要比作为物质的一种属性的重力更为精彩”。在那时，牛顿所提出的科学目标更为温和，而这一观点成了科学的常识：牛顿勉强的结论认为即使不能通过不证自明的“机械论哲学”加以解释，我们也必须满足于存在普遍性重力的事实。正如许多评论者所观察到的那样，这样的学术性改变“展示了一个全新的科学观点”，它的目的“不是为了寻找最终的解释”，而是为了找到我们能够提供的对经验和实验现象的最优解释［伯纳德·科恩（I. Bernard Cohen）］。

在心智研究的领域，具有相同形式的核心问题仍然不断出现。在标志上一个千年结束的“大脑的十年”（Decade of the Brain）的末期，这些问题又被提出并引起大家的注意。为纪念这个时期，美国艺术和科学学院（The American Academy of Arts and Sciences）出版了一个文集，这个文集总结了当时心智研究的发展状态。神经科学家弗农·蒙卡斯尔（Vernon Mountcastle）在文集的导言中陈述了指导性的主题，即“心理性的事物，就是心智，属于大脑的显现特征，我们并不认为这些特征的出现是不可还原的，这些特征应该是由原则所产生的……（这些原则）我们还无法理解”。与普利斯特里的表述基本相同，近几年来，人们提出了相近的观点，并将之作为新生物学的“惊人假设”、心智哲学中的“激进式新观点”以及“心智现象具有完全的自然性并且是由神经生理行为所导致的大胆主张”等。但是，这是一个误解。这个主题是因17世纪“身体”和“物质”等相关性概念的瓦解而产生的，之后很快被人们所认同。除了术语之外，这一根本性的主题仍然被人们称为“洛克建议”（“Locke's suggestion”）：上帝会选择“为物质再添加一个思维的机制”。与此相同，上帝“将效果附加于运动，而我们无法设想这一效果是运动可以产生的”。

浏览科学的发展史，即便是最近科学的发展史也可以说明，蒙卡斯尔提到的“我们还无法理解”的还原性原则会带来一些有趣的问题。这与1929年伯特兰·罗素的观察相同，它同样反映了规范性的观念，即“目前化学定律还不能还原成物理定律”。“目前”这一短语与蒙卡斯尔使用的单词“还”一样，表达了一种期望，即在科学发展的正常过程中，这样的还原应该发生，也许很快就会发生。在物理和化学的案例中，这一还原过程从未实现，实际出现的情况是几乎没有发生任何变化的化学和获得了重大改进的物理学发生了融合。我们没有必要强调这样的内容，80年前人们在这些领域中获得的理解状态和成就远远超过了当今我们在大脑和认知科学研究中取得的任何成就。我们对“还原”的目标还知之甚少，因此对“还原”操作的自信并不一定是恰当的。

从我们可以粗略地认为与语言相关的现象排列来看，无论我们如何
*175* 理解“语言”，生物语言学的研究方法关注人类心理学中涉及语言使用和语言习得的一个组成部分，并且使用一个获得全新用法的传统术语，我们可以称之为“语言机能”（faculty of language）。这一组成部分大体上与哺乳动物的视觉系统以及昆虫的导航系统等相同。在上述很多的情况下，我们能够获得的最优解释性理论将运算系统以及非正式用法下所说的“规则遵循”（rule-following）赋予相关的生物体。比如，最近的一篇文章在提出所谓的“刚性原则”（rigidity principles）时，其表述与50年前基本相同：“如果可能，并在其他规则允准的情况下，将图像运

动（image motion）阐释为刚性运动（rigid motions）的三维投射。”在这种情况下，当视觉系统遵循这些规则时可能会涉及心智运算，而之后的研究为所涉及的心智运算提供实质性的见解。但是，即使对简单的生物体而言，这也不是一个简单的任务，而实现心智运算和细胞层面分析的联系则通常被认为是一个遥远的目标。一些哲学家曾经反对过“规则遵循”的概念，因为语言和视觉完全不同。但是我认为这是另外一种误解，而这种误解只是许多误解中的一个。有趣的是，我们可以将今天人们表示出来的疑虑跟进入 20 世纪 20 年代之后主要科学家们进行的辩论进行比较。今天人们的疑虑主要体现在语言理论以及更具普遍性的世界上“称为心智性的”各个方面，而 20 世纪 20 年代科学家们辩论的内容是化学是否只是一个可以预测实验结果的计算工具，以及化学能否配得上解释“物理现实”的崇高地位，而这些辩论后来一般都被认为是毫无意义的。正如我在其他地方所阐述的，这些相似性是惊人的，并且具有启发性。

暂不考虑这些有趣的话题。如果我们接受生物语言学的视角，语言就是语言机能的一种状态——用专业的术语说，就是一种 I 语言（I-language）；这里的 I 强调了这一概念具有天赋性（internalist）、个体性（individual）以及内涵性（intensional）［不是意图性（intentional）］特点的事实——换句话说，它是生成原则的切实表述，而不是生成原则所列举的集合。我们可以将生成原则所列举的集合理解为 I 语言的一个更为抽象的属性，正如我们可以将彗星通过太阳系的可能轨道的集合看作太阳系的一个抽象属性。

将这个意义上的语言作为世界的一个部分进行研究的决定，在当时被认为是极具争议性的。而如今，很多语言学家也持有相同的观点。我个人觉得，认为这一研究方法不具有合理性的论证并没有太大的说服力，这只是一个弱势的论点；这一研究方法的基本假设已经被很多人，甚至包括那些曾经努力推翻这些假设的人所接受，这是一个非常强势的观点。在这里我不想介入当代学术史的这一重要时期，但是我的假设是，从半个世纪之前开始成形的生物语言学研究方法来看，我们可以将语言的一些关键性内容作为自然世界的一个部分进行研究。自从那时起，人们开始从事这样的细致性研究，并发展出不同的研究路径。

按照现代进化理论的联合创立者阿尔弗雷德·罗素·华莱士（Alfred Russel Wallace）的说法，语言机能是“人类的智力和道德属性”
176 的一个组成部分，人类的能力包括创新性想象、语言和其他模式的象征主义、数学、对自然现象的阐释和记录、复杂的社会实践等。人类的能力是不同能力的复合体，在较短的历史时期之前于一个非常小的繁殖群中成形，而我们都是这个繁殖群的后代，时间可能是在 50 000 年之前。从考古记录来看，这个能力的复合体将人类同其他动物，包括其他原始人类严格区分开来。现在一些研究者将这个能力复合体称作“人类能力”，而它的属性仍然属于难解之谜。进化论的两个创立者华莱士和达尔文出现过意见不合，而人类能力的属性是这一著名争议中的一个元素。与达尔文的观点不同，华莱士认为这些机制的进化不能只用变异和自然选择解释，而需要“一些其他的影响因素、法则或者媒介”与一些自然的原则。这些自然的原则伴随着万有引力、内聚力与其他物质宇宙赖以存在的力量。如今，尽管这些问题得到了不同的表述，但是它们并没有消失。

一般认为无论人类的智力能力（intellectual capacity）是什么，语言机制对这一能力而言具有必要性。很多科学家赞同古人类学家伊恩·塔特索尔（Ian Tattersall）的观点，他曾经写到他“几乎可以确信语言的发明”是“突然和突现”（sudden and emergent）的事件，贾里德·戴蒙德（Jared Diamond）将该事件称为“大跨越”（great leap forward），它是进化记录中出现人类能力的“引发性刺激”（releasing stimulus）。一些基因事件的结果导致大脑进行了线路重组，从而允许具有丰富性句法结构的人类语言出现，它为思维的表达提供了多种模式，也为社会发展以及考古记录所展示的行为巨变提供了先决条件，一般也被认为是从非洲开始的快速迁徙的触发器，否则几十万年前现代人类就可以在那里出现。这一观点与笛卡尔主义者的观点相似，但是更为强势：这一观点将语言的正常使用作为证明其他生物具有与我们相同心智的极其明确的经验性证据，但不能作为心智与人类能力的来源的判别性证据（criterial evidence）。

如果以上的概述具有一定的可信性，那么即使语言是进化的一个近期产品，语言的进化也可能只是一个极为短暂的事件。当然，之前也会存在无数的前体（precursors），它们无疑会具有很长的进化史。比如，中耳的骨头是一个绝妙的扩声系统，在解释语音方面属于精彩的设计。据报道，在1.6亿年前，作为哺乳动物新大脑皮层生长的机械性结果，中耳的骨头开始从爬行动物的下颚移走。对概念系统我们知之甚少，因而无法做出类似上文的说明，但是我们可以假设在摆脱原始人类的状态后，它们同样经历了长期的发展，并产生了独具特点的结果。但是语言进化的问题本身与这些不同的前体是如何进化成语言机制的问题具有联系，这个联系可能是通过某个微小的基因事件实现的，从而导致了关键
性创新的出现。如果情况的确如此，那么语言进化本身是短暂的，与语 177
言研究相关的探索可能会富有成效。

塔特索尔认为语言“基本上与符号性思维同义”。1974年专题研讨会的发起人之一，诺贝尔奖获得者方斯华·贾克柏（François Jacob）详尽阐述了这一观点，他指出“语言作为个体之间的交际系统，它的作用只是次要的”。他的这一分析可能涉及1974年会议上的讨论，当时另外一位诺贝尔奖获得者萨尔瓦多·卢瑞亚（Salvador Luria）是下述观点的坚定支持者之一，即交流的需要与“抽象的或者能产的思维发展”具有至关重要的联系，但是它不一定会提供“强烈的选择性压力从而产生诸如语言之类的系统”。贾克柏接着评论道“语言独特性的特征并不在于为行动传递指令的角色”，也不是动物交际中出现的其他共同特征，而是它“在使用符号、引发认知意象”、“塑造”我们的现实概念与形成我们思维和规划能力这些行为中的“角色”。这一角色是通过语言允许“符号的无限组合”以及“可能世界的心智创建”这些特征加以实现的。这些观点可以追溯到17世纪的认知革命。

贾克柏同样强调了人们的一般理解，即对进化问题的回答“在大部分的案例中……只能是大概的合理性猜想”。在大多数情况下，可能连合理性的猜想都算不上。一个有趣的例子是蜜蜂交际系统的进化研究。

这一交际系统的特殊之处在于从原则上来看，它可以允准信息跨越无限的（连续性的）范围进行传递。世界上存在数百种不同种类的蜜蜂以及无刺蜂，它们有些具有交际系统的变体，而有些则没有，但是它们都很好地生存于这个世界。这样来看，我们有很好的机会进行比较研究。相较于人类而言，无论从哪个角度来看，蜜蜂都是更为容易的研究对象。但是我们对它们仍然知之甚少，相关的文献也较为稀少。就我所知，最新的全面性综述是由昆虫学家弗雷德·代尔（Fred Dyer）完成的。他注意到即使是基本的运算问题，如将空间信息编码成运动指令的操作以及随后的蜜蜂进行的解码操作，仍然让我们感到“困惑”。“我们仍然不知道何种类型的神经事件能够构成这些不同映射过程的基础”，而蜜蜂进化的起源一般都只是人们的猜想。所不同的是，在人类语言进化的领域，我们拥有大量的文献以及富有自信的阐述。对于这一现象，我们也可能感到有些“困惑”。

我们可以补充 17 世纪和 18 世纪哲学中的另外一个重要见解，这一见解可以追溯到亚里士多德对后来被阐释为精神实体的对象的分析。这一见解认为即使是人类语言最为基础的概念也并不是通过类指称关系与独立于心智的客体发生联系，这种类指称关系（reference-like relation）存在于符号和外部世界可确认的物理特征之间，并普遍存在于动物的交际系统中。正如休谟在总结一个世纪的研究时所指出的那样，这些基础性的概念为我们从特定视角指称外部世界提供了丰富的手段，它们虽然
178 是“察觉力”（cognoscitive powers）的创造物，但已被心智操作赋予了独特的性质，这些心智操作不能简化为“属于”我们所谈论的对象的“独特本质”。朱利叶斯·莫劳夫奇克（Julius Moravcsik）提出的“语义学的启蒙理论”（aitiational theory of semantics）就是上述一些观点的最新发展，其来源可以追溯到亚里士多德。对自然语言的语义研究而言，这一理论具有丰富的蕴涵。

以上是关于自然语言中基础语义学的重要观察，这些观察说明语义学中最为原始的元素和独立于心智的世界之间的关系与音系学中的内在元素与独立于心智的世界之间的关系相同，它们之间的关系都不是类指

称关系，而是更为复杂的概念和行为类型中的一个部分。我无法在此做出详细的阐述，但是我认为如果我们认真地进行这样的思考，我们可以说明无论构建的“客体”概念具有多大的复杂性，将自然语言的语义研究建立在任何一种“词—客体”关系基础上的做法都是没有意义的。与此相同，将自然语言的语音研究建立在“符号—语音”关系基础上的做法同样也没有意义。在“符号—语音”的关系中，语音被认为是人们构建的物理事件，可能是无法描述的以分子运动为基础的四维结构。除此之外，更多的相关问题就要留给物理学家来解决。如果我们想让解决问题的希望变得更加渺茫，那么就把相同的问题也留给社会学家来解决。对于语言的语音研究而言，大家都普遍承认这样的做法是错误的，而我认为这样的结论同样适用于语言的语义研究。每一个话语会有一个对应的物理事件，但是这并不意味着我们需要寻找音节［ta］之类的内在客体以及可识别的独立于心智的事件之间的神秘关系。同样，每一个指称的行为都有一个对应的经验世界或者想象世界中的复杂方面，人们通过指称的行为关注这个对应的世界。但是，这并不意味着指称关系存在于自然语言之中，我认为即使是在最为基本的层面，这一关系也不存在。

如果以上的论述是基本正确的，那么当我们考虑语言机制的来源以及语言机制在人类智力突然质变的过程中所承担的角色时，至少两个基本的问题就会出现。第一，最小的承载意义的元素的核心语义内容，包括形式最为简单的元素。第二，允准符号进行无限制组合的原则。这些符号形成层级性的组织结构，为语言在多个方面的使用提供途径。由此类推，语言的核心理论，即普遍语法（universal grammar，UG），必须提供以下内容：首先，一个包含可能词项的结构性清单，这一清单与作为“察觉力”元素的概念有联系或者基本等同；其次，从这些词项构建具有无限多样性的内在结构的方式，这些内在性的结构可以进入思维、阐释、规划以及其他的人类心智行为。同时，这些内在性结构也可以进行外化操作（externalization）。如果以上回顾的推测是正确的，那么外化操作将是一个次要的过程。对于第一个问题而言，这是一个人类所独有的明显的概念—词汇装置。在与句法结构产生联系的关系性概念和部 179

分承担关键角色（如事件、命题等）的心智内部客体方面，我们已经取得了富有深刻见解的研究成果。但是对于那些用来讨论世界的核心指称装置而言，我们所拥有的大部分成果只是描述性的评价。在过去的半个世纪里，第二个问题一直是语言研究的核心问题，但在此之前它就有了很长的研究历史，只不过用了其他不同的术语。

生物语言学的研究从一开始就接受了“学习的模组性观念”，认知神经科学家格里斯泰尔（R. G. Gallistel）称之为当前的“神经科学的范式”。这一观点认为对所有的动物而言，学习以特定的机制为基础，即通过具体的方式依靠“本能去学习”。格里斯泰尔指出我们应该将这些机制视为“大脑中的器官”。在执行特定类型的运算时，这些器官就会处于特定的状态。除了“极为敌对的环境”之外，在外部因素的触发和定型作用（shaping effect）下，这些器官会根据内部设计的要求，以条件反射的方式改变所处的状态。这就是“学习的过程”，尽管“成长”（“growth”）可能是更为合适的术语，它可以避免“学习”带来的误导性内涵。我们可以将这些观点和格里斯泰尔关于运动组织的百科全书式的著作联系起来。运动组织以“结构性制约条件”为基础，并“对动物在学习的情况下可能想到的解决方案类型做出限制”。

学习的模组性观念当然并不意味着模组的组成成分是模组所特有的。在某个层面上，每一个人都会设想情况并非如此，比如说在细胞的层面。在哪个组织结构的层面会出现独特性特征，从生物学的视角来看，这是一个基本的问题，在1974年举行的会议中人们也是如此认为的。格里斯泰尔的观察让人们重新想起由沃丁顿（C. H. Waddington）60年前引入进化生物学和发展生物学中的“定型化”（canalization）概念，这一概念指的是“不论反应过程中发生何种小的条件变化，都能进行调整以产生一个确定性的最终结果”的过程，它保证了“正常的产出，即在面临不可避免的存在性危险时，这种产出属于最优的类型”。这样的描写对个体中语言的成长较为贴切。研究语言机能的核心问题是发现将产出限制为“最优的类型”的机制。

人们已经认识到自从现代生物学开端以来，生物体外部的发展性制约条件和构建性—结构性原则不仅影响着生物体的成长也影响着它的进化。在当代由梅纳德·史密斯（J. Maynard Smith）及其同事撰写的一篇经典论文中，他们将后达尔文的观点追溯至托马斯·赫胥黎（Thomas Huxley）。赫胥黎意识到每个种族都存在“预先决定的改造路径”这样的事实，从而导致自然选择“产生有限数量和种类上的变异”。史密斯等人回顾了生物世界中一系列上述类型的制约条件，并且描写了“表型可变性（phenotypic variability）的约束”是如何由“结构、特征、成分构成或者发展系统的动态性引起的”。除此之外，他们还指出这样的“发展性制约条件无疑在进化过程中起到了关键性的作用”。尽管 180
“与选择、漂移以及塑造进化的其他类似因素相比，我们对于这些制约条件的重要性还存在争议”。在差不多同一时期，贾克柏写道：“控制胚胎发展的规则”几乎不为人所知，但是这些规则与其他物理因素产生交互作用，并在进化发展中“限制结构和功能的可能变化”。我们可以引用最近的一篇评论，上述内容提供了“构建性制约条件”从而“限制适应的范围并引导进化的模式”。致力于研究这些课题的最为著名的人物为达西·汤姆逊（D'Arcy Thompson）以及艾伦·图灵（Alan Turing），他们坚定地认为上述因素在生物学中起到了关键性的作用。在过去的几年里，人们在很多发展和进化问题的研究中都会提及上述的分析。比如，细菌中细胞分析的研究以及皮层网络结构和功能的优化研究等。计算神经科学家克里斯·切尼亚克（Chris Cherniak）甚至认为生物体具有“最佳的可能大脑”。这些问题处于研究的边界，但是它们的意义是不可否认的。

假设语言机制具有其他生物体所具有的普遍性特征，那么我们也因此需要寻找个体中影响语言成长的三个因素：

（1）遗传性因素。遗传性因素对各个种族而言是一致的，也是普遍语法所讨论的话题。遗传性禀赋将部分环境理解为语言经验，并决定语言机制获取特定语言的一般性发展过程。儿童以条件反射的方式完成这个并非容易的任务。

（2）经验。经验在一个局限性的范围内导致变异的出现，正如同人类能力的其他子系统和一般生物体中的情况。

(3) 原则。并非语言机制所特有的原则。

第三个因素包括限制结果的结构性构建原则，还包含有效运算的原则。对于诸如语言之类的运算系统而言，一般认为这些原则具有特殊的重要意义，可以决定获得语言的普遍性特征。

对第三个因素的兴趣可以追溯到伽利略的直觉性观点，即无论从潮汐还是到鸟类的飞翔，“自然具有完美性”，科学家的任务就是要发现从何种意义上来看这一观点才是正确的。牛顿坚信自然一定是“非常简单的”，这一观点反映了同样的直觉。恩斯特·海克尔（Ernst Haeckel）认为自然具有“追寻美的驱动力”（Sinn fuer das Schoene）。关于自然这种驱动力的直觉也许较为隐晦，但是从一开始就是现代科学的指导性主题。

生物学家对他们的研究对象曾经有过不同的看法，他们接受了贾克柏关于自然是一个修补匠（tinkerer）的意象，认为自然利用手边的材料尽其可能地进行工作，但其结果常常不尽如人意，因为人类智力总是试图展示自我。英国遗传学家加布里埃尔·多佛（Gabriel Dover）表达
181 了这一普遍性的观点，他总结道：“生物学是一个奇怪和混乱的领域。‘完美性’是我们最不想用来描述生物体工作方式的词汇，尤其是那些由自然选择而出现的对象。”他强调，正如每个生物学家都知道的，生物体只能部分通过自然选择而出现，而具体的程度是无法通过所能获得的工具进行量化的。对拥有长期而又复杂的进化史的系统而言，这样的观点能够成立。因为在这样的进化史中会出现大量的偶然事件，这种持续性的效果会导致在解决问题时出现并非最优的解决方案的结果。但是，这样的逻辑不能应用到相对而言突然质变的对象之上。这种出现的方式很可能导致不同系统的出现，从而体现与百万年时间中贾克柏式“拼装”（“bricolage”）操作产生的复杂结果的不同。突然出现的对象可能更像雪花、叶序、形成球体而非立方体的细胞分裂过程、作为建筑材料的多面体或者大自然中发现的其他事物。我们怀疑这样的逻辑对语言是否真的是正确的，这也是我们提出最简方案的动机。我认为最近的研

究工作已经提供了一些证据，从而使我们相信在很多方面语言是它所需要满足的条件的最优解决方案，这样的信念要比几年前的期待更为确定。

再回到研究的早期阶段，在 20 世纪 50 年代结构主义/行为主义的框架下，与普遍语法最为相似的是由特鲁别茨柯依、哈里斯以及其他学者所提出的程序性研究方法。这一研究方法可以通过包含语言材料的语料库决定语言的单位和它们的模式。但是，无论语料库有多广泛，无论使用的计算设备有多新潮，这个研究方法都不会获得太大成功。即使是最为基础的形式和意义承载元素，即语素，也并不具有程序性研究方法所要求的“念珠模型”（beads on a string）的特征。语素与语音形式之间只具有间接的关系，它们的属性和特征在更为抽象的运算系统中获得固定，并可以决定表达式的无限范围。生成语法早期的研究假设遗传性禀赋可以在体验性语料的基础上，提供一个规则系统的格式以及选择这一格式最优实例化的方法。在当时以及之后的时间里，我们提出了很多具体的观点。从原则上来看，这些观点为语言习得的问题提供了一个可能的解决方案。但是，这一解决方案涉及数量巨大的运算，因此并不能有效地解决问题。

那时研究的关注对象是不同的，现在也不同。在 50 年前，大家普遍地认为我们拥有语言描写的基本技术，同时语言的变异具有很大的自由性，我们几乎不可能发现语言中的概括性内容。但如今，我们已经不再坚持这样的观点。一旦我们下功夫去提供关于语言特征的明确解释，我们就会很快意识到语言在很多领域的很多方面都是未知的。每个具体的观点都会带来包含反对证据的丰富内容，从而需要我们制定复杂而又多样化的规则系统。即使这样，我们也只能大致达到描写充分性的程度。这对语言的探索而言具有很大的促进作用，但会为我们留下一个很大的困境，因为最为基础性的思考会得出这样的结论：普遍语法必须对 *182*
可能出现的结果提供限制性的制约条件，从而能够解释语言的习得，并达到我们所说的“解释充分性”（explanatory adequacy）的程度。有些时候，我们也称之为语言研究中的“刺激贫乏”（poverty of stimulus），尽管这一术语具有误导性，因为对生物体的成长，包括认知发展来说，

“刺激贫乏”是普遍出现的一个基本问题的特殊情况。另外，这一术语也是我们所认可的问题的一个变体，而这些问题可以追溯到柏拉图。

为了试图解决这一矛盾问题，人们采用了不同的研究路径，其中最为成功的是制定普遍性原则的工作。这一研究将普遍性规则归结为普遍语法，即遗传性禀赋，同时将有所简化的现象残留物归结于个体经验。这些研究方法都获得了一定的成功，但是直至 1974 年召开会议时这些基本的矛盾问题仍然没有得到解决。

在几年的时间里，语言研究的状况发生了巨大的变化。造成这一变化的部分原因是比先前更为深入的研究发现了大规模全新的材料，还有部分原因是人们发现了全新的研究问题。大约在 25 年前，大部分这样的研究工作通过普遍语法的一个完全不同的研究模式加以具体化，从而形成原则与参数（principles and parameters，P&P）的理论框架，这一框架第一次提供了解决描写充分性和解释充分性之间矛盾问题的希望。这一研究模式完全排除了格式的框架（format framework）以及由生成语法接管的规则和构式等传统性概念。从这些方面来看，与早期的生成语法相比，这一研究模式更是对 2 500 年来丰富研究传统的根本性背离。全新的原则与参数理论导致研究的扩张，从而涵盖了具有不同类型学特征的多种语言。在研究的过程中，我们发现了之前没有预想到的新问题，有时候也回答了一些问题。这一研究还重新振作了关注语言习得和语言处理的相邻学科，这些学科的主导性问题现在通过普遍语法固定的原则系统中参数的设定得以重新表述。任何熟悉这一领域的人都无法预知这样的研究在将来会有什么样的发展和结果，现在也同样如此。

摒弃格式框架对生物语言学的研究方案也具有重要的影响。按照之前的假设，如果习得涉及可选项的选择，而这些可选项是通过普遍语法提供的格式获得的，那么这一格式必然具有丰富性以及表述的清晰性，从而只能允准较少的可选项。否则，解释充分性就无法达到。从其他视角来看，语言的最优理论也一定是无法让人满意的，因为它具有语言所独有的复杂性条件，这些条件限制了可能的实例化。我们根本无法去思

考原则性解释的基本生物性问题。相对应的是，关于语言进化的研究前
景也是极其暗淡的。显而易见的是，语言独有的条件越为多样化和复杂
化，合理解释普遍语法进化来源的希望就越为渺茫。这些也是 1974 年专 183
题研讨会中提出的部分问题。在当时，人们认为这些问题是无法解决的。

原则与参数理论同样提供了解决这些矛盾问题的希望。只要这一理论是正确的，习得将是一个参数设定的过程，因此可以与其他的语法格式，即普遍语法的原则完全脱离开来。概念上的障碍不复存在，因而我们有希望将普遍语法简化为更为简单的形式。语言运算系统的基本特征也可以获得原则性的解释，而不再由高度限制性的语言所独有的语法格式加以强制界定。再看语言设计的三个因素。原则与参数理论克服了一个重要的概念性障碍，从而使得我们可以将解释的负担从第一因素，即遗传性禀赋转移到第三因素，即独立于语言的结构设计原则和运算有效性原则，这样就可以为语言生物学中的重要问题、语言的属性和使用问题乃至语言的进化问题提供一些答案。

在克服了格式框架带来的概念性障碍后，我们可以更为现实地尝试强化“是什么组成了语言属性的原则性解释”这一问题，并且可以转而研究语言生物学中一个更为根本的问题：假定语言外部的结构体系已经存在，则语言在何种程度上能够接近于它必须满足的条件的最优解决方案，从而使得语言能够被人们使用？这些条件让我们回到了自亚里士多德以来对语言的传统特征描述，即语言是一个连接语音和语义的系统。使用我们的术语，一个语言所生成的表达式必须满足两个接口条件：由感觉运动系统（sensorimotor system）施加的条件与由概念—意向系统（conceptual-intentional system）施加的条件。概念—意向系统可以进入到人类的智力与多种多样的言语行为当中。

只要语言属性的解释能够被还原成接口系统的特征与对运算有效性的普遍性考察等内容，我们就可以认为这一解释是原则性的。我们也可以对接口系统进行独立的研究，包括现在正在进行的并已经取得丰硕成果的比较研究。除此之外，我们还可以对有效运算的原则进行独立的研究。很多研究者在最近的研究工作中将这些原则运用到语言当中，并且

已经取得了重要的成果。这些原则也可以通过比较的方法进行研究。通过这些不同的方式，我们有可能阐明并解决语言生物学中的一些基本问题。

此刻我们需要转向更为专业化的讨论，这可能较为困难。但是，至少一些非正式的评价可以有助于我们勾画当前研究的大体状况。

关于语言机能的一个基本事实是语言机制是一个无限离散的系统，这在自然界中较为罕见，任何这样的系统都以简单操作（primitive operation）为基础。这一简单操作首先选取两个已经构建的客体，并从这两个客体出发构建一个新的客体。在最为简单的情况下，这一新客体是一个包含先前两个客体的集合。我们把这个构建新客体的操作称为合并
*184* （merge）。合并或者类似合并的操作是一个最低的要求，在获得合并操作之后，我们即刻拥有了一个具有高度层级性的结构表达式的无界性系统。关于人类进化过程中“大跨越”的最为简单的解释，可能是通过某种轻微的变异促使大脑实现线路重组，从而使得合并操作成为可能。至少从原则上来看，这就可以为我们所发现的人类进化过程中引人注目的时刻奠定核心性的基础。但是，要实现进化过程中的不同节点的连接则不是一个可以轻易完成的工作。对于语言的进化，还存在包含更为复杂过程的假设：首先，某种变异允准两个单位表达式的出现，这些表达式可以减少人们识记词项的记忆负荷，从而带来选择性的优势；接着，更多的变异允准更大单位的表达式；最后，“大跨越”导致合并操作的出现。事实上也许的确出现了前面两个步骤，但是没有任何经验性或者严肃的概念性的证据可以证明这一观点。一个更为简约的推测是，以上提到的前面两个步骤都没有出现，而“大跨越”是在某一个个体身上瞬时出现的，从而使得他立刻获得了远远超过他人的智力。这一能力可以遗传给这一个体的后代，从而使得他的后代们居于支配性的地位。与其他所有的推测相同，这个推测是一个合理的猜想，但是这个猜想属于能够设想到的最为简单的推测，也能够与已知的或者可能设想到的内容保持一致。可以想象，对人类进化的解释无论如何都会以一种或者另一种形式假定以上论述的内容。

对于个体中语言的发展而言，同样的问题也会出现。我们一般都认为存在两个词的阶段、三个词的阶段等，直至最终的“大跨越”，从而形成无限生成的能力。这是我们在语言运用中所观察到的，但是我们同样观察到儿童在较早的时期就可以理解较为复杂的表达式。对于较长表达式的随机修饰，甚至一些简单的变化，如以与普遍语法和成人语言不一致的方式摆放句中的功能词，都会导致困惑和误解。这种无限性的合并操作，以及普遍语法所涉及的其他内容，有可能是瞬时出现的，但是因为外部的原因、记忆以及注意的限制等因素的作用，只能以限制性的方式加以体现。1974 年举行的专题研究会讨论过这些问题，但是现在我们能够以更为系统的方式进行这些问题的研究，并获得可观的研究成果。

使用合并最为限制性的情况是合并的对象只有一个客体，此时就会形成一个独元集（singleton set）。对这种情况的限制就会导致后继函数（successor function）的出现，自然数理论的剩余部分就可以通过相同的方式得以发展。这也为在 19 世纪末期让华莱士感到困惑的问题提供了一个可能的答案。这个问题，如果仅因为它一直没有被人们所使用，则可按照华莱士的说法表述为，“数学能力快速的发展完全无法通过自然选择的理论加以解释，而必须是基于完全不同的原因”。一种可能的解释是自然数来源于语言机能中一个简单的制约条件，因而并不符合克罗内克（Kronecker）在他著名的格言中所提出的观点，即这一能力是由上帝赋予的。但是他又指出，其他方面的能力都是由人类创造的。对我们而言，数学能力起源于语言操作的抽象化的推测并不陌生。当然， *185*
这一猜测还存在明显的问题，包括与病变的分离以及局部化操作的多样性。但是因为众多的原因（包括这一能力占有和使用的问题），这些现象的重要性还不明确。根据上文论述所带来的启示，这些猜想也许具有一定的价值。

关于运算有效性的考虑会给联系语音和语义任务的最优解决方案提出其他的限制条件，探索这一类型问题的文献现在已经较为普遍。我认为我们可以说在接近原则性解释的道路上，我们已经取得了可观的进步。更为明确的是，我们的探索满足了一个理性研究方案必须遵循的基本要求：这些起到促进作用的研究不仅可以解决一些旧的问题，还可以快速发现新的问题，如之前没有认识到的或之前甚至无法表述的问题，并同时极大地充实了描写充分性和解释充分性必须面对的经验性挑战。除此之外，这样的研究还可以首次开创由显著地超越解释充分性达到原则性解释的现实性前景。

对原则性解释的探索需要面对艰巨的任务，但是我们可以较为清晰地表述我们的目标。我们自然无法预先知晓如何才能实现这些目标，也就是说，我们还无法知晓在何种程度上，语言机能的状态可以归结为普遍性的原则，而这些原则也许对一般生物体都能适用。迈向目标的每一步都会让我们更为明确地把握语言机能所独有的核心特征，但同时又会遗留数百年来人们所提出的但却无法解决的问题。其中的一个问题是“被称作心智性的”特征是如何与“大脑的器官结构”产生联系的。即使对昆虫而言，这些问题也仍然没有得到满意的回答。当我们考察人类的能力和这一能力的进化来源时，还会出现更多独特的而又非常难以解释的问题。

# 索　引

# 译后记

乔姆斯基的这部《语言与心智》，是我和张孝荣先生合译的。张孝荣先生是安徽师范大学外国语学院的青年教师，副教授，目前在广东外语外贸大学攻读语言学博士学位。我们两人都对乔姆斯基的生成语法理论感兴趣，也都是该理论的践行者。他翻译了书稿的第一章、第三章、第六章与第七章这四章，其余三章与第三版序言以及后边的索引均由我翻译，全文也由我统稿。

乔姆斯基是美国麻省理工学院语言学及哲学系教授，是著名的语言学家。在语言学方面，他创建了生成语法学，并引发了“乔姆斯基革命”。其学术研究不仅改变了语言学的走向，也深刻地影响了哲学与心理学等学科。我相信每个仔细阅读这本书的人，不管有着什么样的学科背景，也不管秉持着什么样的哲学理念，都能从中获益。

熊仲儒

2015 年 4 月

# 当代世界学术名著·第一批书目

| | |
|---|---|
| 心灵与世界 | [美]约翰·麦克道威尔 |
| 科学与文化 | [美]约瑟夫·阿伽西 |
| 从逻辑的观点看 | [美]W.V.O.蒯因 |
| 自然科学的哲学 | [美]卡尔·G·亨普尔 |
| 单一的现代性 | [美]F.R.詹姆逊 |
| 本然的观点 | [美]托马斯·内格尔 |
| 宗教的意义与终结 | [加]威尔弗雷德·坎特韦尔·史密斯 |
| 帝国与传播 | [加]哈罗德·伊尼斯 |
| 传播的偏向 | [加]哈罗德·伊尼斯 |
| 世界大战中的宣传技巧 | [美]哈罗德·D·拉斯韦尔 |
| 一个自由而负责的新闻界 | [美]新闻自由委员会 |
| 机器新娘——工业人的民俗 | [加]马歇尔·麦克卢汉 |
| 报纸的良知——新闻事业的原则和问题案例讲义 | [美]利昂·纳尔逊·弗林特 |
| 传播与社会影响 | [法]加布里埃尔·塔尔德 |
| 模仿律 | [法]加布里埃尔·塔尔德 |
| 传媒的四种理论 | [美]威尔伯·施拉姆 等 |
| 传播学简史 | [法]阿芒·马特拉 等 |
| 受众分析 | [英]丹尼斯·麦奎尔 |
| 写作的零度 | [法]罗兰·巴尔特 |
| 符号学原理 | [法]罗兰·巴尔特 |
| 符号学历险 | [法]罗兰·巴尔特 |
| 乔姆斯基:思想与理想(第二版) | [英]尼尔·史密斯 |
| 语言与心智(第三版) | [美]诺姆·乔姆斯基 |
| 人的自我寻求 | [美]罗洛·梅 |
| 存在——精神病学和心理学的新方向 | [美]罗洛·梅 |
| 存在心理学——一种整合的临床观 | [美]罗洛·梅 |
| 个人形成论——我的心理治疗观 | [美]卡尔·R·罗杰斯 |
| 当事人中心治疗——实践、运用和理论 | [美]卡尔·R·罗杰斯 |

| | |
|---|---|
| 万物简史 | [美]肯·威尔伯 |
| 动机与人格(第三版) | [美]亚伯拉罕·马斯洛 |
| 历史与意志:毛泽东思想的哲学透视 | [美]魏斐德 |
| 中国的共产主义与毛泽东的崛起 | [美]本杰明·I·史华慈 |
| 毛泽东的思想 | [美]斯图尔特·R·施拉姆 |
| 仪式过程——结构与反结构 | [美]维克多·特纳 |
| 人类学、发展与后现代挑战 | [英]凯蒂·加德纳,大卫·刘易斯 |
| 结构人类学 | [法]克洛德·列维-斯特劳斯 |
| 野性的思维 | [法]克洛德·列维-斯特劳斯 |
| 面具之道 | [法]克洛德·列维-斯特劳斯 |
| 嫉妒的制陶女 | [法]克洛德·列维-斯特劳斯 |
| 社会科学方法论 | [德]马克斯·韦伯 |
| 无快乐的经济 | [美]提勃尔·西托夫斯基 |
| 不确定状况下的判断:启发式和偏差 | [美]丹尼尔·卡尼曼 等 |
| 话语和社会心理学——超越态度与行为 | [英]乔纳森·波特 等 |
| 社会网络分析发展史——一项科学社会学的研究 | [美]林顿·C·弗里曼 |
| 自由之声——19 世纪法国公共知识界大观 | [法]米歇尔·维诺克 |
| 官僚制内幕 | [美]安东尼·唐斯 |
| 公共行政的语言——官僚制、现代性和后现代性 | [美]戴维·约翰·法默尔 |
| 公共行政的精神 | [美]乔治·弗雷德里克森 |
| 公共行政的合法性——一种话语分析 | [美]O.C.麦克斯怀特 |
| 后现代公共行政——话语指向 | [美]查尔斯·J·福克斯 等 |
| 政策悖论:政治决策中的艺术(修订版) | [美]德博拉·斯通 |
| 行政法的范围 | [新西]迈克尔·塔格特 |
| 法国行政法(第五版) | [英]L·赖维乐·布朗,约翰·S·贝尔 |
| 宪法解释:文本含义,原初意图与司法审查 | [美]基思·E·惠廷顿 |

| | |
|---|---|
| 英国与美国的公法与民主 | [英]保罗·P·克雷格 |
| 行政法学的结构性变革 | [日]大桥洋一 |
| 权利革命之后:重塑规制国 | [美]凯斯·R·桑斯坦 |
| 规制:法律形式与经济学理论 | [英]安东尼·奥格斯 |
| 阿蒂亚论事故、赔偿及法律(第六版) | [澳]波得·凯恩 |
| 意大利刑法学原理(注评版) | [意]杜里奥·帕多瓦尼 |
| 刑法概说(总论)(第三版) | [日]大塚仁 |
| 刑法概说(各论)(第三版) | [日]大塚仁 |
| 英国刑事诉讼程序(第九版) | [英]约翰·斯普莱克 |
| 刑法总论(新版第2版) | [日]大谷实 |
| 刑法各论(新版第2版) | [日]大谷实 |
| 日本刑法总论 | [日]西田典之 |
| 日本刑法各论(第三版) | [日]西田典之 |
| 美国刑事法院诉讼程序 | [美]爱伦·豪切斯泰勒·斯黛丽,南希·弗兰克 |
| 现代条约法与实践 | [英]安托尼·奥斯特 |
| 刑事责任论 | [英]维克托·塔德洛斯 |
| 刑罚、责任和正义——相关批判 | [英]阿伦·洛雷 |
| 政治经济学:对经济政策的解释 | [瑞典]T.佩尔森,[意大利]G.塔贝里尼 |
| 共同价值拍卖与赢者灾难 | [美]约翰·H·凯格尔,[美]丹·莱文 |
| 以自由看待发展 | [印度]阿马蒂亚·森 |
| 美国的知识生产与分配 | [美]弗里茨·马克卢普 |
| 经济学中的经验建模——设定与评价 | [英]克莱夫·W·J·格兰杰 |
| 产业组织经济学(第五版) | [美]威廉·G·谢泼德,乔安娜·M·谢泼德 |
| 经济政策的制定:交易成本政治学的视角 | [美]阿维纳什·K·迪克西特 |
| 博弈论经典 | [美]哈罗德·W·库恩 |
| 行为博弈——对策略互动的实验研究 | [美]科林·凯莫勒 |
| 博弈学习理论 | [美]朱·弗登伯格,戴维·K·莱文 |
| 利益集团与贸易政策 | [美]G.M.格罗斯曼,E.赫尔普曼 |
| 市场波动 | [美]罗伯特·希勒 |
| 零售与分销经济学 | [美]罗格·R·贝当古 |

| | |
|---|---|
| 世界贸易体系经济学 | [美]科依勒·贝格威尔，[美]罗伯特·W·思泰格尔 |
| 税收经济学 | [美]伯纳德·萨拉尼 |
| 经济学是如何忘记历史的：社会科学中的历史特性问题 | [英]杰弗里·M·霍奇逊 |
| 通货膨胀、失业与货币政策 | [美]罗伯特·M·索洛 等 |
| 经济增长的决定因素：跨国经验研究 | [美]罗伯特·J·巴罗 |
| 全球经济中的创新与增长 | [美]G.M.格罗斯曼，E.赫尔普曼 |
| 美国产业结构（第十版） | [美]沃尔特·亚当斯，詹姆斯·W·布罗克 |
| 制度与行为经济学 | [美]阿兰·斯密德 |
| 企业文化——企业生活中的礼仪与仪式 | [美]特伦斯·E·迪尔 等 |
| 组织学习（第二版） | [美]克里斯·阿吉里斯 |
| 企业文化与经营业绩 | [美]约翰·P·科特 等 |
| 系统思考——适于管理者的创造性整体论 | [英]迈克尔·C·杰克逊 |
| 组织学习、绩效与变革——战略人力资源开发导论 | [美]杰里·W·吉雷 等 |
| 组织文化诊断与变革 | [美]金·S·卡梅隆 等 |
| 社会网络与组织 | [美]马汀·奇达夫 等 |
| 美国会计史 | [美]加里·约翰·普雷维茨 等 |
| 新企业文化——重获工作场所的活力 | [美]特伦斯·E·迪尔 等 |
| 文化与组织：心理软件的力量（第二版） | [荷兰]吉尔特·霍夫斯泰德 等 |
| 实证会计理论 | [美]罗斯·瓦茨 等 |
| 组织理论：理性、自然和开放的系统 | [美]理查德·斯科特 等 |
| 管理思想史（第五版） | [美]丹尼尔·A·雷恩 |
| 后《萨班斯—奥克斯利法》时代的公司治理 | [美]扎比霍拉哈·瑞扎伊 |
| 财务呈报：会计革命 | [美]威廉·比弗 |
| 当代会计研究：综述与评论 | [美]科塔里 等 |
| 管理会计研究 | [美]克里斯托弗·查普曼 等 |
| 会计和审计中的判断与决策 | [美]罗伯特·阿斯顿 等 |
| 会计经济学 | [美]约翰·B·坎宁 |

*Language and Mind*, 3*e*, 9780521674935 by Noam Chomsky, first published by Cambridge University Press 2006.

This Simplified Chinese edition for the People's Republic of China is published by arrangement with the Press Syndicate of the University of Cambridge, Cambridge, United Kingdom.

**图书在版编目（CIP）数据**

语言与心智：第三版/（美）乔姆斯基著；熊仲儒，张孝荣译．—北京：中国人民大学出版社，2015.1
（当代世界学术名著）
ISBN 978-7-300-20557-1

Ⅰ.①语… Ⅱ.①乔…②熊…③张… Ⅲ.①语言哲学-研究-英文 Ⅳ.①H0－05

中国版本图书馆 CIP 数据核字（2015）第 003150 号

当代世界学术名著
**语言与心智（第三版）**
［美］诺姆·乔姆斯基 著
熊仲儒 张孝荣 译
Yuyan yu Xinzhi

| | | | |
|---|---|---|---|
| **出版发行** | 中国人民大学出版社 | | |
| **社　址** | 北京中关村大街 31 号 | **邮政编码** | 100080 |
| **电　话** | 010－62511242（总编室） | | 010－62511770（质管部） |
| | 010－82501766（邮购部） | | 010－62514148（门市部） |
| | 010－62515195（发行公司） | | 010－62515275（盗版举报） |
| **网　址** | http://www.crup.com.cn | | |
| | http://www.ttrnet.com(人大教研网) | | |
| **经　销** | 新华书店 | | |
| **印　刷** | 运河（唐山）印务有限公司 | | |
| **规　格** | 155 mm×235 mm　16 开本 | **版　次** | 2015 年 6 月第 1 版 |
| **印　张** | 16.25 插页 2 | **印　次** | 2022 年 6 月第 3 次印刷 |
| **字　数** | 222 000 | **定　价** | 58.00 元 |